为孩子

美 的生命

奠基

陈 飞 编著

上海交通大学出版社
SHANGHAI JIAO TONG UNIVERSITY PRESS

内容提要

本书以北蔡镇中心小学"生命美育"感受体验式课程的开发与实施为中心,具体分为理论探索、国家课程的校本化实施、校本课程的开发与实施、实施成效、实施评价、实施过程中的管理和保障几个部分,娓娓道来,并附有北蔡镇中心小学生命色彩主题教育运用课例以及授课教师实践后的经验总结以飨读者。

本书可供小学教师、校长以及关注生命教育的读者阅读。

图书在版编目(CIP)数据

为孩子美的生命奠基 / 陈飞编著. —上海:上海
交通大学出版社,2020
ISBN 978 - 7 - 313 - 23220 - 5

Ⅰ.①为…　Ⅱ.①陈…　Ⅲ.①生命哲学－小学－教学
参考资料　Ⅳ.①G623.103

中国版本图书馆 CIP 数据核字(2020)第 074426 号

为孩子美的生命奠基

WEI HAIZI MEI DE SHENGMING DIANJI

编　　著:陈　飞

出版发行:上海交通大学出版社　　　　　地　　址:上海市番禺路 951 号
邮政编码:200030　　　　　　　　　　　电　　话:021 - 64071208
印　　制:上海万卷印刷股份有限公司　　经　　销:全国新华书店
开　　本:710 mm×1000 mm　1/ 16　　印　　张:16.5
字　　数:253 千字
版　　次:2020 年 6 月第 1 版　　　　　　印　　次:2020 年 6 月第 1 次印刷
书　　号:ISBN 978 - 7 - 313 - 23220 - 5
定　　价:68.00 元

序言

小学审美教育研究中的一枝花

我认识陈飞，是10年前在"上海市名校长名师基地培训班"上，她给我的初次印象是聪明能干，有理想、有追求、有事业心，对小学审美教育颇有研究。她多次请我到她所在学校进行课题研究指导。本书成形时，我看过初稿。由于她研究的课题"让生命更美好——'生命美育'感受体验式课程开发与实施"和我的《教育中的情和爱——儿童、青少年情感发展与教育研究40年》一书在有关教育审美化的研究上，有许多吻合之处，因此，我就她的研究成果，谈谈我的几点感想。

（1）以美育人，在学校审美教育中，研究生命美育的体验式课程开发与实施视角很好。这一研究，不但体现了当今社会发展和时代变化的迫切要求，而且也体现了学校对未来一代生命健康的重视和关注。早在百年前，现代美育的先驱者王国维在《教育世界》杂志上就提出，培养完全的人，要使美育在人的精神生命培育中有其独立的地位，发挥它的独特功能。

小学生命美育的研究是把生命美育与生命教育联系起来研究，在生命美育的视野下，研究小学生的生理生命和精神生命的健康成长。在学校全方位的教育中，导入对生命美育的关注，使小学生在对生命美的探究与追问、发现与理解中，有意识地去感悟生命之美，从而更加尊重与珍惜生命。

（2）小学生命美育的研究，不但符合当今加强学校美育的需要，而且为改进小学美育提供了可操作的经验，因此十分珍贵。陈飞校长的研究，前几年就开始了,她按照《上海市中小学生命教育指导纲要》,结合学校课程校本化的研究,针对过去在生命教育中存在的"零敲碎打""蜻蜓点水"的问题,带领一批有志于生命美育研究的教师,形成一个团队,把生命美育的内涵确定为:在尊重生命生长规律的前提下,以喜闻乐见的方式增强孩子们对生命美好的情感体验与理性认识,培养他们创造美好生活的能力,提升他们主动探究生态美的兴趣,从而引导小学生去鉴赏、感受、创造生命美、生活美、生态美,从中提升学生精神生命的综合素质,为其人格美的培养奠定基础。

在操作上,陈飞校长建构了七个版块的课程内容,即"雅健·生命与健康""雅怀·品格与社会""雅容·人文与情怀""雅趣·科学与创新""雅致·艺术与审美""雅思·乐学与善思""雅量·理解与尊重",具有创新性的意义。

在上述框架下,她还进行了各学科教学的渗透和教学方法、教育实践活动的整合,取得了很好的教育效果,受到了小学生们的欢迎。

(3)小学生命美育的课题研究整合了教师与家长的教育资源,其采用的案例研究和行动研究,使教师和家长也受到了生命美的教育。在教师生命美育成长案例和促进家校共育方案中均有生动的实例。

这一研究重于师生交往与亲子交往的实践,体现学校美育在美人之美,美美与共中,感受生活之美、师生之美、亲情之美的温馨和灿烂,是当今小学审美教育研究中绽放出的一朵美丽的花。这花不仅开放在每位小学生的心中,也开放在教师和家长心中,它使教育充满生机和活力,使孩子们的生命得到更加生动活泼的健康成长和发展。

书稿已成,可喜可贺,特此作序。

梅仲孙

上海市教育教学研究院心理学特级教师

上海市儿童教育心理学专业委员会副主任

南京师范大学道德教育研究所特聘兼职教授

自 序

　　我从事"生命美育"感受体验式课程的研究，主要基于两个背景。一方面，当今社会科技、经济飞速发展，为学生拓宽获取信息的渠道、开阔视野、提升各种技能提供了广阔的平台。然而，伴随着生理成熟期所呈现的提前趋势，学生心理发展相对滞后，导致他们在复杂的社会环境中极易产生生理、心理、道德发展的不平衡现象，学校生命教育，尤其是小学生命教育面临着前所未有的挑战。

　　另一方面，20世纪以来，人们对美的研究开始从抽象思考逐渐转向对人的生存状态的关注和关怀，以及对美与人生关系的探索上。而传统的学校美育，较多关注学生群体性发展，一定程度上缺乏对学生个体体验的关注。

　　人的生命历程本身就蕴含着美的元素，而美一定是基于个体生命感受和体验的。多年的教学和管理的经历，让我感受到"生命"和"美育"之间存在着某种联系，激发了我将两者结合起来研究的灵感。从2012年开始，我和北蔡镇中心小学的同事们一起开展了"生命美育"感受体验式课程的研究工作。

　　当时学校的情况是：生命教育课程呈现"零敲碎打"和"蜻蜓点水"的现象；教师生命教育课堂存在执行力缺失问题；学生生命意识薄弱；整体生命教育成效低下等。在"生命美育"感受体验式课程开发与实施的过程中，我们一步步明晰了"生命美育"的内涵，对于"生命美育"感受体验式课程进行了整体规划、统筹部署、顶层设计，在此基础上进行梳理、提炼、拓展、优化，并从"雅健·生命与健康""雅怀·品格与社会""雅容·人文与情怀""雅趣·科学与创新""雅致·艺术与审美""雅思·乐学与善思""雅量·理解与包容"七个方面，建构了多元立体的主题版块课程内容。

在此基础上，国家课程的校本化实施、校本课程的开发与实施，使"生命美育"感受体验式课程体现出系统化、有序化，体现出趣味性、体验性。具体表现为：以学生喜闻乐见的方式增强他们对"生命之美"的情感感受体验与理性认识，提升他们主动探究美好氛围和生态环境的兴趣，培养他们创造美好生活的能力；增强教师国家课程校本化实施的能力以及校本课程开发的能力；建立"生命美育"课程评价体系，更多体现关注学生生命感受体验的过程性评价。我们的目标是：通过"生命美育"感受体验式课程的开发与实施，达成"生命美育"的有效性，使学生学会做人的基本道理，掌握终身学习的基础知识，培养持续发展的基本能力，获得融入社会的基本经验，开启智慧人生的基本思维。

2016年颁布的《上海市中小学生命教育指导纲要》指出："整体规划小学、初中和高中生命教育的内容序列，形成学校、家庭与社会优势互补、资源共享的生命教育实施体系。"在这一文件的指导下，我们又从课程目标、课程内容、课程实施、课程评价等方面进行了深入的思考并做了进一步的改进，完善了"生命美育"感受体验式课程的体系，进一步引导学生通过自己的生命实践和理性思考作出判断和决策，提高感受、鉴赏、创造生命美、生活美、生态美的意识和能力，从中孕育健康的精神生命，提升其生命智慧和水平。

经过八年的实践研究，"生命美育"感受体验式课程由小到大，由孕育到成熟，凝聚了大量实践者的智慧和心血。感谢"生命美育"感受体验式课程建设的所有参与者，我们一起在实践中感悟生命之健、之雅、之乐、之美，我们与学生共同成长！

陈　飞

张江高科实验小学校长

北蔡镇中心小学原校长

2020 年 4 月

目录

第一章 | "生命美育"感受体验式课程开发实施的理论探索

进入 21 世纪以来,教育改革和发展越来越关注人的生命规律,聚焦提高人的生命质量这一神圣使命。我们关注的"生命美育",其宗旨是:以喜闻乐见的方式,增强小学生对"生命之美好"的情感感受体验与理性认识,培养他们创造美好生活的能力,提升他们主动探究美好生活和生态的兴趣,从而引导他们感受、鉴赏、创造生命美、生活美、生态美,并获得情趣上的成长、认知上的成长、精神上的成长和行为上的成长。

第一节 研 究 缘 起

一、"生命美育"是社会发展和时代变化的迫切要求

经济全球化和文化多元化的发展趋势,现代科技和信息技术的飞速发展,为不同民族、不同文化的交流与合作提供了有利条件,为广大学生获取信息、开阔视野、培养技能提供了便利。但随之而来的消极因素也在一定程度上影响了学生的道德观念和行为习惯。一部分学生迷失在物质追求中,社会道德衰落,有限岁月虚度,甚至出现很多自杀行为。这让我们深刻意识到推行生命教育刻不容缓。生命是美好的,不可再生的。有了生命,本来死寂的世界才变得生机盎然、赏心悦目。

在很大程度上,生命教育是一种审美教育。审美教育首先要带领学生感受生命之美,发现生命之美,认识生命之美。要让学生在生命教育过程中充满美的体验与享受,而不是简单的说教。因此,在小学阶段,审美教育应该以生命为起点和基础,只有对生命有了深刻的体验,才谈得上审美教育的发展。生命教育和审美教育的结合,诞生了"生命美育",它是随着我们这个时代的发展应运而生的。开展"生命美育",目的就在于捍卫生命的尊严,激发生命的潜能,提升生命的品质,实现生命的价值,促使人的全面发展。

二、"生命美育"研究是国家对未来人才培养的必然要求

教育的目的是促进人的发展,发展是人类永恒的主题。不同的时代,因为

社会发展的水平不同,对于人才的要求既有共性也有个性。当今时代,一方面科技发展迅猛,知识以前所未有的速度增长,促使人们不断加快节奏,以跟上时代的步伐。另一方面,人类对精神世界的追求,对于情感的体验愈发重视。未来人才一定是全面而综合发展的,一定是对人的生命过程有更深入体验,并能够从中感受美、发现美、创造美的。这是传统教育比较欠缺的。"生命美育"指向人的精神生命的孕育和关怀,是在充分考察人的生命本质基础上,结合美育特征提出的一种新的教育理念。开展"生命美育"研究是整体提升国民素质、满足国家对未来人才需求的必然要求。开展"生命美育"研究,是要唤醒生命、发现生命、表现生命、弘扬生命、净化生命、升华生命、完善生命,从而促进学生个体的审美发展,推动人的全面发展,最终提高人的生存质量,达到人与社会和谐发展的目的。它不仅具有现实意义,更具有时代意义。

三、"生命美育"研究是现代学校教育发展的必然要求

现代学校教育,面临巨大的挑战。就小学而言,家长和学生重物质、轻精神,重经济、轻文化的现象比较明显。在应试的压力下,有些小学生的学校生活体验感差,被动接受多、主动思考少。功利性思维多、发展性思考少。而传统的教育模式,对这一现象的扭转显得苍白无力。

现代学校教育的发展,必须重视学生个体的生命存在感。正如华东师范大学叶澜教授所说的:"只有将学生视为生命体,让教育目标关注到学生生命整体的各个层次和方面,将教育的目的定位在人的自我教育能力的促进和人的生命主体意识的增进上,而且教育过程中始终把对人的生命发展的能动特点的尊重和开发作为最重要的支点,那么我们才会看到真正的教育、充满着生命活力的人的教育。"

"生命美育"教育理念,正是基于这一现状而诞生的。"生命美育",首先就是要让学生体验生命、认识生命、发现生命,在这个过程中,发现其中的美,增强他们的情感体验。将学生生理生命的发展与精神生命的发展有机地结合起来,从而促进学生身心健康、全面发展。

"生命美育"是引领学校课程改革的有力引擎,是推进学校教育发展的一种积极的尝试,它顺应了新一轮基础教育改革发展的需求。

第二节 研 究 意 义

一、主动回应基础教育转型发展

随着社会经济的发展,人们对教育回归本原的呼声越来越高。要真正体现"以人为本",就必须切实关注人的生命本质。教育的"以人为本",首先应当是以学生的生命为本,因为生命是教育的基点。

"以人为本""以学生发展为本"是上海"二期课改"的重要理念。我们力求从知识课程观的狭隘视界中走出来,确立以学生生命为本的教育理念,把学生的学习看成是生命的整体生成过程,实施以生为本的课程,让学生全身心参与到学习、体验中,不仅关注学生生理生命的发展,还关注其精神生命的发展。雅斯贝尔斯曾说:"教育的过程首先是一个精神成长的过程,然后才成为科学获知的一部分。"惟有真正理解生命教育的重要性,以生命为主线,以爱为核心,以生命影响生命,使学生认识自我,肯定自我,实现自我,活出生命的色彩,才能让我们的教育充满生命的意义,担负起培养国家未来人才的使命。"生命教育"理念,将"学生获得完整的生命成长经历"前置,将"学生生命美的体验"前置,设计一系列活动,促进学生德智体美劳全面发展。"生命美育"感受体验式课程的开发与实施,是上海"二期课改"理念切实落实的具体体现,是应对改革的一种积极的尝试,是一次创举。

二、促进学校现有课程形态的优化

课程是实现学生全面发展、终身发展的一个具体抓手。上海"二期课改"的核心元素包括:以人为本、健康第一、珍惜生命、爱护生命、自我实现等。相应于教育回归本原,课程价值的回归意味着通过具体的载体保证学生个人的发展,同时又兼顾学科和社会的要求。课程不但给学生提供了满足他们未来生活所需的基本智力和社会要求,而且能够帮助他们形成一套可接受的个人价值观。

上海的"二期课改"不断向纵深发展,目标是通过基础型、拓展型、研究型三类课程的有效实施,使课程适应每个学生的发展。"生命美育"只有依托课程才能真正实现"有机、有序、有效地把'生命美育'渗透到教育的各个环节、各个方面"这一目标。因此,本书的实践研究,要把"生命美育"作为一种理念、作为引领整个课程改革的有力引擎、作为基础教育的一种途径来把握和深入。

我们顺应新一轮基础教育改革要求,以"为了每一个学生的发展"为出发点,从课程目标、内容、实施、评价等方面赋予"生命美育"以审美的感受和人文关怀,促进学校现有课程形态的优化。

具体做法有:在"生命美育"感受体验式课程开发实施过程中充分提炼、运用国家课程中所蕴含的"生命美育"素材;积极开发、丰富"生命美育"校本教材;尝试评价改革,实现教育教学优化整合、相互渗透,发挥课程标准和教材在"生命美育"中的规范和指导作用;着力在"生命美育"感受体验式课程实施过程中引导学生感悟生命精髓,从而增强生命价值和道德主体的自我构建,使"生命美育"从"由外向内"转变为"由内向外"的生成过程,达到生理生命和精神生命的和谐统一,以此有效落实"生命美育"理念。

三、促进学生生命状态的改进

当今时代,功利主义的教育方式,使小学生被繁重的学习任务所压,身心发展处于巨大的压力之下,从而让自由、浪漫、充满童趣的幸福生活渐行渐远。"生命美育"感受体验式课程的开发与实施,以"人性向善"为基本的价值预设,以学生当下生活实际感受和内心需求为出发点,关注学生生活的感受,让学生体验和获得生命的气息,使学生的潜能得到唤醒、挖掘与提升,促进学生的自主发展,着眼于学生的全面成长。

首先,"生命美育"理念充分发挥了情绪、情感的弥散性、激励性和感染性的功能,高度重视调动学生的情感,引导学生用审美的眼光认识、领悟生命本身就是一种美的理念。其次,引导学生感受生活的丰富多彩,从而产生对于美好生命的向往之情。再次,培养学生用审美的眼光面对生命,在关爱、尊重、珍惜和美化自己生命的同时,对自然界一切生命有关爱、尊重、珍惜之情。最后,通过尊重、培养学生的社会性情感,促使他们对学习、生活及周围的一切产生积极、美好的情感体验,拥有自主、快乐、成长、幸福的生命状态。

"生命美育"旨在引领受教育者寻求当下生活中的幸福,感受教育过程中的幸福①。它对于促进学生生命状态的改进具有积极的作用。

四、促进教师"生命美育"专业素养的提升

教师生命教育专业素养的提升直接关系到"生命美育"课程开发与实施的实际成效。为此,我们通过访谈、座谈、听课等调研方式总结、梳理、分析了北蔡镇中心小学教师生命教育专业素养存在的主要问题。一是"生命美育"学科渗透意识和能力有待加强。"生命美育"学科渗透应坚持全学科、全课程渗透的理念,而北蔡镇中心小学前阶段只是在语文、道德与法治等部分学科实施学科渗透,一部分教师还未真正树立"生命美育"学科渗透应潜移默化、无处不在的正确观念和自觉行动。二是"生命美育"学科渗透深度不够。"生命美育"学科渗透应紧密结合学科特点,深度挖掘教材内涵,做到自然贴切、无痕渗透、无缝衔接,而教师在学科教学中还大多只是"蜻蜓点水"式,未能深度、系统地挖掘教材中可用的教育元素,并思考它们与教育教学的最佳结合点。三是"生命美育"过程中情感体验不够。随着上海"二期课改"的不断深入,课堂教学"知识与技能、过程与方法、情感态度与价值观"三维目标的合理确立和有效达成是课堂教学研究的出发点和落脚点。北蔡镇中心小学教师在课堂教学中落实"生命美育"过程中依然存在重知识建构、轻德育渗透的弊端,导致课堂教学实施过程中情感投入不到位,感染力不强,从而无法让学生真正得到丰富的情感体验。

针对以上现状和问题,我们通过项目研究的形式,重点提升教师"生命美育"国家课程校本化实施的意识和能力,着力提高以下四个方面的"生命美育"课堂执行力,即设定合理目标的执行力,选择适切内容的执行力,运用有效方法的执行力,激发创新思维的执行力。以此使课堂教学三维目标清晰、教学任务明确、教材把握正确、渗透内容适切、方法选择恰当、环节设计合理、特长新意显现,并积极构建基于"生命美育"的体验式课堂作为提升教师"生命美育"国家课程校本化实施能力的手段。

---

① 肖川,曹专,陈黎明.生命教育:通向幸福的生活[J].天津师范大学学报(基础教育版),2013(4):1-4.

第三节 相关概念界定

一、生命

"生命"在词典中的解释为"生物体所具有的活动能力,生命是蛋白质存在的一种形式"①。"生命在于运动"的意义就在于此。生命究竟是什么？如今,人们已将生物学的"生命"概念与西方生命哲学中的"生命"内涵予以融合和提升,将"生物性"生命拓展为自然性生命和精神性生命的统一,或是自然生命、价值生命和社会生命的统一。

二、生命美育

"生命美育"就是把"生命美学"的理论运用到审美教育中,是生命美学与审美教育的结合。"生命美育"作为审美教育的基础部分,重在引导个体认识并实现自身生命的审美价值。

有关"生命美育"的内涵,学者从多个角度进行了阐释,主要包括以下几个方面。

第一,"生命美育"首先涉及人的生命感受体验。个体生命的成长需要生命本身的体验,只有亲身体验的东西才是真正意义上的获得。"生命美育"中的体验将生命和审美相结合,其中灌注了情感生命和精神生命。"生命美育"中的生命体验要求主体对生命和事物有真切而强烈的感受力。"生命美育"的这一内涵要求个体不仅有美的意识,还必须具有健全的人格,由此提出了在培养个体过程中不仅要注重培养个体的审美能力,还要辅以健全、完整的人格培训,在审美体验中,使个体的生命意识得到强化。

第二,"生命美育"的实施需要生命智慧的运用。人的生命智慧促使人不断地激发和表现个体生命并使其完善和发展。因此,生命智慧是最高的智慧。

---

① 中国社会科学院语言研究所词典编辑室.现代汉语词典[M].北京：商务印书馆,1996：1129.

然而,生命智慧并不因此而不可把握。它随着人的进化而进化,发展而发展,在每一个人身上,都体现着它的魅力。人的生命是有限的,在看似漫长的几十年中,我们如何运用生命智慧将生命美展示出来,是"生命美育"的另一个重要内涵。

第三,生命与自然、艺术间的关系。"生命美育"的内容主要涉及生命与自然、艺术间的关系。自然是生命之源。在与自然生命的亲近之中,自然生命与人类生命之间就没有了隔阂,两者互相渗透、融入,人与自然物我为一,人类真正地回到自然之家中。人类的生命美也体现出自然之美,个体生命的丰富性得到进一步的展现。人的个体生命既然是自然生命的一部分,必须要回到自然中去寻找自己的精神家园,同时在个体生命不断发展的同时也会破坏人类同自然的关系。因此,人类除了在现实中努力尝试改变与自然的这种矛盾关系外,更重要的是要在艺术中重建一个理想的精神家园。这样,人与自然、艺术之间就有了密不可分的联系。

"生命美育"是在尊重生命生长规律的前提下,以学生喜闻乐见的方式增强他们对"生命之美"的情感感受体验与理性认识,结合学生生活实际,培养他们创造美好生活的能力,提升他们主动探究美好生活和生态的兴趣,从而引导他们感受、鉴赏、创造生命美、生活美、生态美,并获得情趣、认知、精神、行为上的成长的过程。

三、感受体验

生命的成长需要生命本身的感受体验,只有亲身体验的东西,才是真正意义上的获得。没有学生的感受体验,就无所谓人性的独立,特别是如果学生没有心灵的感受,精神世界就会变得贫瘠乏味,精神家园就会荒芜。从这个意义上说,感受体验是生命成长中不可或缺的独特享受。

体验是一种被激活了的经验,是主体心灵与外部世界沟通的一种张力场。在生命的体验中,我们引导学生通过叙述、想象、移情、换位、感悟等多种心理活动的交融、撞击,激活自我经验,达到对生命意识、生命价值的认识。学生体验要有具体化、生活化的情境。而体验活动借助学生的感官去感受,在见闻中获得,然后在"见所未见,见而又见"和"闻所未闻,闻而又闻"中去博闻、强识。

在一次次感受和"对感受的再感受"中,认识水平、情感体验水平得以发展。因此,我们的活动设计要求学生亲历生活情境,通过观察、心灵的沟通进行体验活动。

四、"生命美育"感受体验式课程

"生命美育"感受体验式课程倡导在"生命美育"教育理念下,引导学生通过自己的生命实践和理性思考作出判断和决策,提高感受、鉴赏、创造生命美、生活美、生态美的意识和能力,从中感悟生命智慧成长之美、之乐,使学生学会做人的基本道理,掌握终身学习的基础知识,培养持续发展的基本能力,获得融入社会的基本经验,开启智慧人生的基本思维。

"生命美育"感受体验式课程,在学生体验的基础上,让被激活的认知转化为学生自我的感悟,使感悟到的东西真正成为学生自我的内心需求。体验是在表达中发生和深化的。个体在表达中诱发和唤醒道德体验,发生自我认同感,领悟道德教育和个体生存的意义。通过有效的活动形式,把学生自我的感悟转化为外显的行为方式,提升认识,内化行为。这便是一个感性和理性结合,使人热爱生命、内化行为的一种生命成长的活动方式。

"生命美育"感受体验式课程有两种渠道,一是国家课程的校本化实施;二是校本课程的开发实施。"生命美育"感受体验式课程,是学校在新课程改革背景下实施素质教育的一种积极的课程改革实践。

第四节　理　论　基　础

一、"生命美育"理论

1. 生存教育理论

对生存教育的基本内涵,有不少专家通过不同的方法,从不同的维度进行了深入探讨,这其中,较为代表性的观点有两种:一是认为安全教育就是生存教育;二是认为生存教育是一种教育理念、教育模式。后者主要相对于以灌输书本知识为主的应试教育而言。生存教育并不是阶段性的,而是贯穿于人的整个生命过程①。

联合国教科文组织发布的《学会生存——教育世界的今天和明天》这一报告中指出:"使人日臻完善,使他的人格丰富多彩,表达方式复杂多样,使他作为一个人,作为一个家庭和社会的成员,作为一个公民和生产者、技术发明者和有创造性的理想家,来承担各种不同的责任。"②其倡导通过各种教育活动让学生达到"学会生存"的目的,领会生存教育的题中之义,从而也揭示了"学会生存"的含义。

生存教育关注人的生存问题,并非是被动适应而是主动生活,追问人的生存价值和意义,帮助人们重塑新的生存观念和方式。"生命美育"感受体验式课程开发实施过程中将通过教育和社会实践活动,培养学生正确的生存观念和基本的生存能力,使之在与自我、自然、社会相处过程中体验生命的价值和意义。因此,生存教育理论是"生命美育"感受体验式课程开发实施的重要理论基础。

2. 生活教育理论

"生活即教育""社会即学校""教学做合一",这是陶行知先生生活教育的三大原理。"生活教育"是"供给人生需要的教育,不是做假的教育,人生需要什么,我们就教什么",以营造具有"健康之堡垒,艺术之环境,生活之园地,学术之气候,真善美之人格"的"和谐教育"③。

美国著名教育家约翰·杜威指出:"教育是生活的过程,而不是将来生活的预备。"④"生命美育"的目标是要引导学生理解、思考生活,继而去努力追求幸福的生活。所以,实施"生命美育"就是要引导学生学会珍惜当下的生活,快乐学习、积极生活、感受幸福,因此只有打造"生命美育",教育引领人类走向幸福的终极意义才有可能实现。

3. 生态教育理论

生态教育(亦称教育生态化、教育生态学化、绿色教育、生态化教育)是在

---

① 李晓莉.我国生存教育的理论分析与实践研究[J].黑龙江高教研究,2011(10):76-78.

② 联合国教科文组织国际教育发展委员会.学会生存——教育世界的今天和明天[M].北京:教育科学出版社,1996.

③ 申林静.陶行知生活教育理论研究[D].武汉:华中师范大学,2008.

④ 约翰·杜威.我的教育信条:杜威论教育[M].彭正梅,译.上海:上海人民出版社,2017.

新的教育背景和社会经济发展需求下形成的一种新的教育思想。

中国生态教育发展的广度、深度与发达国家相比,尚有较大差距。而教育适应社会生态化的需要是必然趋势,教育致力于自身的生态化改革,也成为社会生态化发展之客观要求。

将教育生态学的相关理论运用到"生命美育"感受体验式课程开发与实施的实践中来,将其作为认识教育现象以及解决教育问题的方法论,将事物看成一个完整的生态系统,在解决问题的过程中,强调各种因素之间的相互协调,对于解决"生命美育"感受体验式课程建设过程中的现实问题,具有很重要的指导意义。

4. 教育审美化理论

教育审美化,是指在教育教学的过程中,将美的事物和规律作为基本依据来设计与实施的教育活动,最终实现教育活动与审美活动之间有机的转化与融合,从而促进师生身心愉悦和健康发展。

审美是由具有美感的外部事物引发的,并通过内部的审美心理系统与之交互作用乃至进行积极反馈而实施。这启发我们,在"生命美育"感受体验式课程开发与实施的过程中,要合理选择教学内容,将含有丰富美学价值的知识找出来,与生命教育有机地结合起来。另外,在教学之前,还要了解学生的审美需求及审美特点,制定恰当的课程目标。"生命美育"感受体验式课程的教学方式也是独特的,教师要以平等的态度,真诚地与学生进行互动与沟通,争取在外在的形象美与内在的价值美上获得学生最大程度的共鸣。师生之间,不仅仅是教育者和被教育者,还是共赏与互赏的对象,彼此都会被激励,并且获得共同发展。

二、学校课程开发的理论基础

1. 泰勒原理对校本课程开发的启示

1949 年,美国课程论专家泰勒出版的《课程与教学的基本原理》一书指出,课程的设计要解决四个基本问题:① 学校应该达到哪些教育目标;② 提供哪些学习经验,才能实现这些目标;③ 怎样才能有效地组织这些学习经验;④ 怎样才能确定这些目标正在得到实现[1]。

---

[1]　拉尔夫·泰勒.课程与教学的基本原理[M].罗康,张阅,译.北京:中国轻工业出版社,2014.

泰勒原理给我们的启示是：校本课程的建构和设置，必须立足于本校的办学理念、历史背景、文化内涵、发展需要，个性特色等，校长与教师要从执行既定课程的角色，转变为课程设计的主体，不断提高对课程的反思水平和独立设计课程的能力。

2. 建构主义理论对校本课程开发的启示

建构主义理论认为：学习过程是学生的认识思维活动主动建构知识的过程，是学习者通过自身已有的知识、技能、经验与外界（读本，生活等）进行交互活动以获取、建构新知识的过程。学生是主动建构者而不是被动接受者，教师是学习活动组织者而不仅是知识传递者。

综上所述，建构主义的教学观给校本课程开发的启示是：校本课程开发要把学生作为学习和发展的主体，让学生真正成为课程的主体，教师等开发者要做的，就是为学生创设宽松、和谐、安全的对话氛围，尽力激发、唤起、鼓舞学生的学习积极性，并尊重学生的独特感受，帮助学生建构新知。

3. 实践模式课程理论对校本课程开发的启示

美国著名课程论专家施瓦布提出的实践模式课程理论认为，课程的主体和创造者是教师和学生，课程是有机的"生态系统"，其指向兴趣的满足和能力的提高。教师作为课程的主要设计者，要根据特定情境发挥创造性，而学生在课程中要提出质疑，并得到解答。由此，师生双方共同参与了课程开发。

实践模式课程理论对于校本课程开发的启示是：校本课程开发要立足学校，倡导自下而上的课程开发过程，重视开发过程中学生的发展需求，以教师为主体，结合社会需要和学校特色而开展。因此校本课程开发只有立足于学校实际发展需求，满足不同学生的学习要求，并实现教师在研究和实践中的成长，才能真正实现课程的教育成效。

第二章 "生命美育"感受体验式课程的开发

北蔡镇中心小学充分利用学校现有条件,坚持以人为本、以情为要、以美为贵、以动为重、以悟为魂原则,从国家课程校本化实施的构建和校本课程资源开发两个方面,积极开发"生命美育"感受体验式课程。

第一节　现实基础

一、以学校办学理念为重要支撑

"五育并举,全面发展"作为北蔡镇中心小学办学过程中坚持秉承的办学理念,其核心内涵是:着力培养社会主义的建设者和接班人,坚持政治思想素质、道德品质与文化素养的统一。真正的素质教育就是坚持使学生在德、智、体、美、劳诸方面都得到发展,这是反映教育事业价值取向的最具核心意义的部分。培养德、智、体、美、劳诸方面全面发展的人,必须指向人的核心素养。未来基础教育的顶层理念就是强化学生的核心素养。学校为进一步丰富素质教育的内涵,将课程建设和评价标准指向学生的核心素养,以此培养学生具备适应终身发展以及符合社会发展需要的品格和能力,从而引导学生追求完整的人生,为学生终身发展奠基。

基于以上思考,北蔡镇中心小学在"生命美育"感受体验式课程规划中,充分考虑到学校"五育并举,全面发展"办学理念,以及"生命美育"育人目标的实现,引导学生认识自我、健康生活、积极交往,使之自主健康有朝气;引导学生具有良好学习态度与学习习惯,不断提高阅读、表达、运算能力,观察、比较、概括能力,探究、质疑、实践能力,使之乐学善思有灵气;引导学生乐观自信、规范守信、诚实正直、尊敬师长、友爱同学、礼貌待人,使之自信尚德有底气;引导学生形成乐于倾听、懂得欣赏、善于分享、学会合作,使之合作包容显大气;引导学生乐于实践、勇于创新、超越自我,使之实践创新有锐气。以此进一步深化学校办学特色创建,努力提升办学思想内涵。

二、以学生生命成长需要为核心

随着社会与科技的迅猛发展,每一个生命个体都面临日益激烈的社会环境,人们也开始重新思考原本就至关重要的概念——生命。而教育要直面人的生命,致力于人的生命的健康成长,已成为共识。关注学生个体生命的生存与成长,是学校"生命美育"感受体验式课程开发与实施的重要依据。只有充分尊重学生的生命意识,提高学生的生存智慧,激发学生的生命潜能,才能实现促进学生充分成长、健康成长的理念。

基于此,北蔡镇中心小学围绕办学规划,依据《上海市普通中小学课程方案》和《上海市中小学生命教育指导纲要》,在国家课程校本化实施过程中,努力构建"生命化课堂",以此加强各学科"生命美育"渗透。在"生命美育"感受体验式课程开发实施过程中,充分考虑国家课程中的"生命美育"元素,整合原有班团队活动、社团活动、专题教育、仪式教育、社会实践活动等各种拓展型课程,建构多元立体的七个主题版块课程内容,即"雅健·生命与健康""雅怀·品格与社会""雅容·人文与情怀""雅趣·科学与创新""雅致·艺术与审美""雅思·乐学与善思""雅量·理解与包容",从而制订并全面实施学校课程方案。

通过课堂教学、实践活动、评价机制构建等的相互渗透、相互补充,积极挖掘"生命美育"内容中的审美因素,积极构建"生命美育"感受体验式课程。通过开展丰富多样的课程,引导孩子们去感受生命的美好,产生提升生命质量的愿望,并努力在实践中体现自身生命价值。

三、以童心、童真、童趣为重要基础

梅仲孙教授指出:"从儿童心理学和情感发展的视角来看,儿童成长中的快乐、幸福之泉和他们的本性之基础,与童心、童真、童趣有直接的关联。"[①]人生下来,其实还谈不上人性本善还是人性本恶,因为所谓的善和恶都是以人类社会建立起来的标准来评判的。孩子是人之初,具有质朴的本性,天真、率直。童心就是人的纯真之心,是人的天然本性和真情实感的表露,是人的心灵之本源,值得呵护。

儿童的眼光是直线的,不会拐弯,无所顾忌。以这样直射的眼光去看待周围的事物,很多事情反而变得更加清晰、明朗。这就是童真。童真是难能可贵

① 梅仲孙.教育中的情和爱——儿童、青少年情感发展与教育研究 40 年[M].上海:上海教育出版社,2018:110.

的。随着年龄的增长,人往往会因为实际生活中这样那样的限制,以及逐渐形成的这样那样的习惯,无法率真地表达。所以,表面上看,成人的世界变大了,圈子变大了,但实际上,限制也变多了。孩子因为他们的真,世界反而无比广阔,可尽情去探索。

儿童充满幻想,对周边的事物有强烈的好奇心和求知欲。有趣的事物可以让儿童兴趣盎然。儿童的兴趣有很多特点。比如丰富性,非常多样、广泛;游戏性,灵活性和自由度很大;探索性,喜欢自己动手尝试;选择性,不同年龄、性格、性别的儿童常常会有不同的兴趣选择。兴趣是最好的老师,呵护童趣,表面上看,暂时牺牲了一点学习的目的和效率,可换来的可能是孩子长久而持续的学习动力。

基于此,北蔡镇中心小学围绕"童心、童真、童趣"构建"生命美育"感受体验式课程,特别强调让每一个学生,在全面发展的过程中,快乐成长。特别强调从情感体验入手,让学生在愉悦的心境中学习,从中去感受成长的快乐和幸福。特别关注呵护学生的"童心、童真、童趣",而不急于求成抓学习,让学习习惯、学习品质自然而然地走近学生,启发学生自觉形成对于学习的正确认识。

四、构建校园"情感场"氛围

人与人之间只有拥有相互依赖的深厚情感,才能建立起和谐友爱的人际关系。苏霍姆林斯基曾经说过:"教育是人与人心灵中最微妙的接触。"情感是需要传递的,和谐愉悦的师生关系、生生关系也会产生情感的传递。长期以来,在学校教育中,我们对于怎样以情感制约情感,以情感引发情感,以情感导向情感有所忽视。朱小蔓教授指出:教师的情感资质和人格魅力,对青少年儿童道德情感发展和整个美好心灵的形成,从一定意义上说,具有决定性的作用[①]。教师情感资质的本质要素是对学生的热情、对事业的热忱和对学科的热爱。三者在一个优秀教师身上所表现出来的就是浓浓的"师爱"。一个强有力的情感场,不仅对它内部的每一个个体有强大的感染力,还能对来自外部的个体和群体产生积极的感染力。这种感化力量,能不断辐射带有自身独特标记

---

① 朱小蔓.情感德育论[M].北京:人民教育出版社,2005.

的情感资源。教师自身情感的发展以及他们对学生情感发展的自觉而强烈的影响,是决定校园情感场生命力的主要动力源。

学生作为一个生命个体,他们有多种需要,爱的需要、友谊的需要、安全的需要、求知的需要、玩的需要。因此教师在教会学生知识的同时,更应注重启迪学生的智慧、润泽他们的生命。狄尔泰说:"生活表达在体验中,人们生活在体验中,并通过体验而生活。知性的世界抽离了生命,也不可能发生体验。"教育必须要从知性的世界转变到生活的世界,教学不是符号的传递,而是生活的体验。体验是一种强烈的情感,是对人心灵的撼动,它不是教学中的"做秀","做秀"只能是情感的虚饰和欺骗,而不是真正的体验。我们做的,是在教育生活世界中适当创设有意义的情境,诱发学生的生命自觉,唤醒他们的生命体验,使他人、他物融入内"心",浸染生命,感动人生。同时,在立足学校教师资源基础上,强调学生的情感体验,强调师生之间的情感传递,构建起校园"情感场",营造"生命美育"感受体验式课程实施的氛围。

五、整合优化多方资源

在"生命美育"感受体验式课程开发过程中,北蔡镇中心小学注重充分整合多方资源,不断拓宽课程开发渠道,为"生命美育"感受体验式课程的开发提供坚实保障。

1. 人力资源

(1)教师。学校教师全员参与"生命美育"感受体验式课程开发,形成老、中、青结合的研究队伍。我们既有基于课程的研究团队,大家分工合作、群策群力,不断完善课程,又有名师工作坊,以"传帮带"的形式,培养年轻教师;我们既鼓励校内教师的相互学习,经验交流,也定期聘请大学、教育学院的研究者来校开讲座,提高校内教师理论水平。学校在引导教师开展课程实践时,特别注重以下三个方面的原则。一是主导性和主体性相结合原则。"生命美育"感受体验式课程开发实施过程中教师的主导作用贯穿始终,教师指导学生完成课程任务,并最大限度地发挥学生的主观能动性。学生则在参与、互动中,自主实践,体验感悟,充分发挥主体性。二是活动性和教育性相结合原则。"生命美育"感受体验式课程突出内容的活动性,使内容更形象生动。同时,教育性环节的加强使实践活动更具内涵意义。三是灵活性和趣味性相结合原则。"生命美育"感受体验式课程实施过程中,教师针对学生的年龄及心理特点、班级实际情况等灵活调整课程内容,合理安排活动时间、地点、方式,确保学生在快乐中实践,在快乐中感悟。

(2) 家长。在"关注每一个学生生命成长"的课程理念指导下,在尊重生命成长规律的前提下,学校与家庭亲密合作,共同开发完成家校共育模式下的"生命美育"感受体验式校本课程——"心手相牵,守望生命"。该课程以"生命美育"为主线,将健康教育、安全教育、仪式教育、人格培养等贯穿于一至五年级的学生成长过程之中。另外通过招募,让一大批有意愿、有特长的家长进入课堂为孩子们开设"网络安全你我他""医护包扎我能行"等课程。由此,家长也成了"生命美育"感受体验式课程开发队伍中的有力后援团。

(3) 社会组织。学校引进青年成就(Junior Achievement)组织的志愿者与学校共同开发"我们的城市""我们的世界"之"生命美育"感受体验式校本课程。课程中引导学生通过比较不同交通工具的利弊,了解交通对城市生活的影响,倡议绿色出行;引导学生通过调查城市中水源的现状和一些常见的水体污染源,了解环境科学家是如何改善城市水资源状况的,倡议爱护珍贵的水资源;引导学生通过学习 3R 原则(the rules of 3R),了解垃圾的分类方法和处理原则,从而认识到有效处理垃圾对于一个城市的重要作用。

2. 文化资源

(1) 校内百年文化资源。北蔡镇中心小学校内古银杏枝繁叶茂、蓬勃向上,一直以来以"挺拔撑天、苍劲之美"的形象,"刚健有力、自强不息"的精神鼓舞着"北小人",是"北小人"永远进取的精神支柱。学校积极传承、发展"银杏文化",并开发"话银杏""生命美育"感受体验式校本课程,让学生通过探究银杏生长过程,发现银杏药用价值,通过鉴赏描写银杏的诗词等感受银杏伟岸挺拔、铁骨铮铮的苍劲之美,展蓬勃生机的生命活力,以此理解并践行"务实、奉献、和谐、包容"的银杏文化。

(2) 校外地域文化资源。浦东说书是北蔡地区的国家级非物质文化遗产,北蔡镇中心小学充分挖掘这一地区文化资源,与社区共同开发"浦东说书之魅""生命美育"感受体验式校本课程,让学生在说、唱、演等过程中感受家乡风土人情以及日新月异的变化给生活带来的美好影响。

3. 特色资源

田径是北蔡镇中心小学的体育特色项目。由此,学校组织专家、全体体育教师和学生共同参与开发了"趣味田径""生命美育"感受体验式校本课程。该课程将田径项目和新课程教材相结合,进行游戏化处理,按照学生年龄特点分为低、中、高三段。根据学生的认知水平,低段主要以教师为主,把相关的田径教材进行游戏化处理,以此提高学生学习的兴趣。中段以学生为主,通过师生互动的形式进行,根据学生生理、心理特点,兼顾兴趣与竞技的特性,使学生身心得到全面发展,使他们初步树立正确的生命意识,养成健康的生活习惯。高段充分发挥学生的主体作用,让学生自主创新、自主活动,通过掌握一些简单的比赛规则自主组织小型竞赛,体现人人都是参与者、人人都是组织者的思想,展现学生在田径运动方面的实践能力,同时帮助他们形成生命因运动而精彩的健康意识。

第二节　开发原则

一、以人为本原则

教育的目的是人的发展,发展是人类社会的永恒主题。20 世纪 80 年代以来,教育的发展主题逐渐转向学生丰富的内在精神世界,倡导人本位的思想。而对学生主体人格的重视也符合现代社会对学生素质的要求。"生命美育"教育过程是价值引导、自主构建的过程。以人为本的"生命美育"感受体验式课程,倡导在尊重学生认知发展规律的前提下,精心创设民主友爱、具有人文关怀的"生命美育"氛围,珍视学生合理的好奇心和求知欲,为学生提供全面、客观的信息,引导学生通过自己的生命实践和理性思考作出判断和决策,从中感悟生命智慧成长之美、之乐。

二、以情为要原则

情感是由主体的需要以及对客体的感受和体验等心理成分组成的精

神资源[1]。其主要心理成分包括两大部分：一是主体自身的精神需要和人生价值的体现；二是在上述需要满足和价值体现过程中的感受、体验、评价、移情和选择。前者是情感产生的前提和基础，后者是机制和情感的核心内容。"生命美育"感受体验式课程，特别关注学生情感的发展，并以此为设计的首要原则。

需要是个体和群体对其生存和发展条件所表现出来的依赖状态，是个体和社会的主客观需求在人脑中的反映，是个人的心理活动与行为的基本动力。它是人的情感产生的内在源泉。在课程设计中，首先要评估学生的需要层次，设计满足需要的方式与手段。

对于情感的核心内容，结合小学生的心理特点，我们将重点聚焦在感受和体验上。感受是一种基础性、综合性的心理状态，有求知需要满足的快乐感，有关心他人快乐自己的幸福感，有获得成功的喜悦感，还有对父母、老师的感恩情感等。课程设计时，既要考虑感受的丰富性，也要考虑感受的深刻性。丰富的情感感受和情感记忆，会为学生的未来发展奠定重要的基础。

体验是情感生命中的重要部分。体验是个体对感受的再感受，对知觉的再知觉，对经验的再经验。体验是人的情感世界日趋丰富、走向成熟的必要环节。体验既有亲身的体会、精微的体察，又带有经历的反省、察验和深刻的感受。课程设计时，我们有意让学生在感受的基础上，形成融真、善、美于一体的体验，给学校生活染上求真、行善、尚美的情感色彩。

三、以美为贵原则

在"生命美育"教育实施过程中，首先，坚持以美为贵原则，充分发挥情绪情感的弥散性、激励性和感染性的功能，高度重视调动学生的情感，引导学生用审美的眼光认识、领悟生命本身就是一种美。其次，引导学生感受生活的丰富多彩，从而产生对于美好生命的向往之情。最后，培养学生用审美的眼光面对生态，在关爱、尊重、珍惜和美化自己生命的同时，对自然界一切生命有关

---

[1] 梅仲孙.教育中的情和爱——儿童、青少年情感发展与教育研究 40 年[M].上海：上海教育出版社，2018：13.

爱、尊重、珍惜之情,通过尊重、培养学生的社会性情感,促使他们对学习、生活及周围的一切产生积极的、美好的情感体验,由此逐步形成独立、健全的人格特征。

世界不缺少美,只是缺少发现美的眼睛。在专题教育课程、仪式教育课程、"感恩之心,美丽心情"等特色体验课程开发过程中,通过有目的、有计划、有组织地引导学生用欣赏、悦纳的眼光去接触各种美的事物,使学生确立自然美、社会美、科学美、艺术美等生命世界本身就是美的观点。例如,在三年级"十岁生日"仪式教育课程中,通过引导学生倾听美的声音、欣赏美的色彩、寻找美的事物、品尝美的滋味、分享美的回忆等,去发现、体验生命成长环境中的美好,把学生导向求真、求善、求美的境界。

四、以动为重原则

"生命美育"活动是学生体验生命成长的重要途径,其形式丰富多彩,内容颇具开放性。"生命美育"活动的实施尊重不同年龄阶段,不同个体学生的生命特征,充分体现以动为重的原则,积极引导学生在实践中体验,在体验中了解生命之珍贵,感受关爱之温暖,收获生命之智慧。

在课堂实践中开放学生的全部感官,使之整体积极参与。在师生互动、生生互动中把知识学习变成学生生命需要的满足过程,提升感受、加深理解。让每一项"生命美育"活动都能走进学生的生活,成为学生一次次的生命体验过程,让学生得到丰富的实践经验,感悟生命的美好,从而对生活充满信心,对前途充满憧憬,激发他们创造生命之美的热情。

如从班级实际出发,开发中国茶艺、风味小吃等与美化生活相关的系列文化特色课程,在形成"生命美育"班级文化和特色的同时,让学生深切感受到生活的多姿多彩和有滋有味。让他们在实践中感受到生命的美好,激发他们创造生命之美的热情。并学会用审美的态度对待生活,不断创造、扩展、弘扬人的生命价值。

五、以悟为魂原则

人生境界是人生体验的结晶,人生体验达到怎样的高度就实现怎样的人生境界,而人生境界又以个体人的体验的方式存在和表现着。体验是人的生存方式,也是人追求生命意义的方式。"生命美育"回到对人自身的思考,坚持以悟为魂的原则,创设条件,力求让所有学生都能够获得参加学习活动的机会和权利,让每个学生都能平等地体验、经历活动过程,并以学生丰富的生命体验为前提,使他们保持积极开放的姿态,在寓教于乐的实践中充满感动、激情和想象,这就是我们追求的真、善、美的内在基础。"生命美育"感受体验式课程超越单一的书本知识的传递和接受,把人与自然、人与社会、人与内心精神世界广泛联系起来,课程目标主要通过学生在教师指导下的活动过程中的体验、感悟和主动建构来实现。

如开发"银杏创业街,快乐创意园"实践课程时,我们为学生构建了一个模拟小社会。在这个小社会中创建超市、冷餐厅、书吧、游乐嘉年华、义演厅、拍卖行等"企业"。原先探究中国茶艺的班级开起了茶艺馆,而陶艺特色班则"摇身一变"创建了陶艺吧。经理、销售员、广告人、服务员、警察、记者等学生平时只能在电视中远观的社会角色,在活动中可"真枪实弹"地干一番! 在创建的各企业中,在扮演的各角色中,学生分工合作、自主探究、充分展示,并得到多元评价。在构筑的生命体验乐园中创设各种以生活经验为基础的体验情境,让学生卷入真实的生活情境中,获得正确的社会道德认知和独特的生命体验,而这些正是孩子们今后走出课堂、走向社会所必需的。

第三节　开发步骤

1. 整合有效资源,制订"生命美育"感受体验式课程建设方案

北蔡镇中心小学从现有基础现状出发,整合有效资源,经过项目领导小组成员集体商议,共同制订"生命美育"感受体验式课程建设总体方案,以此明确课程建设方向与目标、内容与形式、步骤与过程,为形成较完善的课程体系提供基础保障。

2. 依托优势项目,明确"生命美育"感受体验式课程开发的重点目标

"生命美育"感受体验式课程开发的过程,有利于增进教师对学校的归属

感,提升他们的责任感,让他们产生成就感。教师参与"生命美育"感受体验式课程开发,也是教师专业发展的有效途径之一。北蔡镇中心小学在充分梳理、分析学校办学情况的基础上,决定从生存自护、专题教育、银杏探究、主题实践、社团文化、社会实践、家校共育七大系列入手,自主开发"生命美育"感受体验式课程。

3.建立开发机构,促进"生命美育"感受体验式课程开发稳步推进

为使"生命美育"感受体验式课程开发有序、有效,学校成立课程开发领导小组,并分设生存自护、专题教育、银杏探究、主题实践、社团文化、社会实践、家校共育七大校本课程开发项目工作组。校长担任领导小组组长,并招募部分骨干教师分别担任七个项目工作组组长,直接负责校本课程开发的具体操作。领导小组每月举行研讨活动,商议和指导校本课程开发各个阶段的重点工作。项目工作组每双周举行工作例会,落实各个阶段的具体事项。

4.设置自主规范的流程,确保"生命美育"感受体验式课程开发扎实有效

在校本课程开发领导小组的统筹部署之下,各工作小组根据自己承担系列的特点采取不同的操作流程和方式来实施。这体现了开发的自主性和针对性,也使操作更具规范性和有效性。如"趣味田径"课程,采取"实践—开发—验证—调整—再开发—再实践"的模式,由体育方面的专家、体育教师和学生代表共同参与开发。而主题实践系列校本课程开发实行"年级组长项目负责制",以项目化形式运作的流程和方式如下:先由校长室选标、定标,再由项目组长负责亮标、招标,之后由年级组长作为子项目负责人参与竞标,在中标之后年级组长代表本子项目组签订校本课程开发项目实施承诺书,并召集、组织本项目组成员按照项目要求进行校本课程开发建设工作。在初步完成项目后由校长室组建评委团进行审核,对于审核顺利通过的项目组给予奖励。

5.开拓校本教材资源,不断丰富完善"生命美育"感受体验式课程内容

开拓校本教材资源是一项系统工程,在此过程中坚持"提出申请—进行答辩—编写大纲—开发教材—教材初审—最终审定—报批出版"等规范的操作程序,确保质量。具体步骤如下。

(1)提出申请。由校本课程开发小组组长(教材主编)向学校校本课程开

发工作组提交校本教材编写项目申请。

（2）进行答辩。所有开发人员必须参加"校本课程项目开发可行性论证会"，并回答校本教材编审委员会有关提问。

（3）编写大纲。答辩通过的校本课程开发小组，按照项目工作实施计划在规定时间内设置好校本教材的编写大纲。

（4）开发教材。获得开发批准并通过课程大纲评审后的项目，由该项目开发小组进行教材编写工作。

（5）教材初审。开发小组将开发好的校本教材文稿交至学校校本课程开发工作组进行初步审核，工作组提出修改建议。

（6）最终审定。修改后的定稿交由学校校本课程开发工作组再次审核，由工作组组织教材编审委员会成员在校本教材编写项目书上签署意见。

（7）报批出版。报校长签字同意后交稿，出版印刷数量由教材主编与教导处商议后确定。

第四节　课　程　构　建

构建学校课程体系最基本的工作是研究国家课程在学校的科学实施以及校本课程的开发。"生命美育"是一种致力于促进学生生命发展的教育，因此学校课程体系就是学校根据新课程改革宗旨和国家课程安排，结合学校基本条件和学生特点，为学生人格养成、知识获得、能力形成所设计的各种适应生命发展需要、更有意义的教育教学内容。

鉴于以上认识，学校将"生命美育"感受体验式课程的内涵概括为：在一种全员、全程教育的生命发展观基础上确立的课程理念，倡导在"生命美育"的思想指导下，通过国家课程的校本化实施和校本课程的开发实施，使学生学会做人的基本道理，掌握终身学习的基础知识，获得持续发展的基本能力和融入社会的基本经验，开启智慧人生的基本思维。它引导学生通过自己的生命实践和理性思考作出判断和决策，提高感受、鉴赏、创造生命美、生活美、生态美的意识和能力，从中感悟生命智慧成长之美、之乐。"生命美育"感受体验式课程,既是新课程改革背景下的一种教育理念,也是学校实施素质教育的课程改革实践。

一、"生命美育"感受体验式课程的框架

北蔡镇中心小学立足学校实际,从学生成长需求出发,对于"生命美育"感受体验式课程进行整体规划、统筹部署、顶层设计,完成课程框架如图 2-1 所示。

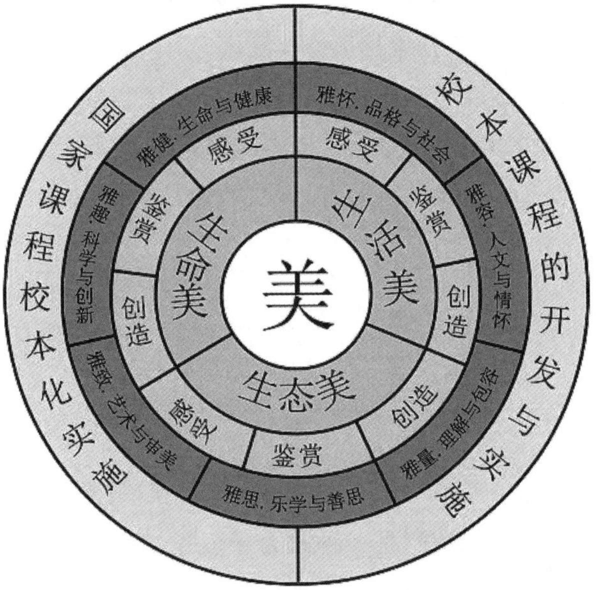

图 2-1 "生命美育"感受体验式课程框架

1. 同心圆架构

"生命美育"感受体验式课程,以"美"为起点,以"国家课程校本化实施"以及"校本课程的开发与实施"为最终指向。在路径构建上,我们希望每一个环节的设计,都紧扣中心,并相互紧密联系,因此设计了一个同心圆结构。"美"是核心,围绕核心的首先是学习内容领域,统帅具体内容的布局和展开。其次是学习的理念,"生命美育"学习的展开,与普通的学习有所不同,要体现其特色。再次是课程版块,是"生命美育"教育的重要载体。最后是国家课程校本化实施以及校本课程的开发与实施这一落脚点。

2. 学习内容领域

围绕核心的第一个同心圆是"生命美育"的学习内容领域。我们希望在构建具体的课程之前,对于具体内容的布局,以及内容推进的基本方式有一个先期思考,作为构建课程版块的引领。同时,我们希望"生命美育"的内容是贴近小学生,并容易被小学生接受的。结合北蔡镇中心小学的情况,以及小学生的心理特点,由近及远,我们思考用"生命美、生活美、生态美"统帅具体内容布局。首先是生命美,从认识个体的生命过程开始,以孩子们喜闻乐见的方式,增强其对生命之美好的情感体验与理性认识。然后是生活美,引导孩子们观察自己的生活圈,发现和体验生活中的美,初步培养其创造美好生活的意愿和能力。最后是生态美,进一步扩大学习的领域,从观察认识校园动植物开始,带领孩子们感受和体验生态环境中的美,初步懂得实现人与自然和谐发展的重要性,提升孩子们主动探究美好生态的兴趣。

3. 学习的理念

"生命美育"学习的展开,与普通的学习有所不同,要体现其特色。首先是"感受美"。感受体验是这一课程学习的重要方式。感受是一种基础性、综合性的心理状态,有求知需要满足的快乐感,有关心他人快乐自己的幸福感,有获得成功的喜悦感,还有对父母、老师的感恩情感等。课程设计时,既要考虑感受的丰富性,同时也要考虑感受的深刻性,丰富的情感感受和情感记忆,会给学生的未来发展奠定重要的基础。其次是"鉴赏美"。通过知识面的扩大、学习的推进,使学生掌握一些美学表达的基本方式、规范,初步能够对于身边美的事物和行为进行鉴赏和评价。最后是"创造美"。鼓励孩子们开展基于自我学习和认知的美学创造活动,大胆表达自己对于美的理解,通过实践用自己的方式去展示对于美的理解。

4. 七大课程版块

我们对课程方案的几大领域,从"生命美育"的角度进行了重新梳理。

首先,关注学生个体生命的发展。在学校生活中,个体生命发展主要有两个维度,其一是个体自然生命的健康发展;其二是个体在社会交往过程中心理的健康发展。小学生处于身体成长的快速期,运动、饮食、睡眠等的科学规划非常重要,既要保护好孩子们好动的天性、培养他们热爱学习的习惯,又要积极引导他们关爱身体、关爱生命,科学而有规律地生活。孩子进入小学后,同伴交往的频率和深度都有了进一步的发展,处于一个更加开阔的交往世界。社会性交往,不仅可以完善学生的个性人格,还是学生今后融入社会的必要准备环节。

其次,关注学生个体的全面发展,在人文社科、科学技术、艺术审美等领域,给予学生充分而全面的知识储备。

再次,未来社会对人才的需求,除了知识储备外,更重要的是思维品质、学习品质的建立。关注小学生的思维品质和社会性发展,聚焦其学习、思维的方式和习惯,社会性交往的广度和深度,引导他们正确地认识学习,培养他们学习的兴趣和持久力,养成终身学习的习惯尤为重要。

此外,北蔡镇中心小学一直致力于打造"雅"文化。作为一所百年名校,校园里绿树成荫,古树参天,尤其是古银杏枝繁叶茂,将校园装点得古朴而雅静。学校开设的传统文化课程,琴棋书画,培养一种"雅趣"。学校倡导一种开放式的阅读文化,书架随处可见,让书本亲近学生、随手可得,营造"书香校园、温文尔雅"的氛围。学校的艺术类课程,除了培养学生掌握技能外,还特别关注培养学生高雅的情趣和不凡的气度。《荀子·荣辱》中说"君子安雅",正而有美德者谓之雅。

基于以上的认识,我们进一步突出个体生命发展、情感发展、审美发展、社会交往等方面的需求,以"雅"的不同方面统整七大内容版块,开创性地提出建设"雅健·生命与健康""雅怀·品格与社会""雅容·人文与情怀""雅趣·科学与创新""雅致·艺术与审美""雅思·乐学与善思""雅量·理解与包容"七大版块课程。

最后,我们将依托"生命美育"七大版块课程,开展灵活、有效、多样的"生命美育"活动,以此引导学生感受、鉴赏、创造生命的美、生活的美、生态的美,为每一个学生创造开发潜力的天地,达到充分发挥学生潜能的目的,切实有效地实施"生命美育"。

二、"生命美育"感受体验式课程的目标

苏霍姆林斯基认为:"美是道德纯洁、精神丰富和体魄健全的有利源

泉。……感知美、认识美和创造美的能力是个性全面发展中不可或缺的组成部分。"教育本身意味着求真、求善、求美,而对真善美的追求又意味着知识的增长、能力的发展、心灵的充实、智慧的养成、德行的陶冶、精神的自由、人格的独立、价值的实现和创造性的提升,这些都是人性之所向,都是人的幸福的重要源泉[①]。

"生命美育"感受体验式课程的开发与实施,以"人性向善"为基本的价值预设,以学生当下生活和内心需求为出发点,关注学生生命的气息,潜能的唤醒、开掘与提升,促进学生的自主发展,着眼于学生的全面成长。"生命美育"的目标就是要从学生个体的知情意行,历史、现在和未来,理想和现实,生理心理和社会等各个角度出发,关照学生个体的人格统整,按照不同年龄阶段,不同个体学生的生命特征来确定具有实践性、层次性、人文性、发展性的实施目标。

1. 课程目标

校本课程建设目标:在重视学生知识巩固与学生基本能力培养的同时,从学生、学校实际出发,开发、实施"雅健·生命与健康""雅怀·品格与社会""雅容·人文与情怀""雅趣·科学与创新""雅致·艺术与审美""雅思·乐学与善思""雅量·理解与包容"七大主题内容的校本课程,力求体现多样性、层次性、趣味性和自主性。以此进一步夯实基础,在培养学生分析问题、解决问题能力的同时,注重生命意识的培养,进而树立其积极向上的人生观、价值观。

2. 总体目标

"生命美育"感受体验式课程的开发与实施,旨在引导学生感受、鉴赏、创造生命美、生活美、生态美。生命美,即以学生喜闻乐见的方式增强学生生命美好的情感体验与理性认识;生活美,即培养孩子创造美好生活的能力;生态美,即提升孩子主动探究美好生态的兴趣。

美国教育心理学家布鲁姆首创教育目标分类学,他将教育目标划分为认知、情感、操作三个领域。基于这一目标"生命美育"感受体验式课程开发与实施的追求可分为三个部分:鉴赏美,即认知上的成长;感受美,即情意上的成长;创造美,即行为上的成长。我们以此为基础,立足学校实际,确定了"生命美育"感受体验式课程的总体目标,如表 2-1 所示。

---

① 扈中平.教育何以能关涉人的幸福[J].教育研究,2008(11):30-35.

表 2-1　"生命美育"感受体验式课程的总体目标

认知目标	从自然界的生命现象入手,了解生命起源和本质,知道身体及生命的意义与价值;由了解生命的可贵进而引发对尊重生命的思考;理解自身生命成长与自然、他人、社会的关系
情意目标	从精神、心灵世界的探索入手,启迪学生珍爱生命,关爱生命,建立尊重生命、珍爱生命、完善自我的意识,感受生命美好;培养学生具有较强的责任感和使命感,具有人文关怀、社会关怀和正义关怀;培养学生自信自强,勇于进取,积极向上的生活态度,理解生命多样性和多元化的价值观
行为目标	从行为实践体验视角,帮助学生提高自我保护意识,关爱他人、自然、其他生命;在责任感驱动下能为自己的行为负责,增进学生自我发展、自我实现能力;以实际行动创造生命的美、生活的美、生态的美,达到"天人物我"的和谐统一

3. 分年级目标

小学生的生理、心理发展,从一年级到五年级,大致会经历三个明显不同的阶段,即我们常说的小学低年级段(一、二年级),小学中年级段(三、四年级)和小学高年级段(五年级)。小学低年级学生视力、骨骼处于生长发育期,对其进行正确的书写、坐姿习惯培养是非常必要的。这一时期心理方面最大的特点是对外界的依赖性较强和各方面都不稳定,具体体现在观察事物比较笼统、注意力不集中、情绪多变、兴趣易转移、不自觉模仿、求知欲稳定性较低、朋友关系很不稳定等方面。小学中年级学生除大脑外,各项生理指标基本没有质的变化,思维发展从形象逻辑思维逐渐向抽象逻辑思维过渡。心理特点方面独立性、自主意识增强,这是道德观念形成过程中一个重要时期。进入小学高年级段,学生身体再次进入一个高速发展期,被称为第二发展期。总的来说,这个阶段学生智力有很大发展,逻辑思维开始在思维中占优势,创造性思维也有很大发展,随着自我意识的增加,竞争意识增强。"生命美育"感受体验式课程分年级目标在遵循小学各年龄段学生身心发展规律的基础上予以制定。

"生命美育"分年级目标有纵、横两个维度。横向目标从生命美、生活美、生态美三个方面予以确定。纵向目标从感受美、鉴赏美、创造美三个方面予以确定。以上两个维度形成立体的分年级目标体系。

根据小学生低、中、高不同年龄段学生年龄特点以及北蔡镇中心小学"生命美育"感受体验式课程开发与实施的内涵,制定"生命美育"分年级目标(见

表2-2）。这些分目标由浅入深，贴近生活实际，注重实践体验，并循序渐进、持之以恒地关注生命成长。

表2-2 "生命美育"感受体验式课程分年级目标

目标 年级		低年级目标	中年级目标	高年级目标
感受美	生命美	（1）从自然界的生命现象入手，让学生了解生命的起源，生命的本质，初步认知身体及生命的意义和价值，完善自我的意识； （2）初步掌握交通安全、居家安全、饮食安全的基本技能	（1）熟悉与他人相处的法则，知晓爱惜自己和他人生命，初步具有人文关怀、社会关怀和正义关怀的意识，对生命充满希望； （2）感受突发灾害给生命带来的巨大危害，并产生提高自救能力，创造美好生命的愿望	（1）了解生命的可贵引发尊重生命的思考，理解自身生命成长与自然、他人、社会的关系，理解生命多样性和多元化的价值观； （2）远离烟酒和毒品，合理使用网络。学习依法维护自身合法权益的方法，能识别违法现象，具有自我保护意识
	生活美	（1）在学习、娱乐、交友等过程中感受生活的丰富多彩； （2）学会整理物品，用过的东西放回原处，培养自理能力； （3）初步学会以自主、合作等方式获得知识，形成良好学习习惯	（1）焕发追求美好生命的激情，了解现代社会和都市建设发展的基本情况，学会与他人合作，并培养感恩、欣赏、宽容的交往技能； （2）有一定生活自理能力，有较强独立意识和能力，能做的事不依靠别人； （3）懂得珍惜时间，选择掌握适合自己的可持续的学习方法	（1）体悟生命美好，并有感动向往之心。以阳光的心态面对生活，建立积极的生活态度；有良好的生活习惯，生活有规律，注意劳逸结合，能健康地生活； （2）加强知识信息的选择与利用，提高学习效率，为升入中学作准备
	生态美	感受生命现象与人类社会的联系引发的美，如丰收的果实，海底的生物世界等。初步形成保护环境、关爱生命的意识	（1）明确四季的特征，感受季节的变化，体会大自然的神奇； （2）对自然中美好的事物和自己不知道的现象能主动探究； （3）懂得关爱、尊重、珍惜自我生命，也对自然界一切生命给予关爱、尊重和珍惜	感受动植物给地球增添的生机，感受、体验到自然、社会和生活等领域的美，明辨真善美和假恶丑。懂得人与自然和谐发展的重要性

续　表

目标＼年级		低年级目标	中年级目标	高年级目标
鉴赏美	生命美	初步了解自己的身体，形成性别意识。能正确认识自己，悦纳自己	了解身体的成长情形，进一步理解性别。能够不断地自我省思，懂得欣赏自己和他人生命的珍贵和美好	乐观坦然面对身体的成长变化，欣赏、珍爱、敬畏自己和他人生命，懂得捍卫生命尊严
	生活美	知道养成良好卫生习惯的重要性，具有一定的卫生健体意识	能够怀着积极的心态面对生活，善于发现生活的美；知道正确的锻炼方法，初步树立"运动有益身心"的健康生活理念	懂得健康生活的意义，懂得如何热爱生活、幸福生活。树立积极正确的生命审美观
	生态美	欣赏、热爱大自然，知道一些爱护绿化的方法，喜欢小动物，能与之和谐相处	（1）能辨别自然界中美好事物，并产生向往之情；（2）了解人类及其他生物与环境之间相互依存的关系	懂得生态环境是人类赖以生存和发展的重要条件之一，既要开发利用资源，也要珍惜、保护自然资源
创造美	生命美	关心和同情弱者，力所能及地帮助、爱护同伴及身边的人。初步具有自我保护与关爱他人、关爱自然、关爱社会其他生命的能力	（1）热爱集体，懂得尊重他人生命，尊重老师。热爱家庭，懂得尊重父母、长辈，不为家人添麻烦；（2）在责任感驱动下能为自己行为负责，与人为善，擅于合作，长于实践，体验创造美的快乐	在社会生活实践中学会欣赏别人，以实际行动关爱生命，懂得友好地与他人相处，达到"天人物我"的和谐统一，体验生命的价值，激发生命潜能，提升生命品质、实现生命价值
	生活美	（1）喜欢艺术活动，能大胆表现自己的感受与体验，乐于同伙伴一起娱乐、表演、创作；（2）养成良好的学习习惯，能够在老师及家长指导提醒之下做到主动学习、快乐生活；（3）热爱自己的社区，懂得与小区居民和谐相处，待人真诚有礼	（1）热爱自己的家乡，懂得关注家乡变化与发展，乐于为家乡建设出谋划策；（2）能用行动帮助别人、服务社会，从而传递爱心、传播文明；（3）得到丰富的实践经验，实现助人、自助以及乐人、乐己的目标	（1）热爱自己的国家，关心国家大事，关注时事政治，感受社会进步与文明，萌生长大报效祖国的心愿；（2）用审美的态度对待生活，不断创造、扩展、弘扬人的生命价值

续 表

目标 年级		低年级目标	中年级目标	高年级目标
创造美	生态美	（1）热爱大自然,爱护益鸟、益兽、益虫; （2）学习防止环境污染和破坏的常识、技能。以美引真,激活思维	（1）明确环境污染的危害,积极开展植树种花护绿活动; （2）了解垃圾分类的方法,能对污染环境破坏自然的行为进行劝阻; （3）自主组织开展各类环保实践活动,从而以美寻善,陶冶品性	（1）用实际行动体现自我保护与关爱他人、关爱自然、关爱社会其他生命的能力; （2）知道保护地球、热爱和平就是爱护自己的生命,激发学生"乐以天下,忧以天下"的情感; （3）以美促美,提升修养

三、"生命美育"感受体验式课程主要内容

"生命美育"是一种致力于促进学生生命发展的教育。因此,"生命美育"感受体验式课程是学校为使学生学会做人的基本道理,掌握终身学习的基础知识,培养持续发展的基本能力,获得融入社会的基本经验,开启智慧人生的基本思维所设计的各种适应生命发展需要、极有意义的教育教学内容。具体将以孩子们喜闻乐见的方式增强他们对生命的美好体验与理性认识,培养他们创造美好生活的能力。为此,学校积极统整顶层设计,建构了多元立体的七个主题版块的课程,其主要内容如下。

雅健·生命与健康:引导学生初步了解和认识生命现象,树立健康意识和环保意识,养成健康的生活方式和良好的学习习惯,懂得健康是展现生命美的基础与根本;形成自护自救意识,树立自护自救观念,锻炼自护自救能力,掌握必要的生存技能,懂得维护自身与他人的安全是体现生命美的前提与保障。

雅怀·品格与社会:引导学生认识、感悟生命的意义和价值,提高生命审美情趣,培养学生尊重生命、爱惜生命的生活态度,唤起对未来生活的美好憧憬;懂得捍卫生命尊严、激发生命潜能、提升生命品质、实现生命价值的重要意义。

雅容·人文与情怀：引导学生学会对他人生命的尊重、关怀和欣赏，树立积极的生命价值观、人生观，能够在关怀自己、他人、社会、自然的过程中感受生命的美、生活的美、生态的美。

雅趣·科学与创新：引导学生运用科学的思维方式认识事物、解决问题、指导行为等；具有好奇心和想象力，能大胆实践、积极寻求有效的问题解决方法，不断创新、超越自我。

雅致·艺术与审美：引导学生理解和尊重文化艺术的多样性，具有发现、感知、欣赏、评价美的意识和基本能力；具有健康的审美价值取向；具有艺术表达和创意表现的兴趣和意识，能在生活中拓展和升华美等。

雅思·乐学与善思：培养学生积极的学习态度和浓厚的学习兴趣；养成良好的学习习惯，能自主学习，具有终身学习的意识和能力等；善于总结经验，能够根据不同情境和自身实际，选择或调整学习策略和方法等。

雅怀·理解与包容：引导学生尊重世界多元文化的多样性和差异性，积极参与跨文化交流；乐于倾听、懂得欣赏、善于分享、学会合作。

四、"生命美育"感受体验式课程内容的细化

根据国家课程校本化实施和校本课程的开发与实施两条路径，我们对"生命美育"感受体验式课程七大版块的内容又进行了细化（见表2-3）。其中，国家课程校本化实施，依托原有学科，挖掘"生命美育"的元素，分层次、分阶段，适量、适度推进，重在活动的开发、教学资源的丰富、教学手段的多样。针对不同的学科，侧重点也有所不同。

表 2-3 国家课程校本化实施七个版块内容一览

内　　容	国　家　课　程
雅健·生命与健康	（1）音乐、美术、自然等学科，教学中增强"生命美育"意识，挖掘"生命美育"内容，分层次、分阶段，适时、适量、适度地对学生进行生动活泼的"生命美育"； （2）语文、数学、英语、信息科技、体育与健身、道德与法治（原品德与社会）等学科教学时结合教学内容，对学生进行认
雅怀·品格与社会	
雅容·人文与情怀	
雅趣·科学与创新	

内　　容	国　家　课　程
雅致·艺术与审美	识生命、珍惜生命、尊重生命、热爱生命,提高生存技能和生命质量的教育活动。同时充分运用与学生密切相关的事例作为教学资源,利用多种手段和方法开展"生命美育"活动
雅思·乐学与善思	
雅怀·理解与包容	

校本课程的开发与实施,结合学校原有的校本课程基础,进行了重新梳理,构建了四大系列课程。第一,生命系列,以"生命"为主题,围绕学生生命成长体验,挖掘美育元素,形成"生命·成长""生命·践行""生命·精彩"课程。第二,"关心"系列,以"心"为主题,走进学生心灵、倾听学生心声、开启学生心智,形成"生存·自护""心门·心窗""点亮心灵"课程。第三,探究系列,强调学生问题意识的培养,激发学生的好奇心和求知欲,自主设计探索未知,形成"银杏探究"和"主题探究"课程。第四,充分利用优质的社会资源、家长资源,开阔学生的眼界,形成的"家校共育"课程(见表2-4)。

表 2-4　校本课程的开发与实施七个版块内容一览

内容		校　本　课　程　资　源
雅健·生命与健康	"生命·践行"	社会实践:奏响交通协奏曲、亲子无烟总动员、吹响垃圾集结号、"生命活力、精彩无限"欢乐健身活动
	"生命·精彩"	社团文化:趣味田径、心理小游戏、足球、乒乓球、棒球、篮球、跆拳道、武术、健康饮食、城市交通、生存技能、医护包扎、避难逃生、消防等主题的社团活动
	"生存·自护"	生存自护:健康宝典、交通安全、食品安全、活动安全、用电安全、游泳安全、消防安全、家居安全、网络安全、野外生存、突发事件应急处理等主题活动
	"心门·心窗"	专题教育"心窗":心理健康教育、健康教育、环境教育、禁毒教育、法制教育等; 专题教育"心门":安全伴我行安全教育系列
	"点亮心灵"	主题实践"给心灵点灯":人人讲卫生、健康伴成长;合理饮食、健康相伴;阳光健身、快乐无限;安全你我他、幸福到你家;关爱自己,珍惜生命;社区安全小卫士等

续　表

内容		校　本　课　程　资　源
雅健·生命与健康	"银杏探究"	银杏探究：银杏的医药价值探究； 银杏探究：银杏食用的安全
	"主题探究"	生命密码：神奇的五官、时间管理小能手、做情绪的小主人、性格色彩、我的家庭密码
	"家校共育"	亲子游戏课程、亲子公共安全活动； 家庭文化节：家庭亲子趣味运动会
雅怀·品格与社会	"生命·成长"	仪式教育：一至五年级仪式教育系列活动
	"生命·践行"	社会实践："感恩之心美丽心情"、"我与城市"职业体验
	"点亮心灵"	主题实践"给心灵点灯"：相亲相爱的一家人之我爱我家；相亲相爱的一家人之我爱学校；相亲相爱的一家人之我爱社区；相亲相爱的一家人之我爱城市；相亲相爱的一家人之我爱祖国；相亲相爱的一家人之我爱地球等
	"家校共育"	亲子爱心公益活动； 家庭文化节：家庭趣事微视频大赛
雅容·人文与情怀	"生命·践行"	社会实践：社区服务、节庆活动
	"生命·精彩"	社团文化活动：经典诵读、书法、摄影、医疗救护
	"点亮心灵"	主题实践"给心灵点灯"：沟通从心开始；感受亲情、学会分担；与爱交朋友；善待他人、感受快乐；尊重他人，让心贴得更近等
	"银杏探究"	银杏探究：银杏精神、银杏文化
	"家校共育"	亲子拓展活动：寻找秋天的微笑； 家庭文化节：家庭经典诵读活动
雅趣·科学与创新	"生命·践行"	"快乐 E 时代、生命因你而精彩"信息活动、"实践探索,感受生命"科技活动
	"生命·精彩"	编程、机器人、电脑制作、航模、车模、电子小制作
	"主题探究"	童创暖巢：银杏宝宝玩偶、净水器、银杏宝宝八音盒、手势控制灯、温控小风扇制作
	"家校共育"	亲子创业课程
雅致·艺术与审美	"生命·精彩"	绘画、儿童画、舞蹈、集体舞、浦东说书、管乐、声乐、朗诵、儿童剧、音乐剧、陶艺、衍纸等
	"生命·践行"	"炫动精彩、滋养生命"艺术活动、银杏缤纷秀活动

续 表

内容		校 本 课 程 资 源
雅致·艺术与审美	"家校共育"	亲子探美； 家庭文化节：家庭亲子配音大赛
	"主题探究"	小小服装设计师、庭院设计师
雅思·乐学与善思	"生命·践行"	语数英乐学周、思维拓展、巧思课
	"主题探究"	小小大富翁； 十字路口、梦想改造家
	"家校共育"	亲子研学活动
雅怀·理解与包容	"生命·践行"	让生命因融合而绽放
	"点亮心灵"	主题实践"给心灵点灯"：我与地球
	"家校共育"	亲子公益活动：你快乐所以我快乐； 家庭文化节：家庭健康美食文化节

第五节 实施框架

在明确"生命美育"内涵的基础上,北蔡镇中心小学立足学校实际和学生需求,在全员、全程教育的生命发展观基础上,对于"生命美育"感受体验式课程进行整体规划、有序部署,倡导在"生命美育"的思想下,通过国家课程的校本化实施和校本课程的开发实施,使学生学会做人的基本道理,掌握终身学习的基础知识,培养持续发展的基本能力,获得融入社会的基本经验,开启智慧人生的基本思维。引导学生通过自己的生命实践和理性思考作出判断和决策,提高感受、鉴赏、创造生命美、生活美、生态美的意识和能力,从中感悟生命智慧成长之美、之乐。"生命美育"感受体验式课程,既是新课程改革背景下的一种教育理念,也是一项学校实施素质教育的课程改革实践尝试。

北蔡镇中心小学在"生命美育"感受体验式课程开发过程中以学校办学理念为重要支撑,以学生生命成长需要为核心,以整合优质资源为保障,坚持"以人为本、以情为要、以美为贵、以动为重、以悟为魂"五个原则,使之更为有序化、系统化。在"生命美育"感受体验式课程实施过程中,秉承"整体规划、循序渐进、潜移默化"原则,运用国家课程中蕴含的"生命美育"素材,采用"教学相长,学用结合"的体验式教学模式,注重运用情境创设、实践体验、媒体演示等方法,共同构建平等对话的生本课堂、贴近实际的生活课堂、注重体验的生动课堂、思维碰撞的生成课堂、意趣横生的生态课堂,从而在教师指导下实现学生对生命感悟的自主建构,体现趣味性、体验性。

在"生命美育"校本课程实施过程中,充分利用原有专题教育课程、班团队活动、社会实践活动、各类兴趣活动课等载体,因地制宜地设置关注生命成长的八大版块校本化课程,即"家校共育"课程、"生存·自护"课程、"生命·成长"课程、"银杏探究"课程、"点亮心灵"课程、"生命·精彩"课程、"生命·践行"课程、"主题探究"课程,实施充满童真童趣的"生命美育"实践类课程内容,引导学生悦纳发现鉴赏美、实践体验感受美、自主参与创造美。

通过"生命美育"感受体验式课程的开发实施,引导教师确立学科"全面渗透"理念,坚持各学科齐头并进,整体推进,有效提升教师"生命美育"学科渗透四个方面的课堂执行力,作为学科实施"生命美育"的突破口。即明确渗透意图,提升设定合理目标的执行力;挖掘整合资源,提升选择适切内容的执行力;打造活力课堂,提升运用有效方法的执行力;改变传统模式,提升优化多元评价的执行力,以此拓展"生命美育"课堂教学广度和深度,形成"生命美育"课堂教学亮度。同时广大教师坚持主导性和主体性相结合原则,活动性和教育性相结合原则,积极开发"生命美育"校本课程,以此切实增强教师"生命美育"校本课程开发能力和"生命美育"课堂执行力。

在"生命美育"感受体验式课程开发、实施过程中,北蔡镇中心小学建立起"生命美育"评价体系,包括课程评价、教师评价和学生评价。其中学生评价以"团队成长包"为评价载体,采用多种评价手段,注重实施多元评价,并将之贯穿于每一节课、每一个月和每一个学期的始终,以此真正实现关注学生学习方式的变革,设计符合课程特点和本校特色的评价体系。

"生命美育"感受体验式课程的开发与实施,成为孩子栖息生命的港湾,成为他们展现生命灵动的舞台,使学生焕发出生命的活力。

第三章 | "生命美育"感受体验式课程之
国家课程的校本化实施

"生命美育"感受体验式课程实施的第一条途径是国家课程的校本化实施。我们研究"生命美育"之时,正值上海"二期课改"深入推进的关键时期。学校着眼于学生的终身可持续发展,将生命教育贯穿于教育教学各个环节,并注重与学校办学目标、课程设置、办学特色等紧密结合,紧紧把握教改脉搏,充分发挥学科主渠道作用,依托《上海市中小学生命教育指导纲要》《上海市小学各学科贯彻民族精神教育和生命教育教学指导意见》(试行稿),在国家课程实施中加强各学科生命美育渗透,使学生从课堂中得到科学文化知识和生命美育的"双丰收"。

第一节 实施目标

国家课程是指国家及地方规定的在学校中必修的各学科课程。本书国家课程的校本化实施指教师在"生命美育"理念下,在国家课程中注重"生命美育"内涵在各个学科中的有机渗透,明确学科渗透目标,并充分挖掘学科教材与"生命美育"的结合点,在备课、上课、作业、评价、辅导的教学五环节中增强"生命美育"意识,构建"生命课堂",对学生进行生动活泼的"生命美育"。

一、唤醒生命意识

"生命美育"的起点是生命意识的培养。结合对生命的认识和理解,引导学生逐渐树立科学、正确、完整的生命意识,实现生命质量的全面提升。

例如,通过品德与社会(道德与法治)课程的学习,学生应知道生命既属于自己,也属于家庭和社会,认识到每个人生命只有一次,要爱护自己的生命,并尊重和关爱他人的生命;要对个体生命在社会中的价值和意义有所感悟,懂得具备生活的自理能力和掌握为社会服务的本领是生命价值的重要体现。

二、感受生命力量

生命的律动是自然界的最强音。小学生处于生命成长的快速期,引导学生感受身体的成长变化,关爱自己的身体,获取成长所需的基本技能尤为重要。

例如,通过体育与健康课程的学习,学生应了解有关体能、青春期体育健身的常识,懂得体育健身安全、体育锻炼与青少年机体发展的关系,掌握体育锻炼与自然环境、体育健身与卫生常识、生存技能和方法等内容,在此基础上发展基本运动能力,关注青春期身体的各种变化,逐渐形成积极、文明、健康的生活方式。

三、欣赏生命美好

在唤醒学生生命意识的基础上,进一步引导学生发现生命的趣味,发现生命的真实,感受人性的良善,欣赏人生的美好。

例如,在自然常识课程的学习过程中,引导学生学习生命体的基本结构单位,新生命的诞生和婴儿发育过程以及青春期生理发育与性心理变化的过程;了解人体的组织结构,以及人体遗传和变异现象;了解与生育有关的健康知识以及与人口发展有关的政策;知道现代健康人的特征,养成健康的饮食与作息习惯;了解环境污染与人类健康的关系,认同人与自然和谐发展的理念。

四、领悟生命艰辛

现在社会进步很快,生活条件普遍变好,加上对孩子养育方式的转变,孩子在家庭、学校中处于顺境的情况多,对于逆境的感受体验少。然而,挫折和苦难也是人的生命历程中重要的组成部分,只有领悟到生命的艰辛,才会更加珍惜生命。

例如,通过语文等课程,学习中外优秀历史人物的事迹,引导学生认识人类在求生存、求发展的文明历史进程中的艰辛,感悟历史人物的精神风貌以及他们对真理和正义的执着追求,在此基础上深入理解生命的深层意义与价值。

五、提升生命质量

每个人的生命历程各不相同,但是,对于生命质量的追求是共同的。引导学生认识到,生命不该虚度,让学生真切地感受生命之美,培养学生的人文素养和情怀,提升生命质量。

例如,在语文课程的学习中,紧扣人文性,在朗读品味中感悟生命的灿烂,在阅读教学中咀嚼生命的真谛,在作文训练中提升生命的内涵,在演讲表达等实践活动中丰富对有质量的生命的理解。

六、享受生命快乐

人的生命历程中包含着众多的欢乐,比如得到父母的细心照顾、获得同学的帮助、遇到关爱自己的老师、进入一所心仪的学校。我们要让孩子们去发现生命中的快乐,并进一步体验这种快乐。这种体验将给予孩子们愉悦感,并帮助他们形成珍惜生命、热爱生命的观念。

例如,通过音乐、美术等课程的学习,引导学生悦纳自己,热爱生活,欣赏生命,享受生命成长的快乐。

七、创造生命和谐

道德是在人与人的关系中产生的,源于人的生活,渗透于人的生活的方方面面。道德教育的至高境界是人的生命和谐。在创造生命和谐美的实践活动中,促成小学生道德品质的养成尤为特别和重要。

例如,通过道德与法治课程的学习,帮助学生正确认识自我、保护自我,学会正确地与人交往,学会与他人共同生活,促进学生德智体美劳全面、和谐的发展。

国家课程各学科中渗透"生命美育"目标详见表 3-1。

表 3-1 国家课程各学科中渗透"生命美育"目标

课程名称	主 要 渗 透 目 标
语文	紧密结合语文学科教学特点,联系生活实际,渗透人文意识,引导学生认识自我,学会调适,陶冶心灵,感悟人与自我、人与社会、人与自然和谐相处的重要性,领悟生命意义,激发生命活力,提升对于生命价值、生命意义的理解,使教育真正从对知识和文化的积累转变为对生命的体验,成为感悟人生、提升生命境界的过程
数学	充分挖掘数学学科教材中所蕴含的生命教育元素,进行人口、能源、环境生态等方面的教育,从而提高学生学习兴趣,树立人和自然和谐相处的意识。数学学科学习过程中培养学生问题解决、推理思考、思辨判断等适应未来社会生活必不可少的生存技能,并积极引导学生感受数学家严谨务实、锲而不舍的探索精神

续　表

课程名称	主　要　渗　透　目　标
英语	在英语教学中渗透生命教育,研究与探索的着力点放在如何关注学生的情感、态度和价值观上。引导学生了解中外不同文化背景,提高对中外文化差异的敏感性和鉴别能力,培养跨文化交际能力,渗透生命美育,让学生充分认识人生的意义和生命的价值,培养学生珍爱生命的意识
音乐	在教学实践中,注重以音乐和舞蹈的特有语言陶冶学生情操,提高学生审美情趣,滋润学生道德修养、感染学生生命活力,使学生保持乐观积极的心态,激发对生命的热爱之情和对生活的创造热情,以此引领学生悦纳自己,欣赏生命,享受生命成长的快乐
美术	在教学实践中,潜心研究与探索如何让学生在创作和欣赏中,通过感受、顿悟、体验获得生命乐趣,提高学生的审美能力,从而有效地培养对自然和生命的热爱,对自然资源的爱护珍惜,对美好生活的憧憬和向往,对真善美事物的赞美,对假恶丑事物的鄙弃
体育	使学生在掌握体育与健身的知识方法,享受体育与健身乐趣的同时,培养学生的生命美感,创新意识和体育能力。让学生在运动中充分发挥更强、更高、更快的精神魅力,体验自己旺盛的生命力量
品德与社会（道德与法治）	更多关注儿童生活本身,在大自然和社会生活中汲取生命教育的鲜活素材,并通过游戏、录像、讲故事等喜闻乐见的方法进行教学,以此引导学生在体验自身生活和参与社会生活的过程中,学会健康、安全地生活;愉快、积极地生活;负责任、有爱心地生活;动手动脑、有创意地生活。在服务自我、他人和集体的行动中,学会关心、学习做人;在与自然以及周围环境的互动中,主动探究发现生态的美
劳动与技术	充分挖掘劳动与技术学科中生命教育元素,创设生活情境,引导学生理解生命离不开劳动,增强劳动观念和适应社会的生存、合作等现代意识,从而在劳动中体验快乐,懂得劳动能创造美好生活的道理,为适应未来社会和终身发展奠定基础
信息技术	在培养学生对信息技术的兴趣和意识,了解掌握信息技术基本知识与技能的同时,根据小学生的年龄特点,积极引导学生树立在信息社会中生活的正确态度、情感、价值观和社会责任感
自然	教学中要通过观察、模拟、游戏等活动,让学生去亲身经历,体验生命的重要,充分发挥学生的主动性去认识自然和社会,探究人体及其他生物体的生命活动,直观地了解生命现象,增强学生对人的生命活动及其他生命现象的了解和体验。感受从自然生物旺盛顽强的生命力中获取生命力量,认识生命的意义,并体验人类对自然环境的依赖,树立人和自然和谐相处的意识

第二节　实施方法

　　"生命美育"依托于文本,落实于课堂,内化于心,活化于行。"生命美育"在国家课程校本化实施过程中,确立学科"全面渗透"理念,坚持各学科齐头并进,整体推进,有效提升教师"生命美育"学科渗透的课堂执行力,作为学科实施"生命美育"的突破口,拓展"生命美育"课堂教学广度,加强"生命美育"课堂教学深度,形成"生命美育"课堂教学亮度。

　　课堂教学实践中,各学科教师通过"教学相长,学用结合"体验式教学模式,运用情境创设法、实践体验法、媒体演示法、引导探究法这四种策略,打造充满生机的活力课堂,从而切实提高学生认识生命、热爱生命、尊重生命、珍惜生命的意识与能力。

一、情境创设法

　　课堂教学过程是学生主体建构与发展的过程,和谐愉悦的心理体验和教学氛围是实施"生命美育"的生态环境。在教学中,教师运用贴切、有趣的故事,富有意境的音乐,形象生动的多媒体手段等尽可能地创设各种情境,通过氛围烘托和情绪渲染,以境生情,情真意切,引导学生在真情体验中慢慢浸润,激发原有积淀的情感,加深对生命意义的认同。

　　如在学习一年级第一学期"认识人民币"这个知识点时,因为对人民币的陌生,孩子们学习时,感到困难和乏味。在设计教学时,教师创设了"准备秋游午餐"的情境,并设计了三个活动环节,极大地激发了学生学习的兴趣。第一个环节是"模拟购物",让每个学生参与简单的购物游戏,充分体验取币、付币、找币的全过程,在此过程中培养学生思维的灵活性和解决实际问题的能力。第二个环节是"交流讨论"。有的学生买的食品特别多,浪费现象非常严重。教师请买了适量食品的学生介绍他们的购物单,使学生们懂得要根据实际情况合理购买,养成勤俭节约的美德。第三个环节是"准备秋游午餐"。这次,学生们的表现十分出色,能结合自身的实际,不仅从节约的角度去行动,还考虑了食物的营养,学会了合理搭配。学生在探索中获取了知识,体验了生活,在自然而然的过程中接受了传统美德的教育。

二、实践体验法

新课程理念下的课堂教学更关注教与学的体验过程,体验成为教学过程的显著特征。要实现"三维"教学目标的有效融合就要加强学生在学习活动中的实践、体验、感悟和反思。学生亲历的实践是产生体验的重要途径。没有真切、丰富的体验,知识与技能只能停留于记忆层面,难以形成对方法的感知,更难以实现对情感态度与价值观的深层领悟,引起共鸣,收到实效。因此,教师在课堂教学中渗透"生命美育",必须紧密联系学生生活世界,激活学生生活经验,适时适度地采取实践体验的方式,拨动学生心弦,强化他们的情感体验,擦出他们的思维火花,激起他们的情感升华。

如在《绿色的呼唤》一课教学时,课前,教师将学生们带到了学校附近的花鸟鱼虫市场,让学生们尝试去当动物饲养助理员,为动物喂食、清扫,并向店家请教如何护理生病的小动物等。这样做可以让学生从生活实践中真切了解动物的生活习性,形成与之和谐相处的意识,养成保护自然,关爱生命的品质。课后,同学们还写出了很棒的体验日记,字里行间透露着对生命的热爱。下面是五(6)班尧俊卿同学的一篇有关生命感悟的小文。

案例1

感 悟 生 命
尧俊卿

"燕子去了,有再来的时候;桃花谢了,有再开的时候。我们的日子为什么一去不复返呢?"

我不知道时间为什么那样匆匆地流过,当早晨起来睁开双眼时,当晚上躺在床上准备睡觉时,我知道,今天又过去了,生命又少了一天。

我不知道生命有多长,和弟妹玩笑时,生命从笑容中飘过;和同学嬉戏打闹时,生命在欢乐中走过;和家人一起外出游玩时,生命在旅途中度过。我知道,生命的过程中,有太多的喜怒哀乐!

我不知道生命的意义是什么，每天都是浑浑噩噩地过。我从来没有想过自己长大了要干什么，也从来没有想过自己现在学习是为了什么，只是想着很多事情能拖一天就晚做一天，从来没有觉得这样做有什么不好。

直到今天，我不得不去想：生命的意义是什么？路边的小草，被人踩了，过几天又冒出嫩芽；岩缝中的小草，不管环境有多么恶劣，依然向着太阳拼命生长；角落里不知名的小花，在无人欣赏的地方独自绽放……我知道，它们都有一颗向上的心，而我也要向它们学习，争取做到今日事今日毕，让每一天都不留遗憾。

生活中，有许许多多的困难，它们也是我们生活中必不可少的，只要我们勇敢地面对它，就一定可以克服困难，最终走向成功的终点。

生命，对每个人只有一次，我们要珍惜生命，让有限的生命活出无限的精彩。

三、媒体演示法

生命是一个有机的整体，对于生命的演变进化，生命现象的规律变化，可借助信息技术创设情境，穿越时空，化微观为宏观，化抽象为形象，化静态为动态，化隐形为显形，激活学生生理感观，让学生在课堂呈现的具有浓郁生命气息的优美意境中，获得丰富的感性体验。课堂教学中，教师充分运用投影仪、计算机等工具，以多媒体技术优化教学手段，通过学生手、眼、脑、口、耳等多种感官的共同参与，以图文并茂的形式给予学生亲身的体验和直观的感受，从而促进知识的内化，激励学生努力成为一个发现者、研究者、探索者，使得"生命美育"真正融入学生的情感之中，体现于学生自觉学习的行动之中。

如在教学音乐欣赏《春天来了》时，教师首先明确学习这首音乐作品的目的是让学生体验到音乐的内在情感，因此运用多媒体放映万物苏醒的美丽的森林的画面，配以悦耳的鸟鸣，营造一个与音乐相符的氛围，然后让学生扮演角色随音乐即兴表演。有的学生扮演小鸟，随旋律在"天空"自由飞翔；有的学生张开双手表示花儿盛开；有的学生扮成小树在随风摇曳；有的扮演各种动物在玩耍嬉戏……他们边听边舞，完全融入音乐中，把作品内在美用一幅幅流动的画面展现了出来,接着老师又请学生表演"风"和"雨":部分学生即兴设计动作,部分学生即兴模仿雨声,部分学生用沙球、铃鼓、小铃等打击乐器的伴奏来烘托春风和春雨的情景。学生们展开丰富的想象,运用唱、画、演等多种方式表现大自然的各种音响,课堂成了每一个生命展现活力的舞台。

四、引导探究法

在课堂教学中教师注重尊重学生的人格,尊重学生的个性差异,在此基础上对学生循循善诱地引导,营造民主、和谐、温馨的课堂氛围,帮助学生在情绪上产生安全感,以利于学生与教师之间关系的优化。教师的课堂用语是对学生进行"生命美育"的主要手段之一。教师的语言感染力、情感引导力,直接影响着学生受教育的程度,只有真情的流露、激情的迁移,才能实现德育实效性。课堂教学中,教师通过温柔的抚摸、生动的神态、大方的身姿、传情的眼神给予学生暗示和鼓励,让学生充分感受到教师的人格力量,用心领悟到学科蕴涵的德育真谛。

如音乐课"哦,十分钟",首先,教师通过谈话导入:同学们,你们喜欢课间十分钟吗? 你下课十分钟最喜欢做什么? 请结合自己的学习生活,形象具体地畅谈课间十分钟所发生的事。接着播放歌曲,让学生带着以下问题听录音范唱。讨论:歌曲中唱出了我们小朋友在课间都干了什么? 歌曲在演唱过程中所表现的情绪是否完全一样? 若不一样,区别在哪里? 教师对于学生的回答可通过抚摸、点赞等肢体语言加以肯定。最后提出:你觉得抓紧下课十分钟做作业好吗? 为什么? 下课十分钟时间太短了,平时周末在家,你可以做些什么? 引导学生明白学习知识固然重要,但是合理的休息,劳逸结合,保持身体健康更重要。只有拥有健康的身体才能更好地学习。

第三节 实施成果

各学科教师从以人为本的理念出发,以"生命美育"为核心,充分挖掘、有效整合"生命美育"内容,寻找教材与"生命美育"资源的最佳契合点,按照"学习—消化—实践—反思"这一操作流程,进行个人探索实践。通过实践,老师们对如何在各学科知识点中渗透"生命美育"思想有了一定的认识,由此形成了"奏响生命化课堂的美妙乐章"的"生命美育"学科渗透温馨贴士。对每一条温馨贴士,我们都从六个版块,"生命美育"渗透要点、教学建议、渗透意图、实践随感、资源建议、教学点评进行丰富。依据温馨贴士,教师们不断改进教学,形成了丰富的教学案例。

一、语文学科

(一) 温馨贴士

1. 目录

语文学科涉及五个年级,45 个主题,"生命美育"学科渗透温馨贴士目录整理如表 3 - 2 所示。

表 3 - 2　语文学科"生命美育"学科渗透温馨贴士目录

学科	年级	主　题	"生命美育"渗透要点
语文	一年级	骆驼和羊	学习正确对待自己和他人的长处、短处的方法,初步了解辩证的思想
语文	一年级	坐井观天	通过对青蛙和小鸟的对话朗读,让学生去发现看问题要全面,不能固执己见的道理;感受成语这一中华民族的优秀文化,并能主动阅读成语故事,积累成语
语文	一年级	狐狸和乌鸦	使学生懂得不能光听奉承话,要学会独立思考的道理。要求学生通过细致的观察,用自己的眼睛去发现狐狸的奸诈狡猾与虚伪,感受乌鸦和狐狸的性格差异,从而理解不能光听奉承话,要学会独立思考的道理
语文	一年级	蜗牛学艺	使学生懂得学本领要一步一步地学,不能一味求全的道理。要求学生通过仔细观察,学会全面看待问题的方法
语文	一年级	两只狮子	要求学生通过细致观察,去发现大自然中动物的生活习性;欣赏文中描写两只小狮子不同练功态度的语句,通过合理的想象,领悟拥有自强、自立的品格,不怕困难,勤奋刻苦的精神的重要性
语文	一年级	一群光头男孩	通过观看一段身患脑瘤男孩的新闻录像,"润物细无声"地让学生发现世界充满了爱;通过对文中几个感人场面的学习鉴赏,通过情感朗读,让学生懂得爱的力量是伟大的

续　表

学科	年级	主　题	"生命美育"渗透要点
语文	一年级	责任	通过课前预习了解美国前总统里根的生平。通过合理的想象,理解在做错事的情况下,小孩子纠正错误的正确方法
语文	一年级	你是一个巨人	通过阅读,明白"巨人"的含义,欣赏文中描写大自然的美好语句,感受人类应该用自己强大的力量成为保护大自然的巨人。通过朗读深刻感悟热爱大自然就是热爱生命的道理
语文	二年级	医生的心思	懂得珍惜时间,知道珍惜时间就是珍惜生命,从而感受时间的珍贵,并且懂得每个人都要热爱自己生命的道理
语文	二年级	沙滩上的童话	通过学习,感受大自然中的"阳光、沙滩、森林",感受快乐缤纷的童年生活,感受大自然的美好,体会生活的乐趣
语文	二年级	高尔基和他的儿子	懂得要多为他人着想,多做有利于他人的事,初步感受"奉献"比"收获"愉快的道理
语文	二年级	海中救援	要求学生通过认真品读课文,想象海上狂风大作,船员们陷于危难之中,岸上年少的儿子不顾母亲的极力阻拦,要舍己救人的感人场景,从而懂得当别人遇到困难和危险时,伸出援助之手的可贵。并让学生真真切切地感受生命的珍贵,懂得实实在在地享受生命的美好。与此同时也让学生感受那深切的母子之情
语文	二年级	我给奶奶送阳光	通过文学作品中的典型人物和典型事件,联系现实生活,让他们懂得关心家人、尊敬老人
语文	二年级	植物妈妈有办法	通过文学作品中的典型人物和典型事件,联系现实生活,让学生认识自我,学会调适,感悟人与人、人与社会、人与自然和谐相处的重要性,并促使他们亲近大自然,爱护人类赖以生存的自然环境
语文	二年级	小毛虫	要求学生通过多媒体课件,进行细致的观察,用自己的眼睛去发现小毛虫的蜕变过程,通过合理的想象感受生命的美。初步了解自己生活的世界,亲近大自然,爱护人类赖以生存的自然环境
语文	二年级	最后的玉米	通过阅读课文,了解玉米成为优秀的种子的生长过程,引导学生初步了解自身的成长发育特点,初步树立正确的生命意识,养成健康的生活习惯
语文	二年级	歌声	保持积极乐观的心态,感受友谊的重要;懂得同情、关心,力所能及地帮助弱者;学习与他人合作。初步感受人的生命是可贵的,能珍惜生命

续 表

学科	年级	主 题	"生命美育"渗透要点
语文	二年级	掌声	了解身体的成长情形,培养积极乐观的心态。感受友谊的作用;懂得同情、关心,力所能及地帮助弱者;学习与他人合作
语文	三年级	给予树	感受爱心、真情,体会"善良、仁爱、同情和体贴"的美好情感。通过与文本对话、朗读感悟,体会金吉亚善良之心、仁爱之情、体贴之意
语文	三年级	妈妈,我不是最弱小的	做生活中的强者。感受故事中人们互相关怀、互相爱护的真挚感情以及"每个人都应该保护最弱小的人"的高尚情操
语文	三年级	田忌赛马	了解孙膑帮助田忌以弱胜强的故事,学习孙膑善于观察、善于分析的聪明智慧
语文	三年级	抗日女英雄赵一曼	通过本课的学习,让学生用心灵感悟、发现今天幸福生活的来之不易,激发学生牢记国耻,发愤学习,勇于拼搏,克服一切困难,用聪明才智建设一个更强大的祖国的决心
语文	三年级	家是什么	通过本课的学习,让学生去发现家的真谛——一个充满爱的地方;感受家的温暖,从而更加热爱自己的家庭,进而热爱学校、国家
语文	三年级	哦,让我永远忏悔的狗	感受文中的"我"对自己的过错时时忏悔的心理,知道对做错的事忏悔是做人的良知的道理
语文	三年级	攀登世界第一高峰	了解中国登山健儿攀登世界第一高峰的故事,体会登山这一极限运动的艰辛。感悟攀登世界第一高峰带给我们的启示
语文	三年级	独果	通过课文的学习,让学生感受文中一家三口互相谦让、尊老爱幼的浓浓亲情;通过带感情的朗读,充分感受一家人之间浓浓的互相关爱的真情
语文	四年级	燕子	通过细致的观察,用自己的眼睛去发现燕子的形态之俊俏、细腻、清新以及活动之伶俐、可爱;通过情感朗读,感受春天生命复苏的喜悦,从而更加热爱春天,热爱生活
语文	四年级	小溪流的歌	通过小溪流不怕艰辛奔向大海的故事,感受小溪流面对困难和诱惑时,无所畏惧,勇往直前的勇气与精神,感受小溪流活泼欢快、积极进取的生活态度
语文	四年级	鸟语	通过合理的想象,领悟鸟的叫声传达的情感。感受鸟的生活,感受亲近自然的快乐,从而更好地爱护鸟类,保护大自然,快乐地生活

为孩子美的生命奠基

续　表

学科	年级	主题	"生命美育"渗透要点
语文	四年级	拥抱大树	树木是人的朋友,我们应该善待它、爱护它。并领悟到在一个法制和文明的社会,每个人都需要具备高度的自觉性、责任心和使命感的道理
语文	四年级	颐和园	欣赏文中的美句,感受古代劳动人民的智慧
语文	四年级	音乐之都维也纳	音乐之都维也纳浓厚的音乐氛围,让我们感受到了维也纳人对音乐的热爱。通过文中的描写,激发学生热爱音乐、热爱生命的情感
语文	四年级	看不见的爱	通过阅读孩子和母亲之间感人的故事,发现生活中母亲对孩子那浓浓的却又无形的爱,从中感受母爱力量的伟大
语文	四年级	十年后的礼物	感受人与人之间的真诚,感受生活的美好
语文	四年级	列车上的"人造屏障"	通过反复的朗读,学习文中描写人们帮助小男孩的语句,从而感受澳洲人热心、乐于助人的品格
语文	四年级	真正的愤怒	通过对课文的朗读,了解西北地区人民严重缺水的情况,感受西北人民像珍宝一样对待水的态度,从而严格要求自己珍惜水,节约用水
语文	四年级	尊严	感受"别看他现在什么都没有,可他百分之百是个富翁,因为他有尊严"这句话的含义。领悟"人拥有尊严,就会用劳动创造美好的未来"的道理
语文	四年级	狼和鹿	从人们肆意杀狼,貌似护鹿,反而坏鹿,使鹿成了破坏森林、毁灭自己的祸首的事实中,感受保护生态平衡的道理
语文	五年级	蝴蝶泉	通过诵读古文,理解古文的表述方式,感受文言文的音律美,激发学生热爱中华民族传统文化的情感
语文	五年级	穷人	懂得生命是宝贵的,一个人情感的高尚与否与拥有金钱的多少无关。感受书中描绘的难能可贵的美好品德,从而受到心灵的洗涤,爱的熏陶
语文	五年级	长江之歌	探讨保护长江的相关措施,树立环保意识,懂得爱护绿色就是爱护生命,建设和爱护绿色家园,有助于实现人类和自然环境和谐共处的道理
语文	五年级	半截蜡烛	学习伯诺德夫人及其儿女的机智勇敢和强烈的爱国主义精神

续　表

学科	年级	主　题	"生命美育"渗透要点
语文	五年级	宽容	围绕"待人宽容是做人第一要义"这句话,学习和感受宽容是一种力量,是一种重要的美德
语文	五年级	母鸡	"谁言寸草心,报得三春晖。"感受母爱是世界上最伟大的情感,懂得感恩与回报母亲
语文	五年级	母校	引导学生回忆五年来与同学、老师相处的美好点滴,激发他们感恩之情,鼓励他们以感恩之心努力学习,树立积极向上的人生态度,用阳光的心态去感受生活中的真善美

2. 举例

张海滨老师关于五年级语文"母鸡"一课的教学设计了温馨贴士,详见表 3-3。

表 3-3　"母鸡"中"生命美育"渗透温馨贴士

版　块	语文五年级第一学期"母鸡"
"生命美育"渗透要点	"谁言寸草心,报得三春晖。"母爱是世界上最伟大的情感。通过阅读课文,要求学生从文中母鸡的行为表现中感受母爱的伟大;通过想象说话,深入母鸡内心,激发崇敬之情;通过拓展活动,懂得感恩与回报母亲
教学建议	(1)课前预习:引导学生反复阅读屠格涅夫的散文诗《麻雀》,从老麻雀挺身护子的行为中感其爱子之情,认识爱是动物界乃至人类最具震撼力和感染力的情感;布置学生查找有关母爱的名言诗句,知道"母爱"是一种值得称颂的崇高情感; (2)阅读教学:引导学生抓住课文的中心句:"它负责、慈爱、勇敢、辛苦,因为它有了一群鸡雏。它伟大,因为它是鸡母亲。一个母亲必定就是一位英雄!"在小组合作探究活动中感受母鸡爱护小雏鸡的伟大母爱,理解"一个母亲必定就是一位英雄"的含义; (3)语言实践:引导学生在感情朗读的基础上,进行想象说话,走进母鸡的内心世界,深入感悟母鸡的爱子之心和护子之情,并从中体会作者对母鸡的敬佩之意; (4)课后拓展:引导学生联系生活,说说母亲给自己的关爱,从中感受伟大的母爱,激发对母亲的情感,并能够以实际行动表达对母亲的感恩之情
渗透意图	(1)借助课外阅读指导和撰写读书笔记,感受动物的母爱,加深对母爱的认识; (2)通过上网等渠道查找有关母爱的名言诗句,了解"母爱"是一个永恒的话题,是一种值得称颂的崇高情感; (3)通过与同桌或好友交流及小组讨论,加深情感体验,获得情感共鸣

为孩子美的生命奠基

版块	语文五年级第一学期"母鸡"
实践随感	课前,在布置学生预习课文时,首先,我引导学生反复阅读屠格涅夫的散文诗《麻雀》,从诗中老麻雀在自己的孩子面临猎狗侵袭之时挺身而出的行为中,感受老麻雀无畏的勇气其实是来自其伟大的爱子之情,从而认识到动物也有母爱,也有亲情;在此基础上指导学生撰写读后感,加深对母爱的认识。其次,我让学生通过上网等渠道查找有关母爱的名言名句反复诵读,知道不管古今中外,"母爱"是一个永远值得称颂的话题,它是伴随着生命的诞生而自然滋生的崇高情感,是一种无私的付出,从古到今人们对于它的讴歌与诠释从未终止过。 　　在教学时,我紧扣文章的情感主线引导学生把握作者的情感来梳理文章的脉络,引导学生在"品析词句,体会情感"的学习过程中,从母鸡对鸡雏的平凡细节中,感悟作者对母鸡的喜爱之情、敬佩之心和赞美之意,更感悟作者不仅仅是在赞颂母鸡,更是在赞颂天下所有崇高而无私的母亲,从而深刻领会"母亲是伟大的,一位母亲必定是一位英雄"的课文主题。 　　课堂教学的最后,我让学生联系上下文,发挥合理想象,推测一下母鸡那些令人厌恶的表现背后可能的原因,让学生再一次走近母鸡,走近作者,深深体会作者对母鸡的敬佩之情,对母爱的崇敬之意。 　　课文学习的结束并不意味着课堂教学的完结,更不意味着情感熏陶的终止,我在最后的拓展环节又布置了相关学习任务:一是向同桌或好友讲述一个母亲疼爱、关心自己的事例;二是以小组为单位讨论如何以实际行动表达对母亲的感恩之情,并要求落实于实际行动,将情感体验引向学生自身,引向学生的日常生活,加深学生的情感体验以获得情感上的共鸣
资源建议	【课后拓展】 　　拓展作业1:根据课文内容,发挥想象,撰写"母爱"故事; 　　拓展作业2:上网查找动物界的母爱故事; 　　拓展作业3:向同桌或好友讲述一个母亲疼爱、关心自己的事例; 　　拓展作业4:思考——如何以实际行动表达对母亲的感恩之情。 【活动建议】 　　(1)课前阅读屠格涅夫散文诗《麻雀》,撰写读后感,从老麻雀无畏的勇气中感受其伟大的母爱; 　　(2)上网查找有关母爱的名言名句反复诵读,感受母爱; 　　(3)课中发挥想象,联系课文内容撰写"母爱"故事; 　　(4)同桌交流:讲述一个发生在自己身上的母爱故事; 　　(5)课后,以小组为单位讨论如何以实际行动表达对母亲的感恩之情,并落实于行动,向母亲表达自己的敬爱之情

续 表

版块	语文五年级第一学期"母鸡"
教学点评	课堂上张老师注重读的实践过程,在琅琅的读书声中使学生获得了情感体验,激发起他们对母亲的敬意,对母爱的赞美,感受母爱的伟大。在感悟文章的同时,又让学生感悟文字背后的情味和意蕴,引领学生感受母亲的那份情、那份爱、那颗心、那种味……通过想象去感受鸡母亲的焦急及它的责任感。当这些平面的文字在老师引导下通过想象生成一幅幅鲜活的画面、一段段感人的旋律、一幕幕真实的场景时,学生投入其中,感作者所感、想作者所想、歌作者所歌、颂作者所颂,于是,文字背后的情味和意蕴,就在想象的召唤和引领下喷涌而出。课堂上,在师生歌颂母爱的情感达到高潮时,张老师不忘趁热打铁,布置学生进行拓展练习,不仅注重学生基本技能的训练,为学生打下扎实的语文基础,更让学生产生共鸣,懂得母爱的伟大,激发他们心中的那份感恩之情。 　　　　　　　　　　　　　　　　　　　　　　　　　　(点评人:孙巍)

(二)教学案例

案例 2

感母爱之情　表爱母之心 ——以《母鸡》教学为例

张海滨

一、案例描述

《母鸡》是九年义务教育课本五年级第一学期语文教材中的一篇散文,由著名作家老舍所写。文章以作者的情感变化为线索,前后形成了鲜明的对比:前半部分叙述了母鸡无病呻吟、欺软怕硬和拼命炫耀的表现,刻画了一只浅薄、媚俗的母鸡;后半部分则描写了母鸡的负责、慈爱、勇敢和辛苦,塑造了一位"伟大的鸡母亲"的形象,赞美了母鸡爱护小雏鸡的伟大母爱,表达了作者对母爱的赞颂之情。在前后情感的巨大反差中,作者对母鸡的情感也由"讨厌"转变为尊敬。

再看五年级学生,多数为独生子女,这样的身份使他们倍受宠爱,"四—二—一"的家庭模式,使得他们身上承载了过多的呵护与关怀。尤其是祖父母辈的过分溺爱,更使他们成了"天之骄子""天之骄女"。在这样的氛围和环境中成长起来的孩子,形成了"以自我为中心"的观念,觉得祖父母辈、父母辈在他们身上所付出的一切是天经地义的,自己享受"衣来伸手、饭来张口"的待遇是理所应当的,却对长辈的辛劳视而不见,听而不闻,有些甚至缺乏对父母的责任感,不仅不理解父母养育自己的艰辛,更不懂得珍惜和感恩这份亲情。

通过本课的教学,除了完成课文所承担的语文学科本身的知识学习与能力培养任务之外,教育学生感受母爱,感悟亲情,体会父母的辛苦,培养他们的责任心,从而激发他们的感恩之情,也是教学要达成的重要目标之一。

二、实践与反思

教学情景一:把握中心句,圈划关键词。

师:这只孵出一群小雏鸡的母鸡到底是一只怎样的母鸡呢?轻声读读课文第5~10节,在文中找到一句概括的句子,用直线画下来。

生(交流):它负责、慈爱、勇敢、辛苦,因为它有了一群鸡雏。它伟大,因为它是鸡母亲。一个母亲必定就是一位英雄。

(指名读,齐读)

师:这句句子中哪些词语引起了你的注意?

生(回答):"负责、慈爱、勇敢、辛苦"四个词语。

(师在这四个词语下加点)

教学情景二:细读事例,感受"母爱"。

师:老舍爷爷在文章中是如何表现母鸡这些品质的呢?快速阅读课文第5~8节,然后选择最使你感动的一个事例认真读上几遍,说说自己的感受。

生1:最使我感动的事例是——(读句子)"一只鸟儿飞过,或是什么东西响了一声,它立刻警戒起来,歪着头儿听;挺着身儿预备作战;看看前,看看后,咕咕地警告鸡雏要马上集合到它身边来!"从这里我感受到母鸡非常爱自己的孩子,它担心孩子受到伤害,始终保持着警惕性,可以看出它很负责,也很勇敢。

生2:我感动的事例是——(读句子)"它教给鸡雏们啄食、掘地、用土洗澡,一天不知教多少次。"我觉得这只母鸡非常认真负责,它为了教会孩子们生存的本领,很有耐心,不厌其烦。

生3:这个事例使我感动——(读句子)"它还半蹲着——我想这是相当劳累的——教它们挤在它的翅下、胸下,得一点儿温暖。"我觉得这只母鸡非常爱护自己的孩子,为了让孩子们得到温暖,它半蹲着让小鸡们挤在自己的翅下、胸下,半蹲着是很累的,可它宁愿自己劳累。

生4:我感动的事例是——(读句子)"它若伏在地上,鸡雏们有的便趴在它的背上,啄它的头或别的地方,它一声也不哼。"小鸡啄起来是很疼的,可母鸡毫不在意,即使啄疼了也一声不哼,我觉得它很慈爱,很宽容。

生5:让我感动的事例是——(读句子)"假如有别的大鸡来抢食,它一定出击,把它们赶出老远,连大公鸡也怕它三分。"课文里面说母鸡"永远不反抗公鸡",可是这时候的母鸡为了不让别的大鸡把小鸡的食物抢走,它变得很勇敢,就是大公鸡也敢斗一斗。

生6:我还有感动的事例——(读句子)"在夜间若有什么动静,它便放声啼叫,顶尖锐、顶凄惨,使任何贪睡的人也得起来看看,是不是有了黄鼠狼。"母鸡时时在关注着小鸡,为了保护小鸡,晚上睡觉都不踏实,时刻保持警惕,可以看出母鸡很负责,很辛苦。

生7:我觉得最让我感动的句子是——(读句子)"当它发现了一点儿可吃的东西,它咕咕地紧叫,啄一啄那个东西,马上便放下,教它的儿女吃。结果,每一只鸡雏的肚子都圆圆地下垂,像刚装了一两个汤圆儿似的,它自己却消瘦了许多。"在这里,母鸡找到了东西,自己不吃留给小鸡吃。由于它把东西都留给小鸡吃了,小鸡吃得饱饱的,肚子都鼓起来了,它自己却忍饥挨饿,结果消瘦了许多。这只母鸡真伟大,这真是"可怜天下父母心"啊!

......

教学情景三:总结课文,体会感情。

师:同学们都感受到了母鸡对孩子的那份深深的爱,老舍爷爷也感受到了,他被深深折服了,所以不敢再讨厌母鸡了。你觉得板书中的"不敢再讨厌"可以换成哪个词语呢?

生1:敬重。

生2:佩服。

......

师:是呀,不但敬重,而且佩服。(板书:敬佩)

师:正因为敬佩,所以老舍爷爷连对母鸡的称呼都变了,他称呼母鸡是——(生:母亲、英雄)(板书:母亲、英雄)作者这就不仅仅是在赞颂母鸡了,而是在赞颂天下所有崇高而无私的母亲。

师:再来读读——它负责、慈爱、勇敢、辛苦,因为它有了一群鸡雏。它伟大,因为它是鸡母亲。一个母亲必定就是一位英雄。(生齐读)

任课教师反思分析

本次教学,我紧扣文章的情感主线引导学生把握作者的情感来梳理文章的脉络,引导学生在"品析词句,体会情感"的学习过程中,从母鸡对鸡雏的平凡细节中,感悟作者对母鸡的喜爱之情、敬佩之心和赞美之意,更体会到了作者不仅仅是在赞颂母鸡,更是在赞颂天下所有崇高而无私的母亲,从而深刻领会出"母亲是伟大的,一位母亲必定是一位英雄"的文本主题,达成了一定的教学目标。

但是,教学停留于这样的层次,学生是否能真正地感受母爱,并产生对母亲的感恩之情呢?备课组内有老师提出了这样的质疑。大家提出:这样的教学,学生的情感还仅仅停留于对文本内容的理解和对文本情感的把握上,离敬爱母亲,感恩母亲的目标还有一定距离。

受到组内老师们的启发,我对教案进行了进一步的改进,在教学的结束部分增加了一个拓展环节,以引导学生去感受身边的母爱,生活中的母爱,从而感悟亲情,激发他们的感恩之情、感恩之心。

三、反思后的改进

第二次执教时,我在上述教学环节后补充了以下环节。

教学情景四:拓展交流,激发情感。

师:从这只母鸡身上,我们感受到了伟大的母爱。其实,在我们身边也充满了母爱,你是否感受到了呢?请你说说母亲是怎么关爱自己的。

生1:有好吃的,母亲总是舍不得吃,总要留给我。

生2:我生病后,母亲总是很担心,她带我去看病,提醒我吃药,好像我的病就是她的病。

生3:每天早晨,母亲总是很早起床,为我准备早餐,安排我吃好后又送我来上学。

生4：每天放学回家,母亲都要辅导我功课,她很认真、很负责地给我检查作业,遇到我不会做的题目,还会耐心地指导我。

生5：有一天下大雨,母亲骑着电瓶车来接我。在回家路上,车子不小心掉入一个深坑,我和母亲一起摔倒了。为了不让我受伤,在我倒地之前,母亲用自己的身子挡住了我,结果母亲的膝盖擦破了皮,流了很多血,而我却安然无恙。

......

师：是呀,母亲全身心地爱着我们,我们该怎样来回报她呢?

生1：好好学习,用好成绩来回报她。

生2：我要懂事,要听话,不让母亲多操心。

生3：妈妈生日的时候,我用零花钱给她买礼物。

生4：在妈妈劳累时,我会帮妈妈捶捶背,揉揉肩。

生5：我应该学着帮妈妈做一些家务事,减轻妈妈的负担,不让她那么辛苦。

......

师：是呀,我们应该以实际行动来表达对母亲的感恩之情,这样,母亲也会更爱你们。今天老师就请同学们回家以后为自己的母亲做一件事情,表达对母亲的感激之情。

任课教师反思分析

第二次教学,我在学生理解文本内容、把握文本情感的基础上,设计了一个拓展的环节,将情感体验引向学生自身,引向学生的日常生活,以获得他们情感上的共鸣。

首先,引导学生回忆,说说生活中母亲关爱自己,令自己感动的一个事例,激发起他们对自己母亲的热爱之情;然后,引导学生讨论如何以实际行动来回报母亲,表达对母亲的感恩之情。这样的设计既立足于文本又超越了文本,既训练了学生的想象能力,又训练了学生的表达能力,更充分挖掘了文本的情感内涵,引发了学生与文本的深层次对话,充实了内容,深化了感受,让他们对母爱也有了更深层次的理解。

学生们表示:母爱深如大海,母亲是我们永远值得去爱的人。我们应该怀着一颗感恩之心去体谅母亲,敬爱母亲,应该担当起照顾母亲,孝敬父母的责任。

四、小结

"母爱"是一个永恒的主题,从古到今人们对它的讴歌与诠释从未停止过。《母鸡》一文叙述了作者对母鸡的看法的变化,表达了对母爱的赞颂之情。课文以作者的情感变化为线索,前后形成了鲜明的对比。在教学时,我紧扣文章的情感主线引导学生把握作者的情感来梳理文章的脉络,将课文的结构清晰地展现在学生面前,然后让学生自读自悟,抓住重点词句来理解作者感情发生变化的原因,体会这是一只怎样的母鸡,体会母鸡的伟大。最后由"不敢"这个词,让学生体会到作者感情的升华。

在引导学生理解文章感情基调的基础上,我加强对学生的朗读指导,引导学生抓住文中的关键词句,在"品析词句,体会情感"的学习过程中,运用多种形式指导学生阅读、理解课文,进行语言和思维的训练。学生对文本的理解在一次次朗读中不断加深,内在的情感也在一次次的朗读中不断激发并强化,达到了以读增智、以读悟情、以读促思、以读代讲的效果。整堂课的教学,学生始终沉浸在"一位母亲就是一位英雄"的赞歌中,教学中的人文教育、情感熏陶达到了"随风潜入夜,润物细无声"的境界。学生在朗读中感悟到了母爱的伟大,体会到了"母亲是伟大的,一位母亲必定是一位英雄"的文本主题。

课文的第5~8节是教学的重点,通过对母鸡保护鸡雏的动作和神态的细致描写,生动展示了一位母亲的形象。对此,我引导学生围绕母鸡的"负责、慈爱、勇敢、辛苦",抓住重点词句,采用联系上下文、合理想象、感悟情感的方法,通过读、品、说,体会母鸡爱护小鸡雏的那种舐犊之情,感悟母爱的伟大。教师在关键处或指导朗读,或引发思考,或提示点拨,提高学生自主学习的能力,帮助学生感悟文章遣词造句的精妙,为学生更深入地体会中心起到推波助澜的作用。

　　学完了课文,学生不仅理解了作者情感变化的原因,更从母鸡爱护鸡雏的表现中体会到了母鸡爱护小鸡雏的那种舐犊之情,感悟到了母爱的伟大。但是,课文学习的结束并不意味着课堂教学的完结,更不意味着情感熏陶的终止,我在最后的拓展环节又布置了相关学习任务:一是交流讲述一个母亲疼爱、关心自己的"母爱"事例;二是交流讨论如何以实际行动表达对母亲的感恩之情,并要求落实于实际行动。后者将情感体验引向学生自身,引向学生的日常生活,加深了学生的情感体验。这样的设计能够引导学生感受母爱,感悟亲情,体会父母的辛苦,培养他们的责任心,进而激发他们的感恩之情、感恩之心,最终达成相应的教学目标。

二、数学学科

(一) 温馨贴士

1. 目录

　　数学学科涉及五个年级,22 个主题,"生命美育"学科渗透温馨贴士(部分)整理如表 3-4 所示。

表 3-4　数学学科"生命美育"学科渗透温馨贴士目录

学科	年级	主　题	"生命美育"渗透要点
数学	一年级	认识人民币	能根据实际需要,将人民币进行简单的互换。培养学生勤俭节约和爱护人民币的习惯
数学	一年级	认识钟表,学习时间的表示方法(几时,几时半)	认识各类钟表,感受时间,学习时间的表示方法,养成从小珍惜时间和遵守时间的良好习惯
数学	一年级	上、中、下、左、中、右	让学生感知空间中物体的相互位置关系,知道上、中、下、左、中、右是相对的概念。通过情景对学生进行团结友爱教育,体现数学课程的人文价值

续　表

学科	年级	主　题	"生命美育"渗透要点
数学	二年级	乘除法	理解和掌握乘除法的计算方法,能正确地计算,发现"正运算"与"逆运算"的对称规律,感受运算的和谐之美
数学	二年级	列表枚举	中华民族历史悠久,我们的祖先创造了光辉灿烂的民族文化,早在几千年前,就有了数学这门学问。本课用"鸡兔同笼"这个趣题引入,激发学生的学习热情,并让学生感受数学学习的严谨,求真
数学	二年级	时间的初步认识	通过对时间的认识,培养爱惜时间、遵守时间的良好道德
数学	二年级	时分秒	通过对时、分、秒的初步认识,感受生命是由分分秒秒组成的,珍惜时间就是珍惜生命,养成遵守时间和爱惜时间的良好习惯
数学	三年级	速度、时间、路程	让学生经历从生活中发现数学问题、解决问题的过程,体会学习数学的乐趣,提高学习数学的兴趣,建立学好数学的信心
数学	三年级	条形统计图	认识图形之美,感受图形的简洁美、对称美
数学	四年级	容积单位(毫升、升)	通过观察,在具体的生活情景中认识量、微量,了解量是从小到大的积累
数学	四年级	小数加减法(一)	在具体的生活情景中理解和掌握小数加、减法的计算方法,能正确地计算。能运用所学的知识发现问题,感受数学在日常生活中的应用
数学	四年级	小数加减法(二)	通过实践调查活动,让学生自己去发现小数在生活中的广泛用途,在具体的生活情景中感悟小数的意义
数学	四年级	问题解决(一)	能正确分析复合应用题的数量关系,确定解题思路,培养学生有条理、多方面思考问题的能力。培养学生根据实际情况,选择不同解题思路的意识和能力,发展学生思维的灵活性,挖掘闪光点
数学	四年级	问题解决(二)	通过细致的观察,结合具体的生活情景,渗透生命教育,明白积少成多、聚沙成塔的道理
数学	四年级	折线统计图的认识	通过折线统计图的学习使学生了解了水资源的变化,生态环境的变化等,并了解这种变化带给我们的深刻影响

续 表

学科	年级	主题	"生命美育"渗透要点
数学	五年级	面积的估测	渗透有关土地面积的教育。面对我国可耕地面积的不断减少,必须认识到土地资源不断恶化可能带来的灾难性后果,从而引导学生珍惜"土地资源",认识保护环境的重要性
数学	五年级	概率	培养心理承受能力。通过对可能性的认识,理解有些事件虽有可能发生,不是一定发生,但是在生命安全方面,要"不怕一万,只怕万一",为了杜绝这个"万一",让这个可能性尽可能趋于零,加强生命安全意识教育
数学	五年级	平均数	通过比较各直辖市二氧化碳的平均排放量,去发现影响、破坏环境的行为;感受环境对人类生存的重要性;增强学生环保意识

2. 举例

刘亚萍老师关于一年级第二学期"认识钟表"一课的教学设计了温馨贴士,详见表 3-5。

表 3-5 "认识钟表"中"生命美育"渗透温馨贴士

版 块	数学一年级第二学期"认识钟表"
"生命美育"渗透要点	通过做钟面、说钟面和展示钟面三个环节,让学生经历一个从具体到抽象的过程,将经验规范化、系统化,在练习看钟面、说时间的同时,感受时间的宝贵,体会父母工作的辛苦。通过将数学知识教学同人文教育结合,感受正确的价值观和人生观。最后通过惜时名言欣赏,让学生在浓浓的惜时情境中感受时间的宝贵,使学生养成遵守时间、珍惜时间的生活和学习习惯
教学建议	(1)采用童话故事的情节,以小胖上学为主线,将说钟面、做钟面、学整时、说整时、拨整时以及认识电子表、珍惜时间的教育等几个教学环节有机结合起来,了解生活中常见的钟表,引发学生的学习兴趣,使学生获得对时间概念的感性认识; (2)在练习看钟表、说时间的同时,对学生进行遵守时间、珍惜时间、珍爱生命的教育。引导学生不仅说说每天的学习时间安排,还说说节日、寒假、暑假的时间安排,开阔学生的思维。引导学生说说家里大人什么时候做什么,促进学生体会父母工作的辛苦; (3)通过游戏活动、古代计时方法介绍、惜时名言欣赏培养学生正确的价值观和人生观,让学生在浓浓的惜时情境中感受时间的宝贵

续　表

版　块	数学一年级第二学期"认识钟表"
渗透意图	（1）创设情景，激发兴趣。结合小胖一天的学习和生活，联系自己的亲身经历初步建立时间观念。使学生了解做事拖拉的危害，懂得当日事当日毕的好处，学会珍惜时间、珍爱生命； （2）经过教师的巧妙引导，让学生经历一个从具体到抽象的过程，将这些生活中的数学经验进行分析、归纳、总结，使之成为规范化、系统化的数学知识。真正理解和掌握基本的数学知识和技能、数学思想和方法
实践随感	我一走进教室就发现学生们个个兴致勃勃地在讨论什么，而且每个人的面前都放着一个小闹钟，还没等我开口，一个学生就说道："老师，我会认时间了。"……一节课在活跃的气氛中结束了。学生也有效掌握了学习内容。将数学与生活联系起来，可有效激发学生学习的积极性，能让他们在大量的数学活动中，观察、操作、猜想、交流，经历知识的形成过程，发现数学知识，并培养相关技能
资源建议	（1）要求学生回家观察钟表，观察时针、分针的转动，了解怎样看时间，不会的可以请教家里人或老师； （2）让学生课前自做一个钟面，拿到课堂上，实际操作演示
教学点评	本堂课刘老师创设了一个童话故事的情境，以小胖上学为主线，将说钟面、做钟面、学整时、说整时、拨整时以及认识电子表、珍惜时间的教育等几个教学环节有机结合起来。让学生经历了一个从具体到抽象的过程，学生能够把从生活中积累的关于时间的感性认识通过分析、归纳，加以总结，使之成为规范化、系统化的数学知识。学生不仅初步建立了实际的时间观念，更了解到了做事拖拉的危害，体会到了抓紧时间完成工作的快乐，学会了珍惜时间、珍爱生命。 （点评人：朱燕）

（二）教学案例

案例3

让数学作业洋溢生命的气息

——生命教育在"平均数"作业中的渗透

沈睿赟

我作业设计的内容是"平均数"，这是上海九年制义务教育课本小学五年级第一学期第三单元的第一个教学内容，是一个在整理数据的基础上进行处理，计算出反映总体情况的统计量，这恰好也是一堂能较好渗透生命教育的课。要想教学时生命教育渗透有效，一定要有有效的教学设计，其中包括作业设计的有效，所以我精心考虑了作业设计。我想：第一，作业设计的情境上渗透生命教育,从对黄浦江上大桥图片的观赏中,感受建筑的美。学会发现美、欣赏美、体会生活的美好,从而讨厌破坏美的行为,增强环保意识,珍惜生命。第二,作业设计的层次和内容上注重人文关怀,让数学作业洋溢生命的气息。

在新课程背景下,教学质量就其内涵而言,指的是学生在知识与技能,过程与方法、情感态度与价值观三方面的协调发展。从长远看,课堂教学的有效性最核心的一点是看学生是否愿意学、主动学以及怎么学、会不会学。因此,我们在作业题目的设计中,必须尽可能体现让学生学会、会学、乐学。下面是我在教学"平均数"这一课时,作业设计中生命教育渗透的改进和体会。

一、在实践中反思

第一次课堂实录片段:深入理解平均数的意义。

1. 说理

小丁丁上学期三门学科的成绩分别是:语文 87 分,数学 94 分,英语 92 分。那么三门学科的平均分数是多少?

师:你能不计算,估一下小丁丁的平均分数吗?请看小胖估的,小胖说,她的三门学科平均分数可能是 86 分。小巧不赞同小胖的意见,也估了一下。小巧说,她的三门学科平均分数可能是 96 分。

师:你们赞同他们的意见吗?说说你们的理由。

生:平均分应该在最低分 87 分和最高分 94 分之间,所以两人估计的平均分低于最低分、高于最高分都是不对的。

师:那算一下,小丁丁的平均分数到底是多少。的确在最低分和最高分之间吗?

(生计算)

师(小结):你们的分析很好。平均数在该组数值的最小值和最大值之间。

2. 比较练习(图片演示)

师:有两个小组,请看,他们在分糖:第一小组现在共有 24 粒糖,平均分给 4 个组员,平均每人分到几粒糖?

师:怎么求?

生:24÷4=6(粒)。

师:第二小组 5 人分别有 4 粒、8 粒、5 粒、6 粒、7 粒糖,这个小组平均每人有多少粒糖? 怎么求?

  生:(4+8+5+6+7)÷5=6(粒)。

  师:第一小组平均每人分到 6 粒糖,是每人实实在在有 6 粒糖吗?

  生:第一小组平均分,平均每人分到的 6 粒糖,是每个组员实实在在分到的 6 粒糖。(出示演示)

  师:第二小组平均每人有 6 粒糖,也是每人实实在在有 6 粒糖吗?(出示演示)

  生:第二小组平均每人有 6 粒糖,不一定是每个组员实际有糖的粒数。

  师(小结):平均分和平均数有区别哦! 平均分,分到的数量,是每人实实在在分到的数量(强调语气),而平均数,不一定是每人实际有的数量。

  师:理解了吗? 小胖有几道判断题,让我们一起来看看,你们理解得怎么样!

  3. 求平均数

  师:我们理解了平均数的意义,知道了怎么求平均数,总和除以个数等于平均数,那就让我们利用求平均数的方法来解决一些实际问题。题(1),请看下面这几幅图:

  师:黄浦江上的这五座桥,造型漂亮吗?

  生(一起):非常漂亮。

  师:那可是我们的设计师精心设计出来、建筑工人辛勤劳动建造出来的,我们是不是该珍惜这些建筑?

  生:对,我们要爱护这些桥梁。

  师:不光要爱护大桥,还要爱护周围的美好环境。那这五座桥的平均桥长是多少呢? 先估一下在什么范围,再想想怎么求。只列式不计算。

  生:(8 346+7 658+2 202+6 017+8 700)÷5。

师：8 346＋7 658＋2 202＋6 017＋8 700 表示什么？5 表示什么？

生：8 346＋7 658＋2 202＋6 017＋8 700 表示五座桥的长度总和，5 表示桥的座数。

（板书：平均桥长＝五座桥的长度总和÷桥的座数）

师：平均桥长的确在最短的奉浦大桥和最长的卢浦大桥之间，它不是某座桥的实际长度。

师：现在都提倡节能减排、低碳生活，保护环境，看看我国四个城市的二氧化碳排放量情况。

题（2），请看，下面是 2009 年中国四个直辖市二氧化碳排放量统计：

地 区	北京	上海	天津	重庆
排放量（万吨）	4 680	4 379	3 450	3 067

师：这四个城市平均排放二氧化碳多少万吨？先估一下在什么范围，怎么求？

生：（4 680＋4 379＋3 450＋3 067）÷4。

师：4 680＋4 379＋3 450＋3 067 表示什么？4 表示什么？

生：4 680＋4 379＋3 450＋3 067 表示二氧化碳排放量吨数总和，4 表示城市个数。

（板书：四个城市排放二氧化碳的吨数总和÷城市个数）

师：平均排放量也在最小值和最大值之间吧！它并不代表哪个城市实际排放的二氧化碳的数量。你们能根据平均排放量，分析一下上海的情况，想提醒大家什么吗？

生：上海要注意节能减排了，因为上海的排放量已超过平均排放量，会影响我们的身体健康。

任课教师反思分析

本堂课先展现生活中黄浦江上各座大桥的雄姿，再要求学生运用平均数的知识解决求平均桥长的问题，并让学生在欣赏中体会生活的美好，珍爱自己的生命。从刚才的欣赏美—体会美—珍惜生命，到通过求各直辖市二氧化碳的平均排放量,让学生主动产生讨厌破坏环境的行为,制止这些行为的自觉,把珍惜生命落实在实际行动上。在作业设计中也试图体现一些人文关怀,培养环保意识。

试教后讨论:

教研组同事认为,课程当中的作业设计,能做到结合教学的知识目标,层次很清楚:先设计说理、比较题型,让学生充分交流,理解平均数的意义;再求生活中的平均数问题,渗透生命教育。以上这些都比较好,建议有两点:

(1)在理解平均数的意义时,通过说理、平均分和平均数的比较后,最好能再设计一组判断题,让学生更清晰地辨别平均数是一个虚拟的数,在最小值和最大值之间,以加深理解。

(2)要想让学生在欣赏美—体会美后,能主动产生讨厌破坏环境的行为,制止这些行为的自觉,就看这张二氧化碳的排放量统计表,能不能唤起学生保护环境的强烈愿望。因为是渗透生命教育,应该把问题深化。刚才试教时,有同学提到二氧化碳排放超标会造成环境破坏,影响人类的生存,所以可以请学生上网收集一些大气污染的图片及全球气候变化所酿成的后果的文字数据信息,加深学生这方面的印象,促使他们主动地讨厌破坏环境的行为。

教研员们听了这堂课和教研组的讨论后,也结合具体情况谈了几点看法:

(1)既然要让学生发现美、欣赏美、体会生活的美好,从而讨厌破坏美的行为,增强环保意识,那么一定要提倡学生落实到实际行动上去,让学生之间交流可以从哪些方面去做。

(2)本堂课渗透生命教育的要点是在数学作业设计上注重人文关怀,让数学作业洋溢生命的气息,这一点非常好。在作业设计时也注意了层次性,但这都是所有同学应该掌握的,对还有余力的同学,好像拓展加深不够。是否可以在作业选编上,更注重差异,在满足不同追求方面再下点功夫呢?这样的一堂课更能体现人文关怀,让数学作业洋溢生命的气息。

我继续从教学目标和生命教育渗透要点入手作了如下思考：

（1）感觉从知识教学目标来看，教研组提到在平均数意义理解方面增加一些判断的确有必要，可以使层次更清晰；

（2）从生命教育渗透目标来看，刚才其他老师的建议很好，可以通过网络，自然地唤起学生的激情，主动保护环境，培养学生终身学习的能力，我也采纳。教研员的提议，让学生珍惜生命、保护环境落到实处，这是必需的。我围绕落实，想了一些方法，如当堂交流可以从哪些方面做环保；还有就是把作业衍生到课外，设计一道调查题，让学生亲身经历，然后回课堂交流，通过比较谈如何节能方面的事。经过考虑，虽然时间花得多，但学生获得了统计方面的收集—整理—分析的体验，有好处。

（3）从知识和生命教育两方面看，在作业选编时，注重差异、激趣，满足不同学生的需求极为必要，它让一堂课真正做到了渗透生命教育。

二、在反思后改进

第二次课堂实录改进的片段。

改进片段一：平均数意义理解作业。

师：你理解平均数的意义了吗？让我们再来判断几个情况。

判断：（1）9块巧克力，平均分给小胖、小亚、小巧吃了，小胖一定吃了3块巧克力。 （　　）

（2）小胖、小亚、小巧平均每人吃了3块巧克力，小胖一定吃了3块巧克力。 （　　）

（3）某班学生的平均身高是142厘米，不可能在该班选到身高在150厘米以上的同学。 （　　）

手势反馈，并说明为什么。

改进片段二：平均数计算作业中进一步渗透生命教育。

师：请同学们了解一些大气污染及全球气候变化的情况，图片及信息可以从网上搜索。之后请同学们交流搜索到的信息,然后谈些自己感受。

生:我们讨厌破坏环境的行为,要主动制止这些行为,把珍惜生命落实在实际行动上。

师:那好,我们谈一下,可以从哪些方面保护环境。

生:保护身边的一草一木,节约各种资源,如水、电、天然气等,出行能不开车就不开,选择步行或骑车。也可以上网了解保护环境的方法,并坚持做到。

师:对。我们可以节水、节电,节约身边的每一种资源,那么你们愿不愿意回家做一项调查,搜集自己家去年每个季度的用水量,并整理绘制成统计表,明天再来交流呢?

师:我国是一个严重缺水的国家,一般的三口之家平均每月用水量约10立方米(出示),请看题(3),这是某某家去年的用水情况:

时　段	第一季度	第二季度	第三季度	第四季度
用水量(m³)	24	36	54	30

请问,平均每月用水多少立方米?

师:请看下面两种做法,哪一种正确?

$$(24+36+54+30)\div 4 = 36(m^3)$$
$$(24+36+54+30)\div 12 = 12(m^3)$$

师:为什么下面一种方法正确?那上面一种求出的结果表示什么?

生:12是一年的月份数,除以12,得到的是平均每月用水多少吨。而除以一年的季度数4,得到的是平均每个季度用水多少吨。

师:看了某某家的用水情况,该提醒他家注意什么?

生:节约用水!我们一定要从小养成节约的好习惯,节约一滴水、一度电、一粒粮食。

师:思考一下,如何节约用水,和家人一起分享。

改进片段三:平均数作业中设计激趣题和挑战题,让不同学生挑战不同层次的题目。

平均数激趣题。

听童话故事。王母娘娘说了,唐僧师徒西天取经有功,今天有特别奖励,平均每人奖蟠桃10个。猪八戒听了,口水直流,心想可以美美地享受一番了,急忙奔上前去领取蟠桃,可是当他拿到蟠桃时,却脸色大变,心中暗暗骂王母娘娘骗人。你们猜猜这里面有什么奥秘呢?

师:为什么猪八戒会不高兴?猜猜。

生:奖给猪八戒的蟠桃比平均每人奖的10个少了,不一定10个。

师:认识了平均数,你们说刚才王母娘娘骗人了吗?说说理由。

生:平均数不能说明每人实实在在奖到10个蟠桃。

师:不信我们还可以算一算,王母娘娘实际奖给唐僧16个蟠桃,孙悟空13个,猪八戒6个,沙和尚5个,平均每人奖蟠桃是10个吗?

生:$(16+13+6+5)÷4=10$(个)。

师:王母娘娘说得没错,没骗人。

师:现在知道平均每人奖蟠桃10个,奖给唐僧16个,孙悟空13个,沙和尚5个。那么奖给猪八戒的到底是几个蟠桃呢?怎么算?

生:$10×4-16-13-5=6$(个)。

平均数挑战题。

(1)小亚在上学期的期终考试中语文86分、英语95分,数学成绩比三门学科的平均成绩高6分。请问小亚三门学科的平均成绩是(　　)分。

(2)甲、乙、丙、丁四人参加某次竞赛。甲、乙两人的平均成绩为a分,他们两人的平均成绩比丙的成绩低9分,比丁的成绩高3分,那么他们四人的平均成绩为(　　)分。

指导学生学画图,用移多补少方法解决问题。

任课教师反思分析

改进后的教学实践,有一点感受最深,那就是在如何让学生把珍惜生命落实在每一个人的实际行动上,取得了良好的效果。原来的设计是先欣赏大桥美,体会生活的美好,珍爱自己的生命,然后通过计算二氧化碳排放量,让学生讨厌破坏环境的行为,到这里就结束了。缺少让学生主动去落实的设计。改进后再教学时,我让学生主动就二氧化碳排放量问题进行讨论交流,上海情况怎样?了解大气污染的情况后,学生都非常讨厌破坏环境的行为,接着让学生研究,如何环保?学生都很主动自觉地去了解。这时再让学生主动回家收集去年每个季度的用水量,整理成统计表,第二天上课时再比较各家用水量,所有的同学都认真地收集了资料。在第二天的交流中,每个同学都拿出了自家的用水的数量,计算出了平均每个季度的用水量,还都争先恐后要在全班交流,学生经过比较后进行了热烈的讨论,并提建议如何节水、节能。教学取得了非常好的效果。这让我感到教学知识重要,生命教育更重要,一定要舍得花时间。

三、在改进中提升

在改进中所得到的启示:

有的人认为数学课,主要是进行知识教学。经过这一次生命教育的实践研究,我发现,经过生命教育后,学生做作业既主动,又认真。哪怕是在做挑战题时,都有强烈的战胜它的信心。虽然只有部分同学能解决挑战题,但每个同学在解题前都有必胜信心,让我看到了生命教育的作用。它激发了学生学习的热情,好像在对我说:"现在我们要学好本领,将来更好地进行环境保护。"这样作业设计中的人文关怀,就得到了充分体现。

《小学数学新课程标准》指出:"数学教学不能停留在只要掌握课内知识的层面上,要让学生体会到数学在生活中的作用。"我们通过作业把学生引向课外,拓宽知识来源,给课堂注入新的生命活力。学生通过自己查资料,除了从课本中获取信息之外,还增加了大量的课外阅读,并超越课本,收集了有关信息。如此加以累积,做摘录笔记,并根据自己的理解对收集的资料进行筛选处理,让作业与社会生活紧密结合,最终学有所用,体现出数学的生命活力。

平时可能生命教育也有，但只是简单带过，这次让学生有充足的时间，通过欣赏美—体会美—珍惜美，学生和美丽的大桥图片进行亲密接触，受到视觉冲击，学生自觉地进行自我教育，再加上全球气候变化的大量文字信息，使他们主动萌生了讨厌破坏环境行为的自觉，树立了一定要学好各种知识，长本领，以后为保护环境出力的坚定信念。通过这堂课的生命教育渗透实践，让我看到了学生灵魂的升华，也看到了生命教育如何使教师课堂执行力得到提升的效果。

生命化课堂教学以完整生命的发展、独特生命的形成、精神生命的提升为最终目的来重建课堂生活，让课堂教学流动生命的智慧，使每一个生命得到最适宜、最充分、最全面的发展。我通过教学实践，对生命教育的渗透有以下几点认识：

（1）关注生命的整体性。人是地球上最复杂的生命体，不仅有认知，还有情感、态度和信念等丰富的内涵。生命化的课堂教学注重教学的生命发展价值，在关注学生认知发展的同时让学生的情感、意志、态度等都参与到学习中来，在一次次的经历中激发出学生对大千世界的独特感受和发自内心的真切体验，使学生在认识知识的同时感受和理解知识的内在意义，获得精神的丰富和完整生命的成长。因此，我们课堂教学目标的设计一定要体现多元化。生命的整体性要求我们把生命看作是具备知、情、意、行等各方面特征的个体，这就决定了课堂教学目标的确定要突出整体性、多样性和发展性。新一轮基础教育课程改革将课程目标定为"知识与能力""过程与方法""情感态度与价值观"三个维度，知识与技能维度的目标立足于让学生学会，过程与方法维度的目标立足于让学生会学，情感、态度与价值观难度的目标立足于让学生乐学，可见，这三个不同的维度共同指向了促进生命和谐发展这一目的。因此，课堂教学目标的确立，不仅要有认知方面的，还要有能力、情感、价值观等多方面目标的体现，作业设计当然也要体现这些方面。

（2）关照学生生命的完整发展。人的生命有多方面的需要：生理的、心理的、行为的、认知的、价值的等。任何一种活动，人都是以一个完整的生命体的方式参与和投入其中的。关照学生生命的完整发展，就要对学生进行全面的了解，包括学生的健康状况、已有的知识经验、生存状况以及可能的发展趋势，以便调动一切可以调动的积极因素,使其参与到教学活动之中,使每一个学生都能最大限度地获得整体生命和谐而完美的发展。如不同的学生做不同的作业,就要求教师要结合各种因素,作业设计时要尊重差异、体现个体需要,这样就会关照学生生命的完整发展。

（3）提升学生的精神生命。教师要清醒地认识到每个学生都有发展的潜力,教育所要做的就是要创造良好的条件,排除一切障碍,让个体得到适合其本性、自由、健康、快乐的成长,促进个体内在本性的发展。比如,作业设计增加网上搜索大气污染图片和全球气候变化的文字信息后,学生经视觉冲击,产生激情,自觉进行交流,使精神生命得到提升,并促进了知识目标的达成。

因此,课堂教学除了有知识的传授,更要有精神生命的提升;除了有基础知识的掌握,更要有促进生命意义的创造;除了有基本技能的形成,更要有实现生命价值的超越,如此使师生在知识的激荡下反思、体验,在心与心的交流中实现真正的教育,达到精神生命的提升!

三、英语学科

(一) 温馨贴士

1. 目录

英语学科涉及五个年级,13 个主题,"生命美育"学科渗透温馨贴士目录整理如表 3-6 所示。

表 3-6　英语学科"生命美育"学科渗透温馨贴士目录

学科	年级	主 题	"生命美育"渗透要点
英语	一年级	New Year's Day	通过感受元旦、中秋节、端午节等节日的历史风俗习惯,引导学生孝敬长辈、感恩父母、回报社会
英语	二年级	My favourite food	感受合理饮食的重要性,理解要想拥有健康强壮的身体,一定要注意营养均衡,养成饮食卫生好习惯
英语	二年级	Animals I like	通过动物,直观地了解生命现象,发现人类和动物之间的紧密联系,引导学生爱护、珍惜动物

续　表

学科	年级	主题	"生命美育"渗透要点
英语	二年级	Rules	能看懂各种交通指示牌,自觉遵守交通规则,感受生命的可贵,懂得珍爱生命
英语	三年级	Clothes	认识一些衣服的分类,能分清不同的衣服所适合的人群;养成爱护衣物,保持衣物整洁的好习惯,并能够正确地处理旧衣服
英语	三年级	Seasons	感受祖国不同地区、不同季节的特征以及不同季节中人、动物和植物的变化,感受生活的快乐,生命的美好
英语	四年级	Sports	引导学生积极主动地参加每天 1 小时的体育活动,感受体育运动带来的快乐,锻炼身体,增强体质,热爱生命
英语	四年级	Home life	引导学生爱自己、爱家人、爱自己的家庭生活,珍惜自己的生命;感受父母的养育之恩,学会感恩
英语	四年级	Time	感受时间在人们生活中的重要性,懂得合理安排时间,学会珍惜时间
英语	四年级	Festivals in China	通过探究,让学生发现春节、中秋节、端午节等传统节日的由来及风俗习惯,引导学生感受孝敬长辈、感恩父母、回报社会的重要性
英语	五年级	Use your five senses	发现和体验视觉、听觉、味觉、嗅觉、触觉器官的功能和作用;养成良好的卫生习惯,提高环境保护意识;保持良好的心态,正确对待身边的每一件事情
英语	五年级	Changes	通过了解人的生长过程,感受人的成长的神奇,懂得珍惜生命,学会感恩
英语	五年级	Weather	根据不同季节,不同天气选择合适的衣着,安排合理的活动,认识天气与日常生活的密切关系

2. 举例

赵薇莉老师关于三年级第二学期 Seasons 一课的教学设计了温馨贴士,详见表 3-7。

表 3-7　Seasons 中"生命美育"渗透温馨贴士

版块	英语三年级第二学期 Seasons
"生命美育"渗透要点	发现、感受祖国不同地区、不同季节的特征以及不同季节中人、动物和植物的变化,感受生活快乐,生命美好

为孩子美的生命奠基

版　块	英语三年级第二学期 Seasons
教学建议	通过查询资料等方式,引导学生发现较为具体的季节特征,知道中国传统节日与季节的关系;能够简单地描述同一时间内各地季节差异和人们生活习俗的差异
渗透意图	通过关于季节的相关内容的教学,让学生体会生活的美好,鼓励学生热爱自然,热爱生活,开心每一天
实践随感	本课时的教学内容是 Seasons(季节)。课的一开始我就让学生看看窗外,说说看见了些什么。学生们觉得非常新奇,纷纷讲述他们眼中看到的景物,一下子消除了上课的紧张感,并进入了学习状态。接着我从视觉、听觉、嗅觉与感觉这几个方面出发,帮助学生更加全面地发现和感受美丽的大自然,鼓励学生用已学句型描述各个不同的季节,如 Spring is warm. I have a T-shirt and jeans. I can see spring. I can see … I can hear spring. I can hear … I can smell spring. I can smell …,引导学生体会大自然的美好。由于季节是学生们熟悉的内容,大部分学生都能积极开口描述他们喜爱的季节,一幅幅美丽的画面在学生的讲述下逐渐呈现。 最后我通过归类的方式帮助学生区分各季节适宜进行的活动,如种树、游泳、放风筝、滑冰等。要求学生四人一组进行小组活动,找出特定季节内适合的活动,并一人一句用 It's fun to …这个新授句型表述,完成后,四人齐读 We have joy. We have fun. We have seasons in the sun.简单而又富有韵律的句子很容易上口,且通过讨论、辨别、表述后,学生更容易感受到各个季节的美好。学生述说时,眼中流露出别样的光彩,仿佛已置身于向往的季节中,感受着生活的快乐、生命的美好。整堂课,学生都特别高兴,课堂气氛活跃、温馨,学生深深地体会到了大自然和生活的无限美好。
资源建议	【资源平台】 (1)《小学综合英语》3B Unit 2 What do we do in the spring? (2)《小学生英语读写新视野》第三册 Unit 4 Seasons in New York 【活动建议】 (1) 教授动词词组 plant trees, make sandcastles, have picnics 等。 (2) 帮助学生区分各个季节适宜进行的活动。 　　I can … in summer. It is hot. 　　I can … in autumn. It is windy. 　　… (3) 让学生讲讲在各个季节的所见、所闻、所感,用已有知识描述自己喜爱的季节。 　　_____ is _____. I have _____. I can see _____. I can hear _____. I can smell _____. (4) 让学生讲讲各个季节适宜进行的活动,体会生活的快乐和美好。 　　It is fun to … 　　We have joy, we have fun. 　　We have seasons in the sun. (5) 引导学生热爱自然、热爱生活。

续 表

版块	英语三年级第二学期 Seasons
教学点评	本课时的内容是学生非常熟悉的"季节"。教师引导学生找一找四季的特征,想一想四季的活动,感受一下四季带给人们的欢乐。在学习的同时,让学生真正体会到了大自然的神奇和生活的美好。　　　　　(点评人:黄踏程)

(二) 教学案例

案例 4

创设适切情境,感受美好生活

——3B M3U3 Seasons in the sun 片段分析

赵薇莉

一、案例背景

2011 年 5 月 4 日,我执教了一堂区教学展示课,教学内容为 Seasons 第二课时,主题为 Seasons in the sun。教学要求学生从视、听、嗅、感四个方面感知季节,结合... is in the air 描述季节;帮助学生区分各个季节适合进行的活动,并用 It's fun to ... 进行表达;让学生感受各个季节的美好,引导他们热爱生活,开心每一天。

在整个教学过程中,我通过实物、图片、音乐、声音等媒体,创设了一个真实适切的情境,让学生在情境中学习新授知识的同时,更从各个感官方面感受四季的美妙,体会生活的乐趣。

以下是新课导入时的一个片段,让我们来看看情境创设对教学目标达成的重要性。

二、在实践中反思

教学片段实录。

教学目标:通过问答带领学生进入学习状态,并导入本课时主题 Seasons in the sun。

导入过程如下。

T:Class begins. Good morning, children.

Ps:Good morning, Clare.

T:Sit down, please.

Please answer my questions first.

What season do you like?

Ps：I like ...

T：What season is it now?

P：It is spring now.

T：Yes，it is spring now. Spring is a very nice season.

What can you see in spring?

Ps：I can see ... （green grass，beautiful flowers，trees，bees，etc）

T：What can you hear in spring?

Ps：I can hear ... （raindrops，birds，bees，etc）

T：What can you do in spring?

Ps：I can ... （plant a tree，have a picnic，ride a bicycle，fly a kite，etc）

T：Do you like spring?

Ps：Yes，I do.

T：I like spring too. I like spring showers. April showers bring May flowers.

Let's say a nice poem about it. OK?

任课教师反思分析

通过第一次试教，我发现，由于采取的"师生问答"形式单一，不仅较难吸引学生注意力，更无法将他们迅速带入教学主题。学生往往更多地关注问题本身，只顾思考如何作出正确应答，而忽视了问题背后我想要他们感知的主题——春季。缺少了感知，学生就无法衍生出对于春季的喜爱之情，体会不出春季的美妙和美好。

发现这一问题后，教研组同事们陪着我苦苦思索，寻找原因，并提出了不同建议：能否放弃目前的导入方式，换成节奏感较强的儿歌或诗歌？是不是教学方式不够丰富？能不能加入音乐或图片引导学生发言？经过长时间的讨论，五花八门的建议渐渐地集中到一点上，那就是"情境创设"。听了同事们的讨论，我幡然醒悟：试教时我居然没有借助任何实物、图片或声音创设教学情境。在没有任何情境的前提下,却奢望三年级的孩子通过没有生命的文字去感知绚烂多彩的春天,这是一个多么严重的错误。

能否发现问题很关键,更关键的是如何解决问题。大家各抒己见,最后决定从视、听、嗅三方面入手,运用图片、声音等创设和春天有关的情境,在情境中挖掘学生对于春天已有的感知,唤醒他们内心对春季的喜爱,从而顺利开展随后的教学活动。

具体实施过程如下:

(1) 让学生们看一看窗外,说说都看到了什么,学生势必会关注到教室外的树木花草,以及远处大片的绿化带;

(2) 我上网收集一些声音,如雨滴、青蛙、蜜蜂、小鸟等,播放音频文件后,让学生说说他们听到了什么;

(3) 出示有关春天的图片,让学生们分别说说在这个美丽季节里能品尝到的水果。

三、在反思后改进

以下为改进后的教学片段。

导入过程如下。

T:Class begins. Good morning, children.

Ps:Good morning, Clare.

T:Keep standing and please look out of the window. What can you see?

Ps:I can see ... (green grass, green leaves, beautiful flowers, the blue sky, etc)

T:Very good. When I see green grass, beautiful flowers, I know spring is here. What can you hear in spring? Listen carefully. (播放音频文件)

Ps:I can hear ... (raindrops, frogs, bees, birds)

T:Great. And now please look at the pictures. Here are some nice fruits we can eat in spring. What fruit can you smell in spring?

Ps：I can smell ... （strawberries，pineapples，mangoes，etc）

T：We can see ... in spring. We can hear ... in spring. We can smell ... in spring. Spring is a very nice season. Do you like spring?

Ps：Yes，I do.

T：I like spring too. I love spring flowers and spring showers too. Let's read a poem about it.

任课教师反思分析

常规的师生问好后，通常是教师请学生坐下，随后开展教学活动。可我在问好后，却让学生看看窗外，说一说他们看到的景物。学生觉得非常新奇，纷纷踮起脚看向窗外。高大的树木，嫩绿的新叶，五彩的花朵和大片的绿地吸引了他们的目光。通过观察、回答问题和教师引导三个步骤，聪明的学生意识到了这一环节的目的——感知春天。随后，我请学生坐下，闭上眼睛仔细聆听春天的声音。细雨的沙沙声、青蛙的鸣叫声、蜜蜂的嗡嗡声以及小鸟愉快的歌声又一次将学生带入春天。随后，我出示了春天常见水果的图片，让学生用 I can smell ... in spring 句型进行操练。水果是孩子们喜爱的食品之一，操练句型和内容又比较简单，孩子们的参与积极性非常高，课堂气氛异常活跃，与第一次试教时完全不同。

通过这三个简单的步骤，春天这一情境已经具体生动地呈现在学生面前，学生心里对春天的感知已经完全被唤醒和挖掘出来，教师顺势引导学生：春天是一个美好的季节。

四、在改进中提升

前后两次的试教结果完全不同，较之第一次的"心不在焉"，第二次试教，学生的参与积极性有了明显的提高，对"spring"这个话题也表现出了极高的兴趣。这两次试教结果之所以会有巨大的差别，主要原因是情境的创设。语言的运用离不开实际生活。人类学家马林斯诺指出："如果没有语言情景，词就没有意义，也不能代表什么。词语只有在情景语境中才能产生意义。"在英语教学中,教师应努力创设真实的语言环境或模拟情境,将言、行、情境、生命教育融为一体,充分利用生动、形象、逼真的情境,使学生产生身临其境的感觉,利用情境中传递的信息和语言材料,激发学生用英语表达思想的欲望,从而培养学生运用英语的能力,激起学生从整体上理解和运用语言,促进学生的语言能力及情感、意志、想象力、创造力等的整体发展。靠教师强制灌输的认识或感情是肤浅的,无法在学生心中产生共鸣。如同第一段教学片段,教师把春天说得再好,学生若不能感同身受,是无法形成热爱春天、热爱生活这一情感的。第二段教学片段中,教师在情境中让学生自我感知,从多个方面体验春天,真真切切地体会春天的美丽和趣味,从而产生相应的情感体验。

总之,情境创设不论在语言知识的教学中,还是生命教育的渗透中,都起着巨大而关键的作用。教师要做的是在教学时让学生在合适的情境中体验、感悟情感,从而形成积极正面的态度、价值观。

四、道德与法治学科

温馨贴士

1. 目录

品德与社会(道德与法治)[①]学科遍及五个年级,16 个主题。"生命美育"学科渗透温馨贴士目录整理如表 3-8 所示。

表 3-8 道德与法治学科"生命美育"学科渗透温馨贴士目录

学科	年级	主题	"生命美育"渗透要点
道法	一年级	镜子里的我	通过活动使学生正确了解自己,认识自己,悦纳自己。初步懂得每个生命体都有自己的特点,学会欣赏别人
道法	一年级	绿色的呼唤	根据学生的年龄特点,从学生生活情景出发,使之初步具有尊重并爱护自然与生命的意识,接触并喜爱小生命,从儿童的视角来引导儿童体会大自然中生命成长的可贵,设身处地地体会人与自然和谐相处的快乐与安宁

① 2016 年,义务教育阶段小学和初中起始年级的"品德与社会""思想品德"教材名称统改为"道德与法治",2019 年扩展至所有年级。本书统一用现名称作指代,简称"道法"。

为孩子美的生命奠基

学科	年级	主题	"生命美育"渗透要点
道法	一年级	人有两件宝	了解双手和大脑是生命中的两件宝,用好这两件宝,能创造美好的生活,提升生命质量
道法	一年级	六一,你好	通过各环节的活动,使孩子们感受六一儿童节的快乐和现在生活的幸福,热爱生活
道法	二年级	小手洗干净	养成爱清洁、讲卫生的良好生活习惯。懂得养成良好的卫生习惯有利于预防疾病、保障健康。知道并能实践正确的洗手方法。能在日常生活中养成开窗、勤洗手、不随地吐痰的良好个人卫生习惯
道法	二年级	我家的亲戚	认识家里主要的亲戚,能理清亲戚之间的关系以及称谓。学习怎样与亲戚交往,增强家族归属感。在与亲戚交往中体验亲情
道法	二年级	我们的小区	小区是我家,小区环境也是我们生活的一部分,明白"设施保护靠大家,小区美好了,人人都快乐"的道理,懂得保护小区环境、爱护小区设施有利于提高生活质量
道法	二年级	我的岗位	要有乐意为班集体尽一份力的积极心态;学习为集体服务的技能;感受在集体中服务奉献之美
道法	三年级	绿色的家园	懂得爱护绿色就是爱护生命,建设和爱护绿色家园,有助于实现人类和自然环境的和谐共处;懂得构建生态环境,营造美好家园是全人类共同的责任的道理
道法	三年级	相约世博会	学生通过对黄浦江母亲河两岸的变化与发展,感受上海前进的步伐。用自己的眼睛去发现周围的"世博",从而去体会世博会的主题"城市,让生活更美好"的真正含义,从而激起做好小东道主的意愿
道法	三年级	行行出状元	相信各行各业都能出人才,树立乐观自信的人生态度
道法	三年级	我是一个兵	通过收集解放军保卫祖国的事迹、欣赏赞颂解放军的歌曲、讲述英雄故事、参观部队等,感受解放军战士舍小家,为大家的奉献精神,体会生命的价值和意义
道法	四年级	和为贵	学会"小事不计较,得理也让人,有话好好说"等与人和谐相处的生活技能
道法	四年级	圆明园的控诉	知道为挽救民族危亡而牺牲的爱国志士的生命价值重于泰山

续　表

学科	年级	主题	"生命美育"渗透要点
道法	五年级	和平的呼唤	通过文本的细读,发现人类历史上两次世界大战造成的重大灾难,感受和平的珍贵,感受一切形式的侵略战争和恐怖活动是人类共同反对的,热爱和平,珍惜生命
道法	五年级	我们只有一个地球	发现只有保护我们的生存环境,才能提高我们的生命质量

2. 举例

陈玉珍老师关于四年级第二学期第二单元第八课"和为贵"的教学设计了温馨贴士,详见表3-9。

表3-9　"和为贵"中"生命美育"渗透温馨贴士

版块	道德与法治四年级第二学期"和为贵"
"生命美育"渗透要点	学会"小事不计较,得理也让人,有话好好说"等与人和谐相处的生活技能
教学建议	(1)学习教学中的故事,结合生活中的事例,感悟"和"能兴家、睦邻、兴业、兴国的道理,让学生懂得家庭要和睦,待人要和气,社会要和谐的道理; (2)创设生活情景,学习运用"小事不计较,得理也让人,有话好好说"的方式与人和谐相处,解决生活问题; (3)举行一次师生沟通对话或与父母长辈沟通的主题活动,讨论怎样用平和的态度、正确的方法处理师生关系及小辈与长辈之间的矛盾
渗透意图	(1)知道家庭要和睦,待人要和气,社会要和谐,和能兴家、兴业、兴国; (2)懂得心胸宽广,友好相处,初步学会在坚持原则、分清是非的基础上谅解和宽容他人
实践随感	在本节课的教学中,我根据学生的心理特点和兴趣爱好,设计了多种活动,让学生根据自己的学习方式,将自己学到的知识、技能恰如其分地运用于实践,体现了自主习得与内化的过程,这是生命教育学科渗透的核心所在。 在"比较探究,感悟'和谐'"这一环节中,通过学生自己动手,小组讨论后再表演的方式让每一个学生都动起来,不但活跃了课堂气氛,而且也激发了学生自主探究的欲望。同时,在愉快的活动中,学生自主感悟到"和"并不是"不同的东西随意组合",而是事物之间的"和谐相处"这一"和"文化的核心意义。 在"联系生活,感悟'和'的可贵"这一环节中,我让学生从班级出发,从身边的事说起,讲讲班级中和谐的事例。看似很普通的环节,却恰恰将课堂回归到学生真实的生活中,班级是离学生生活最近的,他们有话可说,有感可发,能与教学内容产生共鸣,这为下面环节的开展做好了铺垫。

版　块	道德与法治四年级第二学期"和为贵"
实践随感	在"辨一辨，演一演，学习怎样做到'和'"这一环节中，让学生在换位思考中，自然总结出人与人和谐相处的四条原则，并引导学生将所学的知识运用到实际生活中去。这些做法实现了品德教育回归生活的两次"飞跃"。在所有的教学活动中，有的动手，有的动脑，有的表演，生命关怀之温度也让课堂充满生命之活力。 　　只要我们在设计每一个教学环节时心中装着学生，在实施每一个教学细节时自然流露出对学生生命成长的尊重与呵护，生命关怀将无处不在
资源建议	【实践资源】 　　家庭中、班级里，居住的社区活动点，甚至公交车上，都可以观察和实践。 【建议】 　　(1) 了解什么是"和"； 　　(2) 感悟为什么要"和"； 　　(3) 学习怎样"和"； 　　(4) 课后收集关于"和谐"的公益广告和生活中不和谐的现象，运用所学解决生活问题，创建和谐的人际关系
教学点评	本课教学，陈老师通过让孩子们学习文本中的故事，结合生活中的事例，感悟"和"能兴家、睦邻、兴业、兴国的道理。课堂上，陈老师创设生活情景，教导学生运用"小事不计较，得理也让人，有话好好说"的方式与人和谐相处，解决生活问题，使孩子们懂得心胸宽广朋友多的道理，初步学会在坚持原则、分清是非的基础上谅解和宽容他人。陈老师在教学设计时联系学生的生活，感悟"和"的可贵，并让学生从班级出发，从身边的事说起，共谱班级和谐乐章。这一看似很普通的环节，恰恰将课堂回归到学生真实的生活，因为他们天天生活在班集体中，他们有话可说，有感可发，又能与教学内容产生共鸣，真可谓匠心独具。 （点评人：庄丽清）

五、音乐学科

（一）温馨贴士

1. 目录

音乐学科涉及四个年级，8 个主题，"生命美育"学科渗透温馨贴士目录整理如表 3 - 10 所示。

表 3 - 10　音乐学科"生命美育"渗透温馨贴士目录

学科	年级	主　题	"生命美育"渗透要点
音乐	一年级	大鹿	让学生初步树立爱护动物、保护动物的环保意识，初步懂得帮助弱小、关爱他人的道理

续　表

学科	年级	主题	"生命美育"渗透要点
音乐	一年级	小雨沙沙	鼓励学生去探索大自然,了解和热爱春天,激发学生对生活的热爱
音乐	二年级	小红帽	懂得独处的时候,如独自行走、独自在家等,一定要注意安全,合理保护自己
音乐	三年级	美丽的草原我的家	联系生活实际,唤起学生的环保意识
音乐	三年级	哦,十分钟	懂得爱惜自己的身体,鼓励采用"劳逸结合"的作息方式
音乐	四年级	乡情	感受音乐作品中描绘的"牛羊成群""骏马飞奔""彩蝶纷飞"的草原自然美景,联系生活实际,逐步唤起学生的环保意识
音乐	四年级	共同的朋友	进一步理解音乐作品中友谊的含义,懂得友情的温暖
音乐	四年级	春天的歌谣	让学生认识到美好的生活离不开优美的环境,从而教育学生爱护绿化,保护生态环境

2. 举例

　　闵培华老师关于一年级第一学期第三单元"小雨沙沙"一课的教学设计了温馨贴士,详见表 3-11。

表 3-11　"小雨沙沙"中"生命美育"渗透温馨贴士

版块	音乐一年级第一学期"小雨沙沙"
"生命美育"渗透要点	鼓励学生去探索大自然,了解和热爱春天,激发学生对生活的热爱
教学建议	从音乐欣赏《风和雨》入手,通过感受音乐所描绘的风和雨的形象,展开丰富的想象,能用唱、画、演等多种方式表现大自然的各种音响,体验感受大自然的奇妙
渗透意图	(1)春天是万物苏醒、生命萌动的季节,引导学生回忆、感受春天的气息,从音乐欣赏《风和雨》入手,通过感受音乐所描绘的风和雨的形象,展开丰富的想象,能用唱、画、演等多种方式表现大自然的各种音响,体验感受大自然的奇妙,鼓励学生去探索大自然,了解和热爱春天,激发学生对生活的热爱 (2)春天是人们辛勤耕耘、播种希望的季节,结合多媒体课件演示,学唱《小雨沙沙》,了解植物生长离不开阳光雨露的常识,在律动中体验植物生长的快乐,并能用活泼、亲切的歌声表达自己对大自然的热爱之情

续　表

版　块	音乐一年级第一学期"小雨沙沙"
实践随感	乌申斯基说过:"儿童是用形式、声音、色彩和感觉思维的。"在音乐教学中,运用美妙的旋律、生动的形象、感人的情景、绚丽的画面于教学之中定能收到事半功倍的效果。如运用电脑动画模拟自然界的情景,把一些无法看到的现象和较为抽象的原理,以动态的画面形式呈现在学生面前,从而揭示出自然科学的规律,使教学活动变得更直观,对知识的掌握也更容易。例如歌曲《小雨沙沙》以拟人化的歌词揭示了种子的成长过程。在教这首歌曲的时候,我制作种子发育的动画软件,通过屏幕,让同学们看到一颗沉睡的种子,在沙沙细雨的不断滋润下,慢慢长出了根,进而发了芽,最终破土而出。这不仅激发了学生的学习兴趣,还进一步帮助学生理解了歌曲内涵。利用多媒体"图文并茂"的特点,创设形象逼真、色彩鲜艳、动静结合的教学情境,激发了学生热爱大自然的情感 　　表演"风"和"雨"的不同音乐形象:部分学生即兴设计表演动作,部分学生即兴模仿雨声,部分学生用沙球、铃鼓、小铃等打击乐器的伴奏来烘托春风和春雨的情景。学生们用眼、耳、手、脑等多种感官同时接受刺激,展开丰富的想象,运用唱、画、演等多种方式表现大自然的各种音响。我为学生独特的见解、丰富的想象力和精彩的表演而喝彩,整堂课是每一个生命展现活力的舞台
资源建议	【资源平台】 　　(1)音乐小品《风和雨》,歌曲《小雨沙沙》的 CD——上海音乐出版社,上海文艺音像出版社; 　　(2)《小雨沙沙》课件——上海教育音像出版社 【活动建议】 　　(1)课前了解有关植物生长的知识; 　　(2)课后收集与春天有关的音乐作品、诗歌和美术作品
教学点评	春天是万物苏醒的季节,春天是人们辛勤耕耘、播种希望的季节,闵老师通过多媒体的演示,让学生了解植物生长离不开阳光雨露,引导学生在律动中体验植物生长的快乐,并用活泼、亲切的歌声表达自己对大自然的热爱之情。 　　在表演的环节,闵老师让学生充分展开想象,让学生用自己独特的见解、丰富的想象力去创造表演,整堂课是每一个生命展现活力的舞台。 　　　　　　　　　　　　　　　　　　　　　　　　(点评人:陈怡瑶)

(二) 教学案例

案例 5

展示生命的灵动　体验生命的价值
——"小雨沙沙"教学案例

闵培华

教育是基于生命的事业。生命教育是以生命为起点,激发教育的内在生命因素,发展生命、完善生命,以提升生命质量和生命意义为宗旨的教育理念。艺术与人的生命是息息相关的,尤其是音乐,它能够超越时空,沟通生命的信息,成为生命世界的共同语言。因此,音乐教育更有条件去激活、展示生命的灵动与飞扬,促进每个儿童创造性地、富有生命个性地发展。

一、课前准备

(一)指导思想

生命化音乐课堂是生命教育的重要组成部分,也是生命教育得以落实的重要路径之一。生命化音乐课堂以促进师生生命发展为根本,将教学原则、方法、形式、技术与生命教育的理念有机融合,通过课堂教学,促进师生生命和谐、自由、创造性地、富有个性地发展。

(二)学情分析

一年级的学生生性好动,对小学生活还不太适应。教师要针对学生的年龄、心理特点精心设计教学过程,并以亲切的教态、生动的语言、有趣的活动来激发学生对音乐的学习兴趣,让学生感受到上课的乐趣,体验当一名小学生的自豪,从而以愉悦的心情参与到学习环境中。课堂教学中,师生间应建立良好的合作关系,特别要重视学生音乐学习习惯的培养。

(三)教材分析

欣赏。《风和雨》是一首短小的乐曲,分为两段:前段旋律起伏连贯,描绘了风的形象,后段旋律短促跳跃,描绘了雨的形象。乐句短小精悍,形象生动,为儿童所喜爱。

歌唱。《小雨沙沙》是一首由四个乐句组成的一段体歌曲,2/4拍,宫调式。前两个乐句采用了重复和模进的手法,表现了"种子"和"小雨"对话的生动情景。第三乐句采用了紧缩的手法,第四乐句是前三句乐句的总结性再现,这两句体现了种子的生长过程,表现了春天万物复苏的蓬勃生机。歌曲的前奏和尾奏用相同的音型模仿了雨声,更生动地描绘了春雨蒙蒙的自然景象,为歌曲增添了无限乐趣。歌曲的写作拟人化,寓科学性于歌唱中,学生可以从浅显生动的歌词中懂得科学知识。

(四)学习目标

1. 欣赏音乐小品《风和雨》,辨别乐曲中"风"和"雨"的不同音乐形象,要求学生能即兴设计表演动作。

2.学生能用活泼、亲切的情绪演唱歌曲《小雨沙沙》，懂得种子发芽、生长离不开雨露的道理。通过角色扮演，培养学生的即兴表演能力。

（五）教学流程

1.创设以学生为主的平等的教学氛围

一分钟的导入教学在整个教学过程中起着举足轻重的作用，它是教师与学生情感交流和沟通的最佳时机，用律动代替传统的师生对唱问好歌，教师主动亲近学生，在创设平等教学氛围的同时，拉近了师生之间的距离。律动表演《河里小鱼游啊游》。教师在室内，学生由室外进入室内，师生互相做摇尾巴、点点头的动作，嘴里轻声打招呼："您好！"或"小朋友好！"音乐课在轻松愉快的律动中开始。

2.以生动有趣的方法解决教学难点

表演"风"和"雨"的不同音乐形象：部分学生即兴设计动作表演，部分学生即兴模仿雨声，部分学生用沙球、铃鼓、小铃等打击乐器的伴奏来烘托春风和春雨的情景。学生们用眼、耳、手、脑等多种感官同时接受刺激，展开丰富的想象，运用唱、画、演等多种方式表现大自然的各种音响。

3.理解歌词以把握情绪

运用多媒体课件，让同学们看到一颗沉睡的种子，在沙沙细雨的不断滋润下，慢慢长出了根，进而发了芽，最终破土而出的过程。这不仅激发了学生的学习兴趣，还帮助学生正确理解了歌曲内涵，声情并茂地演唱歌曲。利用多媒体"图文并茂"的特点，创设形象逼真、色彩鲜艳、动静结合的教学情境，激发了学生热爱大自然的情感。

4.通过音乐游戏、艺术表演，培养学生的创新能力

（1）音乐游戏：我是小小演奏家。提供学生多种打击乐器，如沙球、碰铃、双响筒、铃鼓等；多媒体出示节奏谱，找一个学生亲自试一试，由他自己决定用哪一种打击乐器为歌曲伴奏，其他同学则用身体各部分动作参与节奏的表现，至于效果如何，演奏完后大家自有比较。如果谁能设计出更合理的节奏型，老师要授予"小作曲家"称号。在演奏员练熟后，请部分同学加入"沙 沙｜沙沙0｜"的伴唱，感受春天小雨的沐浴。

（2）艺术表演：请同学们自己动脑筋创编动作，可分组讨论以小组为单位进行表演，也可以找愿意合作的伙伴两人一组，分别扮演小雨和种子进行表演。

（六）期望效益

（1）欣赏《风和雨》，通过感受音乐所描绘的风和雨的形象，展开丰富的想象，能用唱、画、演等多种方式表现大自然的各种音响，体验感受大自然的奇妙。

（2）歌唱《小雨沙沙》，了解植物生长离不开阳光雨露的常识，在律动中体验植物生长的快乐，并能用活泼、亲切的歌声表达自己对大自然的热爱之情。

二、首次尝试——"显"出缺憾

师：我们一起通过分角色扮演来表现美丽的春天。

生：老师，我扮演小鸟！

生：我扮演大树！

生：我扮演小花！

生：我扮演小猴！

师：你们自由选择吧，扮演树的同学分散在教室各处；扮演花儿的蹲在讲台前面；扮演小动物的同学就在座位上或站或坐；扮演风、雨的同学在教室里随意走动，模仿雨声和风声的同学，用沙球、铃鼓、小铃等打击乐器的伴奏来烘托春风和春雨的情景。

反思分析

1. 设计说明

先运用多媒体放映万物苏醒的美丽的春天的画面，配以悦耳的鸟鸣，营造一个与音乐相符的氛围，再让学生扮演角色随音乐即兴表演。

2. 发现问题

音乐响起，教室里嘈杂起来，原因很简单，大家都要扮演风和雨，因为可以使用打击乐器，还可以在教室里随意走动，最终扮演大树和花儿的都气鼓鼓的，很不乐意。不一会儿，愿意做小花的几位女生紧挨着在台前蹲下，你挤着我，我撞着你；其他扮演风和雨的同学也是挤在一起，迫不及待地在教室里乱舞和乱吹，扮演大树和动物的同学在座位上懒懒地做着动作，此时，除了嘈杂的碰撞声,根本就听不到音乐声,更别说是按音乐表演了。

3. 自我反思

(1)自流无序。生命化音乐课堂是活泼的、灵动的,动中有静,静中有动,应是井然有序的。让学生想怎样表演就怎样表演,没有表演的具体要求的话,因为学生的已有经验是有限的,表演方法也是有限的,再加上课堂上有学生发生争执,结果只听到学生活动时发出的音响,全然听不到音乐的声音,看似热闹的课堂缺乏的是艺术的氛围,这种无序的课堂教学可能会在短时间里受到学生的喜欢,但它不利于学生良好的学习习惯的养成,同时也耽误了学生掌握音乐知识的时间。

(2)措施主导。课堂是海,学生是船,教师是航标灯。教师的主导作用体现在做好学生学习中的方向引领、方法指导等,提高学生学习、应变及综合能力。教师的主导作用体现为在学习过程中起导向性、程序性和长效性的作用,做到开放课堂、广纳善取、激趣引思。

4. 改进思路

表演环节中采用小组合作的形式,但在小组合作前要做细致的交代,活动过程中也要恰到好处地引导。教师的主导要根据学生学习活动的形式、内容,或在之前,或在之中,或在之后给予学生适时的帮助。

三、再次实践——"悟"出真谛

师:我们分组进行角色表演,小组合作中,角色分配要明确,要求每个人既要努力表演好自己的角色,又要与同学通力合作,把教室当作一个很大的舞台,我们都是表演者,要把作品的内在美用一幅幅流动的画面展现出来,表现出与音乐一致的意境。

生:我们第一组扮演树木。

师:那你们怎样来表现树木在风中随风摇曳,怎样来表演它们生机勃勃的景象呢?你们小组讨论一下!

生:我们第二组扮演花草。

师:表现美丽的花儿可以做什么动作?绿茵茵的小草又可以摆哪些造型?你们组内互相交流一下。

生:我们第三组扮演各种动物。

师：每位表演者想好要扮演什么动物了吗？怎样表演更符合音乐的情绪和意境？你们组内商量一下。

生：我们第四组表演风、雨。

师：敲打击乐的同学，想想该用怎样的节奏模仿雨声和风声。

老师在学生讨论时适时指导，表演时恰到好处地引导并给予学生适时的帮助。

改进实效：

有的学生扮演小鸟，随旋律在"天空"自由飞翔；有的学生张开双手表示花儿盛开；有的学生扮成小树在随风摇曳；有的学生扮演各种小动物在玩耍嬉戏……他们边听边舞，完全融入音乐中，把作品内在美用一幅幅流动的画面展现了出来，接着第四组表演"风"和"雨"的不同音乐形象：部分学生即兴设计表演动作，部分学生即兴模仿雨声，部分学生用沙球、铃鼓、小铃等打击乐器的伴奏来烘托春风和春雨的情景。学生们用眼、耳、手、脑等多种感官同时接受刺激，展开丰富的想象，运用唱、画、演等多种方式表现大自然的各种音响，我作为旁观者为学生独特的见解、丰富的想象力和精彩的表演而喝彩，整堂课是每一个生命展现活力的舞台。

四、在改进中提升

生命化音乐课堂的自主体验不仅应该是自由、多元、灵动的，还应该是生命和谐、情感丰富、思维激荡、个性飞扬的；生命化音乐课堂的自主体验更应该是发自内心的和回归音乐的。

（一）发自内心

匈牙利著名作曲家李斯特说：在真正的音乐中，充满了一千种心灵的感受，比言词要好得多。生命化音乐课堂所追求的正是通过音乐让学生的情感世界得到丰富，心灵得到美化，艺术情操得到陶冶。因此，更加强调激发和尊重学生的内心感受，通过学生的自主体验，感受和感悟音乐，让学生通过聆听、感知音乐从而理解音乐，唤醒学生发自内心的真情实感，进而让学生通过音乐来抒发自己的真实感受，表达自己内心的情感。实现培养学生音乐兴趣、开阔音乐视野、丰富情感世界的目标，为学生终身喜爱音乐、学习音乐、享受音乐奠定良好的基础。

（二）回归音乐

生命化音乐课堂教学强调音乐课要有音乐课的特征,任何活动必须要以音乐为载体,充分运用音乐要素,使之贯穿于教学始终。马克思说,通过音乐并在音乐中教育我们的孩子。所以,音乐课中,我们要把非音乐性的或泛音乐性的教学内容挡在课堂之外,以防其泯灭音乐艺术学科特点,冲淡艺术本身的鲜明个性,使音乐仅是教学活动的一种"背景"。我们要引导学生在丰富多彩的教学形式中挖掘、渗透、感知音乐教学中的音乐本体,让孩子们把自己的身心融入音乐之中,用表情、歌声、律动、舞蹈等表达对音乐的感受和理解。音乐之审美要真正通过孩子自身的体验来获得,整个音乐教学过程都应以音乐的美感来获取,以音乐中丰富的情感来陶冶学生的情操。

如何在音乐课堂中体现学生生命的价值,这是一门艺术,需要不断地探索和长期的研究实践。让我们继续追求,让每一个学生的生命在音乐的世界中全面而和谐,自然而灵动,富有个性和创造力地成长。

六、体育学科

温馨贴士

1. 目录

体育学科涉及四个年级,7个主题,"生命美育"学科渗透温馨贴士（部分）目录整理如表3-12所示。

表3-12　体育学科"生命美育"学科渗透温馨贴士目录

学科	年级	主 题	"生命美育"渗透要点
体育	一年级	"快乐健身、快乐成长"游戏活动	让学生在快乐的游戏中得到身体的锻炼,使学生健康地成长,激发他们建立终身进行体育锻炼和生命在于运动的意识
体育	一年级	"快乐健身、快乐成长"创意设想	让学生通过各种渠道了解生活中还有哪些不需要专门的锻炼场所就能进行体育锻炼从而使身体得到健康成长的方法,再一次强化生命在于运动的理念

续　表

学科	年级	主　题	"生命美育"渗透要点
体育	一年级	珍爱生命、合作创新——游戏"红绿灯"	了解"红灯停、绿灯行"的交通法规,养成良好的行为习惯,形成珍爱自我、珍爱生命的意识
体育	二年级	合作互助、享受乐趣	要求学生在活动中学会自我保护与互相保护的方法,增强团结友爱的精神,进一步了解珍爱自身、珍惜生命的意义
体育	三年级	快乐田径:4分钟定时跑	培养学生创新意识以及小组合作意识,体会集体的力量。加强学生的责任感,从而培养他们的责任心,懂得生命的价值,学会珍惜生命

2. 举例

马俊老师关于一年级第二学期游戏"红绿灯"的教学,温馨贴士详见表 3-13。

表 3-13　游戏"红绿灯""生命美育"渗透温馨贴士

版　块	体育一年级第二学期游戏"红绿灯"
"生命美育"渗透要点	了解"红灯停、绿灯行"的交通规则,树立良好的行为习惯,形成珍爱自我、珍爱生命的意识
教学建议	(1) 本课适合低年级学生,以先直观教学,再模仿,最后尝试创编的过程推进为宜; (2) 让学生在生活中直观认识"红灯停、绿灯行"的交通规则,了解违反这些规则会有什么后果,初步建立安全意识; (3) 联系学生生活实际进行"珍爱生命、合作创新"教育时,注意引导学生了解基本交通法规以及安全常识
渗透意图	以"珍爱生命、合作创新"为主题,通过教材游戏化激发学生的学习积极性,发挥学生主体作用,通过游戏规则的制订与遵守,使学生在游戏过程中体会交通规则的重要性,了解珍爱生命的意义,形成团结互助、积极进取的良好课堂氛围
实践随感	在本课的进行中,我穿插了一些基本的交通法规知识教给学生,结合课前布置的作业,学生在这堂课中不但锻炼了身体,对于交通法规也有了一些了解,更关键的是通过课中一些游戏规则的制订,学生不但了解了这些规则,更清楚地知道这些交通规则的遵守对于保护自己的生命安全是非常重要的

续　表

版　块	体育一年级第二学期游戏"红绿灯"		
资源建议	【网络资源】 　　学生课前作业：利用网络搜索"交通规则"，主要记录关于红绿灯的交通规则的描述。 【建议】 　　1. 学生在利用电脑查找这些资料的时候，也可以让家长一起参与熟悉这些交通规则，也为家人来一次交通规则的复习，提高家庭成员安全意识； 　　2. 遇到一些不明白的问题，可以留到课中或者一些合适的时机向老师请教，或者和同伴们一起讨论		
教学点评	在本堂课教学中，马老师很好地利用了学生的身边事物来启发学生、教育学生，从一个深刻的角度给予学生警示。"珍爱生命"不是简单语言所能表达的，必须通过直观而又不能让人觉得枯燥的形式来让学生进行感受与体验。学生通过游戏激发了兴趣，从兴趣出发感受到了生命的珍贵，这一循序渐进的过程使得教学效果提升的同时，也让学生对于生命教育的体验显得如此真实。 　　　　　　　　　　　　　　　　　　　　　　　　　　（点评人：蔡剑光）		

七、美术学科

（一）温馨贴士

1. 目录

美术学科涉及三个年级，6 个主题，"生命美育"学科渗透温馨贴士目录整理如表 3-14 所示。

表 3-14　美术学科"生命美育"学科渗透温馨贴士目录

学科	年级	主　题	"生命美育"渗透要点
美术	一年级	认识交通标志	发现生活中的交通标志，认识交通标志的重要性，进行遵守交通规则教育，让学生通过本课认识并学会制作交通标志，增强安全意识和提高自我保护能力
美术	一年级	未来汽车	让学生了解现代汽车业的发展在不断提高人们生活质量的同时，也大量消耗着有限的石油资源，同时造成环境污染、破坏生态平衡。让学生认识到珍惜石油资源，保护生态环境的重要性，从小树立保护绿色地球的信念
美术	二年级	我给鸡鸭画个像	让学生在欣赏中发现自己的观察结果，激发他们对动物的热爱，养成细致观察，大胆表现的学习习惯

续　表

学科	年级	主题	"生命美育"渗透要点
美术	二年级	快乐家庭	在装饰活动中,激发学生对人物细节特征进行深入观察与了解的兴趣,感受家庭的温暖和长辈的可爱可亲
美术	三年级	花儿朵朵	(1)教学中通过对马蒂斯及其他画家作品的欣赏,观察花卉的色彩,分析色彩的调配; (2)通过教学让学生了解四季的不同花种,感受花朵的美丽,告诉孩子们自然界有许多美好的东西等着他们去发现,培养同学们保护自然环境的爱心
美术	三年级	奇思妙想	(1)要求学生通过想象,为未来生活画一幅画,培养创造思维,树立努力学习,立志创造美好未来的志向; (2)画出具有创造性的图画; (3)激发学生的想象力

2. 举例

叶军老师关于一年级第二学期第五单元"流畅的交通"之"未来汽车"的教学设计了温馨贴士,详见表3-15。

表 3-15　"未来汽车"中"生命美育"渗透温馨贴士

版块	美术一年级第二学期"未来汽车"
"生命美育"渗透要点	让学生了解现代汽车业的发展在不断提高人们生活质量的同时,也在大量消耗有限的石油资源,同时造成环境污染、破坏生态平衡。让学生们认识到珍惜石油资源,保护生态环境的重要性,从小树立保护绿色地球的信念
教学建议	(1)认识汽车的基本结构; (2)从新外形、新功能、新能源几个方面引导学生想象未来的汽车形态; (3)结合新能源的利用,教育学生树立环保理念; (4)大胆想象、创新设计,让学生画出心目中低碳环保的未来汽车形象
渗透意图	(1)通过图片资料,了解汽车对环境造成的污染。同时,由于汽车越来越多,造成交通拥堵等,影响人们的生活质量; (2)以"低碳环保、新能源、新功能"为设计思路,让学生大胆想象未来汽车的造型,引导学生从利用风能、太阳能、电能等环保能源的角度,构思设计具有环保理念的汽车形象; (3)通过师生交流、生生交流的形式,知道设计新功能、新能源汽车对环境的保护,对人们的和谐生存的重要性

续　表

版　块	美术一年级第二学期"未来汽车"
实践随感	（1）教学中通过课件展现汽车拥堵、排放废气造成环境污染等画面，让学生展开讨论汽车对环境的不利影响； （2）通过这一教学环节，让学生体会到汽车给我们的生活带来的极大变化，方便我们的出行，但同时不断消耗着地球上有限的石油资源，同时排放的废气不断地污染我们环境，长此以往对我们的生活、生存造成不利的影响，从而认识到，保护环境就是保护我们自己，进而引出设计无污染的环保汽车，改善我们的生活、保护我们的生活环境的重要意义。教学中间接地渗透生命教育，让学生知道，生命关怀无处不在，关注自己身边的事物、关注自己的生存状态，让生命教育润物细无声地走入我们的课堂
资源建议	【预习】 （1）通过查阅资料了解汽车对环境的污染、危害，以及未来汽车设计的新理念； （2）观察马路上汽车的外形特点。 【建议】 （1）本课以同桌形式两人进行交流，课前提示引导学生； （2）提前布置预习内容，收集信息供课堂分享； （3）教学过程联系实际生活中汽车废气排放对空气的污染，对环境的危害，教育学生保护环境，节约能源
教学点评	让学生感受现代生活中，资源浪费、环境污染对人类发展的危害。引导学生畅想未来科学技术通过"低碳环保、新能源、新功能"改善我们的生活与环境。运用多媒体课件，向学生展示各种图片、视频资源，让学生获得直观感受、视觉震撼，这更有利于学生的思考、想象，促其感受生命的重要。 （点评人：石燕）

（二）教学案例

案例 6

让美术课留下"生命教育"的足迹

——生命教育在"未来汽车"中的渗透教学

叶　军

一、案例描述（背景）

"未来汽车"是小学美术新教材（上教版）第二册第五单元"流畅的交通"主题中的内容，考虑到学生都喜欢汽车，我们抓住学生对汽车的喜好，引导学生对未来汽车进行构思，让学生沉浸于想象的天地中，产生无限的遐思，画出儿童眼光中的环保、新颖的未来汽车。同时,在教学环节中渗透生命教育,让学生认识到汽车尾气排放对于环境的污染,从而引起学生对环境保护的重视,对生命的关注。

二、在实践中反思

以下展示几个教学片段。

(1) 通过多媒体课件展示各种汽车造型。

师:同学们,随着我们生活水平的提高,汽车成为我们出行必不可少的交通工具。我们来看看我们周围的汽车。

(2) 带领学生讨论,找出目前汽车存在的不足之处。

师:汽车给我们生活带来了很多的便利,但也给我们带来了很多麻烦,想一想,在生活中你看到、遇到那些因为汽车造成的麻烦?

生1:上学途中,交通拥堵。

生2:小区里,停车位紧张,挖掉了绿化,改造成停车场。

生3:到了没路的地方,要是汽车能飞就好了。

(3) 引导学生想象未来汽车的外形和功能。

任课教师反思分析

(1) 实施后发现的问题:本意希望学生能够从汽车尾气排放对环境造成污染入手,说明汽车的不足之处。但学生的反馈多而杂,不能有效地让学生从环保的理念方面加以深入,无法让学生认识到,保护环境、关注生命发展的重要性;

(2) 针对这一问题,我觉得提问的方式、引导学生思考的方法上必须做一些改变;

(3) 如何让学生针对性地去思考?如何引导学生直接切入主题,认识到以石油为动力的汽车消耗着有限的能源,同时排放的废气污染着环境,对人类的生存不断造成影响。

教学中通过真实生活中的汽车尾气排放,被沙尘污染的城市,因环境、气候改变带来的自然灾害等照片深刻而直接地冲击学生的感官,激发学生深入思考,理解保护环境对于保护人们生活、生存空间是多么重要。

三、在反思后改进

通过课后反思,我把学生对未来汽车的理解,分解为多个环节。首先,让学生从新功能、新造型、新能源三个方面去思考,创造、构思未来汽车的形象。其次,牢牢抓住新能源这个切入点,引导学生理解现代汽车对环境的污染,从而让学生从环保、循环利用等方面设想新能源汽车的造型;最后,让学生认识到,改变一辆汽车,意味着对生命的尊重,对自我生存空间的保护。

(1) 课件展示城市景观照片,比较两张照片的区别。

师:同学们看看上海外滩漂亮的景色,天空是多么美丽。

但有时候,上海的天空是灰蒙蒙的,这是为什么呢?

生1:空气中有很多灰尘。

生2:我们的空气被污染了。

(2) 引导学生思考是什么造成了空气的污染。

师:是什么造成我们的空气污染的?

生:汽车尾气、化工厂废气排放,等等。

(3) 学生反馈、教师总结:汽车尾气排放是造成污染的重要原因之一。

(4) 让学生思考、构思能够用于汽车的没有污染的新能源。

师:同学们,汽车使用的汽油、柴油是从有限的石油资源中提炼出来的,总有一天地球上的石油将会耗尽。想想是否有零污染或污染很小的能源可以代替汽油、柴油呢!

(5) 提示生活中的太阳能、风能、电能等。

生1:太阳能。

生2:风力发电。电能推动汽车跑。

教师展示各类电动车、太阳能车、燃料电池车的照片。

任课教师反思分析

总体阐述改进的实效：

（1）教师方面，在改进教学环节之后，整体教学条理更清晰、更紧凑。在启发学生用创造性思维构想新功能、新外形、使用新能源的未来汽车的同时，也在无形中让学生接受了环保教育，从而认识到环境保护对人们生活的重要性。

（2）学生方面，经过了解汽车尾气污染对生态环境的破坏，学生认识到可以用风能、电能、太阳能等低碳环保的能源来设计未来汽车，减少对环境的污染，保护自己的生存环境。由此，学生作品中很多构思都围绕着太阳能、风能来设计未来汽车。

四、在改进中提升

作为生命教育的隐性课程，在美术教学中蕴含着丰富的生命教育内容，结合"二期课改"，发挥学科优势，我们对在学科教学中渗透生命与健康、生命与安全、生命与成长、生命与价值、生命与关怀的教育进行了初步探讨，以期帮助学生认识、感悟生命的意义和价值，培养学生尊重生命、爱惜生命的态度，学会欣赏和热爱自己的生命，进而学会对他人生命的尊重、关怀和欣赏，树立正确的世界观、人生观和价值观。"未来汽车"是一节儿童画创作课，把设计使用新能源、新造型、新功能未来汽车作为切入点，引导学生思考汽车在能源消耗、环境污染上对人们生活状况的破坏。在教学过程中对学生的生命态度形成进行引导和干预。在此基础上，引导学生思考如何设计新造型、新功能、使用新能源的未来汽车，来改变现代汽车污染环境的现状，让我们的生活变得更低碳、更环保，并通过大量的图片资料，启发学生创意构思，突破固有的思维，一步步深入，创作出富有独创性的作品。对于学生的生命教育，也在无形中进行了渗透。

八、自然学科

温馨贴士

1. 目录

自然学科涉及两个年级,2个主题,"生命美育"学科渗透温馨贴士目录整理如表 3-16 所示。

表 3-16　自然学科"生命美育"学科渗透温馨贴士目录

学科	年级	主题	"生命美育"渗透要点
自然	四年级	用电安全	电能在生活中得到越来越多的运用,指导学生正确地使用电源、电器,了解用电常识
自然	五年级	水循环	环境问题是目前人类关注的一个焦点,小学生了解当前环境现状有助于其理解人类和自然环境和谐共处的意义

2. 举例

此处以四年级第二学期第七单元"用电安全"的教学为例设计了温馨贴士,详见表 3-17。

表 3-17　"用电安全"中"生命美育"渗透温馨贴士

版块	自然四年级第二学期"用电安全"
"生命美育"渗透要点	电能在生活中得到越来越多的运用。通过本课学习知道如何正确地使用电器,增加用电常识
教学建议	(1) 了解生活中各类电器的使用状况; (2) 知道如何安全用电; (3) 增加用电常识
渗透意图	安全用电的内容力求从学生身边的事例中去找,这样容易激发学生的学习兴趣和探究欲望,同时使学生进一步体验、感悟安全用电的重要性。如播放松江新桥的特大火灾事故的新闻录像等
实践随感	家用电器火灾和触电事故案例分析 案例一:一户人家不注意用电安全,用铜丝代替保险丝,致使导线过热引起火灾,最终人被烧伤,房屋被烧毁。思考,为什么在用电中,铜丝不能代替保险丝使用?

续　表

版　块	自然四年级第二学期"用电安全"
实践随感	案例二：一位小学生在高压变电器旁玩,不幸触电身亡。思考,为什么人们不能在高压变电器、高压电线下。 　案例三：2007 年 9 月 18 日傍晚,台风"韦帕"影响上海,晚上 6 点 30 分左右,闸北区汶水路近江场三路口,一名 21 岁的上海籍男青年在涉水路经此地时不幸触电身亡。事发不久,又有两名男子路经此地时突然惊叫起来,大喊水中有电,拔腿就往回逃。后发现已有一名青年在离一金属广告灯箱不远的地方躺倒在地。两人顿感情况不对立即报警。警方和电力部门赶到现场以后,发现广告牌周围水中确实有电。电力部门抢修人员立即切断了进入广告牌的电源。120 急救人员赶到现场施救。但该男子已不治身亡。思考：从上面的事例中,我们吸取什么教训?
资源建议	【网络资源】 　网络搜索关键词"安全用电" 【实践资源】 　各地供电所;用电安全办公室 【建议】 　本课以小组形式进行实践交流。课前分组,6 人一组,选好组长。 　让学生找一找生活中存在用电隐患的地方,最好是照片,供课堂分享
教学点评	这节课,卫老师利用相关资源结合用电安全开展教学,从相关的故事和案例中学习总结用电常识,让学生能够更好、更全面地了解、运用有关电的知识,体现了安全教育的理念。　　　　　　　　　　　　（点评人：陈斌）

九、信息科技学科

温馨提示

1. 目录

信息科技学科涉及一个年级,4 个主题,"生命美育"学科渗透温馨贴士(部分)目录整理如表 3-18 所示。

表 3-18　信息科技学科"生命美育"渗透温馨贴士目录

学科	年级	主题	"生命美育"渗透要点
信息科技	三年级	身边的信息	懂得信息技术工具能够在人们生命遇到危险的时候发挥作用,帮助人们摆脱困境,保护生命
信息科技	三年级	一封电子邮件	懂得网络道德的重要性,养成健康上网的习惯。知道邮件病毒的危害性,养成信息安全意识

续　表

学科	年级	主　题	"生命美育"渗透要点
信息科技	三年级	快乐的校园是我们的家	本单元是对学生信息素养的一个综合性操练。通过观察和分析,在提升学生对校园热爱的同时,发现校园中可能存在的安全隐患和产生的原因,并为校园安全提出合理化建议。通过小组合作等方式开展主题活动,综合运用信息技术设计完成一份演示文稿作品

2.举例

此处以三年级第二学期第三单元"一封电子邮件"的教学为例设计温馨贴士,详见表3-19。

表3-19　"一封电子邮件"中"生命美育"渗透温馨贴士

版　块	信息三年级第二学期"一封电子邮件"
"生命美育"渗透要点	懂得网络道德的重要性,养成健康上网的习惯。知道邮件病毒的危害性,养成信息安全意识
教学建议	(1) 掌握如何发送电子邮件; (2) 掌握如何接收、阅读电子邮件; (3) 了解并能简单识别垃圾邮件; (4) 增强网络安全意识
渗透意图	(1) 知道通过浏览网页,能使获取信息变得更快速,更便捷,有利于提高学习、工作效率; (2) 围绕"一封电子邮件"通过实践,即师生和生生间互发邮件,知道使用网络可以方便地与人交流,从而增进相互间的了解,并自觉摒弃垃圾邮件和不健康网络内容,养成良好网络道德素养; (3) 通过"一封电子邮件"这一主题教学活动,养成学生健康上网习惯,树立时间观念,不沉迷于网络
实践随感	"一份电子邮件"是三年级信息科技第三单元的一节课,第三单元是有关"网络浏览和网上通信"的教学内容。而"一份电子邮件"这一课主要是让学生掌握如何收发邮件、如何阅读邮件、了解并能简单识别垃圾邮件、增加网络安全意识。 在此课中,我从 E-mail 引入,不但使学生对电子邮件加深了印象,同时能够结合生活实际,理解电子邮件在实际生活中的应用。发信和收信是使用电子邮件最基本的技能。我十分注重让学生多练习,并且强调两点:① 收信人地址非常重要,如果错误就无法送达;② 培养良好的格式意识,规范的书信格式是对收信人的尊重。

续　表

版块	信息三年级第二学期"一封电子邮件"
实践随感	同时这节课也涉及一些邮件的安全和规范知识,要让学生了解垃圾邮件的危害性,并学会用简单的方法识别垃圾邮件。同时让学生理解,预防垃圾邮件必须从自身做起,个人所发出的邮件信息内容必须健康、文明。 　　通过这一教学案例,我认识到信息科技的三维目标与"两纲"的要求是统一的。因此,信息科技学科教学也是增强学生的国家意识和文化认同、使学生形成健全的公民人格、对学生进行珍爱生命教育的重要途径。信息科技学科教师应该把认识生命、珍惜生命、尊重生命、热爱生命的四项重点自觉地、自然地融入具体的教学实践中去
资源建议	【课外拓展】 　　回家后,请你用今天所学的知识给你的好朋友或爸爸妈妈发一份邮件,主题为健康上网
教学点评	本课教学,吴老师围绕"一封电子邮件"这一主题,通过教师引导、学生实践,师生和生生间的互发邮件等教学设计,使学生知道使用网络可以方便地与人交流,从而增进相互间的了解。同时,学习如何识别垃圾邮件和不健康网络内容。吴老师精心设计,创设开放、活泼的教学情境,在教学过程中充分体现有关养成学生健康上网习惯,树立时间观念,不沉迷于网络的安全教育理念。同时将学生的情感体验贯穿于整个教学过程,较好地落实了生命教育的理念。 　　　　　　　　　　　　　　　　　　　　　　　　　　　(点评人:倪培)

第四章 | "生命美育"感受体验式课程之校本课程的开发与实施

拓展型课程、探究型课程是上海市普通中小学课程的重要组成部分。专题教育课、兴趣活动课、班团队活动、社会实践、探究课程等是校本课程的重要组成部分。北蔡镇中心小学注重根据学生不同基础、不同兴趣和个性特点，结合学校注重通过实践体验活动培养学生综合素养的传统优势，在拓展型课程、探究型课程中将"生命美育"予以校本化开发，课程化实施。

校本课程的开发与实施，结合学校原有的校本课程基础，进行了重新梳理，构建了四大系列课程。第一是生命系列，以"生命"为主题，围绕学生生命成长体验，挖掘美育元素，形成"生命·成长""生命·践行""生命·精彩"课程。第二是关心系列，以"心"为主题，走进学生心灵、倾听学生心声、开启学生心智，形成"生存·自护""心门·心窗""点亮心灵"课程。第三是探究系列，强调学生问题意识的培养，激发学生的好奇心和求知欲，自主设计探索未知，形成"银杏探究"和"主题探究"课程。第四是充分利用优质的社会资源、家长资源，开阔学生的眼界，形成"家校共育"课程。这四大系列课程将有机地融入"雅健·生命与健康""雅怀·品格与社会""雅容·人文与情怀""雅趣·科学与创新""雅致·艺术与审美""雅思·乐学与善思""雅量·理解与包容"七个主题版块课程中。

第一节　开发目标

北蔡镇中心小学在"生命美育"总体目标、分年级目标引领下，有目的、有计划、有针对性、成系统地设计、开发、实施"生命美育"校本课程。校本课程实施载体、主题及目标详见表 4-1。

表 4-1　"生命美育"校本课程实施载体、主题及目标

系列	课程版块	实施载体	主题	总体目标
生命系列	生命·成长	仪式教育	入学典礼，入团仪式，少先队入队仪式，十岁集体生	引导学生体验学校班集体、儿童团、少先队等各类组织在自身成长过程中的重要作用和意义，懂得要用自己的实际行动为组织

续 表

系列	课程版块	实施载体	主 题	总 体 目 标
生命系列	生命·成长	仪式教育	日仪式,红、绿领巾结对仪式,毕业典礼等	争光,体现自身价值。通过探究感悟法,引导学生倾听美的声音、欣赏美的色彩、寻找美的事物、品尝美的滋味、分享美的回忆、创造美的作品等,去发现、体验生命成长环境中的美好
	生命·践行	社区服务	响应无烟总动员,吹响垃圾集结号,心手相牵,守望生命,我与绿色同行,我与祖国共成长,携手空巢老人,感恩路上文明行等	引导学生通过家校共育实践课程,"小手牵大手",发现和解决生活中的实际问题,体验和感受环境保护对于提升生命质量的重要作用。在社会生活实践中学会欣赏别人,以实际行动关爱生命,懂得友好地与他人相处,达到"天人物我"的和谐统一,体验生命的价值,激发生命潜能,提升生命品质
	生命·精彩	社团活动	绘画、陶艺、手工制作、硬笔书法、思维拓展、浦东说书、中国茶艺、家居艺术、十字绣、经典诵读、摄影、岗位体验等	开展中国茶艺、风味小吃等与美化生活相关的系列社团文化特色探究主题活动,让学生深切感受生活的多姿多彩和有滋有味。感受生命的美好,激发创造生命之美的热情。学会用审美的态度对待生活,不断创造、扩展、弘扬人的生命价值
"关心"系列	生存·自护	校班会课	交通安全、食品安全、活动安全、用电安全、游泳安全、消防安全、家居安全、网络安全、野外生存安全、公共突发事件等	从探究活动着手,从生活实际着眼,从家庭、学校向社会扩展,从课堂向课外延伸,从生活琐事向突发事件应急拓展,关注学生生命安全与生存各方面,培养学生探索生命之美的兴趣和能力
	心门·心窗	专题教育	心窗:心理健康教育、健康教育、环境教育、禁毒教育、法制教育等;心门:安全伴我行;安全自护、心灵氧吧、形象自塑等	引导学生正确认识自己,悦纳自己;懂得欣赏自己和他人生命的珍贵和美好;产生提高自救能力,创造美好生命的愿望;掌握各种场合礼仪的基本规范;懂得捍卫生命尊严,同时学会保护自己的合法权益;能够怀着积极的心态面对生活,善于发现生活的美;树立积极正确的生命审美观
	点亮心灵	主题实践	我与家庭、我与集体、我与城市、我与祖国、我与地球等	从生活实际出发,激励学生用实际行动去创造生命的美、生活的美、生态的美。在责任感驱动下能为自己行为负责,与人为善,擅于合作,长于实践,提高自我实现能力,体验创造美的快乐

续　表

系列	课程版块	实施载体	主　题	总　体　目　标
探究系列	银杏探究	探究课程	银杏的医药价值探究、银杏食用的安全、我与银杏同成长、银杏价值、银杏文化、银杏精神	引导学生以美引真,激发他们学习银杏坚韧不拔的自强精神和质朴无华的务实精神;以美寻善,领悟生命世界中天人物我和谐统一的价值与意义;以美促美,懂得在实践中对自己与他人生命予以尊重、关怀和欣赏的态度
	主题探究	探究课程	生命密码、童创暖巢、生活品质、生机湿地、银杏之旅、自然笔记等	从生命美、生活美、生态美三个维度,以主题推进的方式确定内容框架,围绕生活情境,以解决实际问题为主要特征,使学生发现并形成真实问题需求,通过研究、设计、制作、体验等实践过程,培养学生关键能力
家校共育	家校共育	社会实践社区服务	亲子游戏课程、亲子公共安全拓展课程、亲子爱心公益课程、亲子创业课程、亲子研学课程等	让家长成为家校共育课程的开发者、实施者、管理者和评价者,成为孩子生命成长的守护者,以此引导家长关注学生生命健康成长,形成家校协调一致的育人合力

第二节　具体内容

　　各班师生每年根据学校"生命美育"育人目标,结合各年级和班级实际,自主将校本课程分解。一般为每周或双周一主题,各主题之间呈现相互联系、螺旋递进的特点,做到有目标、有主题、有内容、有评价。丰富的校本课程文化、有形的活动载体、完整的实践项目、深刻的道德体验、课程化阵地式系列教育,凸显了校本课程在落实"生命美育"中的独特教育作用和优势。

一、"生命·成长"课程

　　"生命·成长"课程根据每个年级的特点,确定着眼点,并依据目标内容,在不同年级设计相关的教育课程。在学生喜闻乐见的仪式教育系列课程中,通过实践引导学生懂得自身的成长与学校的发展、祖国的发展密切相关,促使他们领悟成长的美。

小学一年级"成长—萌芽"入团仪式上,家长们骄傲地看到自己的孩子虽然还是稚嫩的绿苗苗,但已经萌发出成长为祖国栋梁之材的志向;二年级"成长—立志"入队仪式,家长和孩子互戴领巾,家长在队旗下鼓励自己的孩子立下好好学习,长大报效祖国的志向;三年级"成长—感恩"十岁集体生日中,家长和孩子互相写信彼此感恩,幸福的眼泪和温暖的拥抱让现场弥漫着令人感动的亲子温情;四年级"成长—合作"拓展活动让孩子们和家长成为团队,彼此信任,精诚合作,在一次次的闯关活动中不仅学生领悟到合作的真谛,亲子间的感情也迅速升温;五年级"成长—放飞"毕业典礼上,孩子们用精彩的才艺感恩着母校五年的培养,家长陪伴着孩子们一起勇敢放飞自己的梦想。

案例 7

"成长—合作"拓展活动课程方案

北蔡镇中心小学四年级教研组

一、课程目的

(1)培养学生积极正向的竞争和合作意识,认识到合作对于一个集体的重要性,学会更好地与他人进行沟通与协调,优化人际环境;学会在合作与竞争中尊重对手、理解他人,取长补短,携手共进。

(2)培养学生的抗挫折能力,让学生在解决问题和应对挑战的过程中,达到"熔炼团队,净化心灵、磨炼意志、陶冶情操"的训练目标。

(3)培养执行力和纪律性,服从团队统一安排,遵守共同的承诺与约定,增强学生的责任意识、大局意识和自律意识。

(4)在挑战的项目中,学会独立思考,认识自身潜能,增强自信心,学会发挥潜能以促进个人能力的突破,创造激情团队,迎接艰巨挑战。

(5)通过活动加强老师、家长和学生之间的沟通互动,增强彼此间的感情。让每一个人通过活动了解任务的完成绝不是靠一个人的智力、体力和能力就能取得的,集体的凝聚力是取胜的关键。只有团队中的每个个体相互团结,相互帮助,才能共同完成团队的目标!

二、实施时间

2016 年 6 月 26 日—27 日。

三、实施地点

奉贤小木屋会务中心。

四、课程安排

第一天：出发前往营地；分配房间；破冰热身；午餐；10 项任务挑战；休整；篝火晚会。

第二天：早餐；嘉年华；桌餐；绘制梦想；愉快返程。

五、活动要求

（1）以班级为单位组建团队时，各班级内部要尊重学生，由他们自由选择组建成几个小队。在训练的过程中，既要有小队成员之间的合作，也要有班级之间的竞争。在竞争中体验合作的愉快。

（2）各小队要确定队名，并设计口号；要进行各团队骨干的竞选，选出自己认可的精神领袖，从而创造良好的训练氛围，激发热情与斗志。

（3）各班主任和训练教练必须高度重视，拓展训练的目的必须明确。就活动而言，学生出去玩也是活动，但是那毫无意义，而且学生也不会玩。我们要对学生讲明拓展训练实际上是一门课程，一门培养学生情商的课程。当今社会，一个人的成功，百分之三十是智力，百分之七十则取决于一个人情商的高低。班主任必须认识到，我们这样做的目的是要让学生在责任中体验快乐，在自律中找到自由，在竞争中学会合作和沟通，在团队建设中体验集体的温暖、学会奉献。我们要更多地明确个人的行为对团队的影响，从而激发学生对班集体的热情、对同学的信任、对学习生活的热爱，培养学生的责任意识、自律意识、大局意识、熔铸团队精神。所以我们的目的是抓住这个契机，凝聚班集体的合力。

（4）家长既要在亲子活动中主动与孩子合作完成任务，又要在小队活动中担任特邀辅导员，协助孩子们完成任务。家长们可以提出建议，帮助孩子们分析利弊，但不可以影响孩子们的判断和决策，所有的判断和决定必须由孩子们自己商议后得出。

六、课后总结

（1）班主任感言。在四年级的团队亲子拓展活动中，听到最多的就是父母和孩子们的笑声，看到最多的就是父母和孩子们的笑容。他们在一起有商有量，团结合作，完成闯关任务。活动最大的成功之处就是在父母与孩子之间建立了良好的沟通,让家长明白了尊重孩子的意见,学会聆听孩子的心声,再增加一点适当的建议和要求,就是最棒的家庭教育方式。

(2)家长感言。有一位家长在活动后说了一段话,她说:真正地陪伴孩子做一些有意义的事情,在这些活动中,学会和孩子沟通,学会让孩子思考,学会放下身段与孩子交朋友,去发现孩子的优点,也许你会发现原来教育是一件简单的事儿,孩子转眼间就长大了,不要错过和他相处的日子,不要错过他现在还愿意与你沟通的日子。

二、"生命·践行"课程

"生命·践行"课程是社会实践系列课程,以"生命关注""传统文化""生活情趣""民族文化""展望未来"为主题,开展中国茶艺、风味小吃、陶艺等与美化生活相关的系列文化特色探究主题活动,从而逐步形成"生命美育"社会实践系列课程。

"生命·践行"课程班级社会实践特色安排详见表4-2。

表4-2 "生命·践行"课程班级社会实践特色安排

年级	主题	探 究 内 容	实 践 安 排
一年级 生命关注	开心农场	现代农业文化	观察无土栽培的植物(豆芽,豆苗),包装植物种子售卖
	植物园	观察植物生长的过程总结规律	写观察日记、拍植物照片、卖批发的植物
	城市交通	了解城市交通的发展,认识交通标志,学习交通管理的途径(交通限行、单行道、智能管理系统等)	参观交通安全展示厅、交通标志大考场
	生存技能	野营(帐篷的搭建,户外应急自救)	现场搭帐篷体验
	医护包扎	医疗救护技能的学习	模拟医护包扎体验
	弄堂小游戏	游戏的种类,由来,游玩方式	前往游戏场,真人示范,实际体验
	消防	消防逃生技能的学习,消防工具的了解,消防员英勇的表现	参观消防展示厅,模拟消防逃生

续　表

年级	主　题	探　究　内　容	实　践　安　排
二年级 传统文化	中国茶艺	中国茶文化	茶室实践学习
	民族风俗礼仪	各民族风俗礼仪文化	参观民族风情馆
	时尚咖吧	咖啡文化	前往咖啡吧
	西方文化礼仪	西方风俗禁忌和礼仪文化	西餐厅(当场做面包)
	银杏书签社	银杏文化	银杏书签的制作,售卖
	风筝制作	风筝文化	成品风筝的展示,动手制作风筝,卖小风筝
	弟子规	国学文化	国学文化的传播
三年级 生活情趣	时尚服装	服装文化,色彩搭配	卖丝巾,饰品(手机链等)
	收藏阁	邮票文化	邮票展示,卖明信片、各种小物品
	插花	艺术插花文化	卖花,体验插花
	魔术	魔术文化	表演小魔术
	摄影	照相机的发展,摄影文化	摄影作品展示,当场拍照后,用美图秀秀美化后发送到自己的邮箱
	动漫社	动漫文化	文化衫的制作、售卖;COSPLAY表演
	DIY工作室	工艺品制作文化	创意小制作
四年级 民族文化	风味小吃	通过各地风味小吃的探究了解各地文化	卖各种小吃
	民族菜	通过各民族的传统菜式探究了解各地文化	卖各种民族菜
	青团	清明节文化	卖青团
	粽子	端午节文化	卖粽子
	汤圆	元宵节文化	卖汤圆
	饺子	春节文化	卖饺子
	中医药	中医药文化	养生馆参观,养生饮品售卖
	灯笼(灯谜)	灯笼文化	灯笼制作、售卖;猜灯谜
	中国结	中国结文化	卖中国结

续　表

年级	主　题	探　究　内　容	实　践　安　排
五年级　展望未来	金融理财	金融理财知识的学习	参加理财讲座
	红十字	红十字文化	募捐＋拍卖
	志愿者	志愿者文化	带领特殊学生和老人参加活动，做好志愿服务工作
	信息技术	信息技术的发展	电脑制作
	低碳生活	低碳生活的方式探究	垃圾分类的小游戏
	科技馆	现代科学技术文化	航模、船模等模型的出售及现场制作
	变废为宝	可回收物品的再利用	环保小制作的展示，学生当场制作后喜欢的人可买走

　　学校每年开展银杏创业街活动，在校园中构建一个模拟小社会，以班级为单位开展与美化生活相关的系列文化特色探究主题活动，每一个班级就是一家企业。通过前期社会实践、企业探究等，筹备创业，各家"企业"在活动当天统一开张营业。通过这个活动的开展，让孩子们了解什么是创业、创业的过程是怎样的、需要做好哪些方面的准备等。

　　学生在活动当天以创业者、企业管理人员、服务人员、消费者等角色出现在校园内。作为商家工作人员，学生还需要了解成本的组成，核定好价格，并制订出各种促销方案以获得最大的赢利。作为消费者，学生需要学会合理消费、理性消费。这样的活动有利于帮助学生认识和适应社会的发展，培养学生形成良好的财经素养。

案例 8

班级特色企业创建方案
——以"三遇"西餐厅为例
北蔡镇中心小学五年级组

一、活动目的

（1）让学生参与企业组织管理，掌握创新创业的基本技能，具备职业技术和经营管理能力,具备一定的社会实践能力。在团结协作自主创业过程中,培养学生的市场经济意识。

(2)通过组织学生到实体店进行实践考察、探究学习,了解市场行情,感受服务理念,学习促销经验,在学习、实践、探究过程中提高学生自主探究学习的能力。

(3)整合家长、学校、社会等多方资源,形成教育合力,建立起家校社共同开展培养学生财经素养的运作机制。

二、活动构思

经过学生分组讨论,拟订名称为:"三遇"西餐厅。

1. 名称寓意

"三遇"就是三次相遇的意思,早餐遇见你,午餐再遇你,晚餐锁定你。寓意我们的西餐厅生意红火,顾客络绎不绝。

2. 企业文化理念

(1)餐厅装潢符合餐厅文化,美观大方,具有时代气息,让顾客在轻松与舒适的氛围中享用各类西餐美食。食物种类多样,各具特色。以动听的背景音乐营造西餐厅文化。

(2)服务理念——五心服务,分别为爱心、热心、诚心、细心、耐心。顾客至上,为顾客提供高质量的服务。

(3)营销理念——体验式营销,全员参与,服务至上。

3. 主打广告语

一遇你倾城,二遇你倾心,三遇你倾情。

利用主题队会、十分钟队会的形式创建团队,以5～6人为一个团队,自主取名。全班一共分成了露珠小队、服务A队、服务B队、三帅组合等8个团队,选定每组组长。活动当日各团队各司其职,分批在各自的小岗位上任职。

家长保障团队是由班级家委会核心团队在班级内招募而成的,他们从"企业"创办初期的市场调查到西餐厅团队组建,全过程均有参与,并起了至关重要的作用。

三、活动计划

根据学校银杏创业企业体验活动的方案,班主任自命名为"董事长",在班级里进行宣传,并招募有一定组织能力的孩子主动前来申领职位,如班级大队委员小高申领了 CEO 一职,小钱申领了店长一职。之后成立市场部、财务部、采购部、宣传部、服务部和后勤保障部,拟订企业创建方案。

各部门部长和家长当天建了"银杏企业创业街西餐厅"微信群,"董事长"把本次企业创业的目的和宗旨以及形式、内容等发布在群里;CEO 及时给几个部门分工,并汇集各方资源,整理成表;全班同学在网上进行企业文化探究,了解西餐厅的各方面信息。

除此之外,组织了 10 人左右的核心团队前往"斗牛士"西餐厅进行市场调查(见表 4-3),并由市场部部长带领全班同学观摩当天的西餐厅环境布置,学习相关礼仪文化、理财观念、服务模式等。

表 4-3 "三遇"西餐厅企业市场调研报告

小队名称	小蜜蜂小队		所属班级	五(5)班
队 长	黄同学	队 员	黄同学、尚同学、杨同学、何同学、钱同学、蔡同学、何同学、方同学	
市场调研时间	2017 年 5 月 2 日		市场调研专家顾问	邵同学
市场调研地点 (企业名称)	斗牛士牛排餐厅(地点:百联东郊购物中心)			
小眼睛看 大企业	用我们的双眼仔细观察,认真学习,把我们看到的、听到的、值得我们学习的内容记录下来: 今天接待我们的是斗牛士牛排餐厅的区域经理,他向我们详细介绍了西餐厅的方方面面,满满的都是干货啊! 斗牛士餐厅起源于西班牙,是一家连锁西餐厅,1999 年来到中国,目前分店数量已达 130 多家。 餐厅主食有牛排、鸡排和海鲜,配有面包、色拉、小食、甜点和饮料。西餐的用餐流程一般为:面包和汤—沙拉—主食—甜点。 牛排按生熟度分为:三分、五分、七分和全熟。牛排有各种品种,油花多的口味更好,价格也更贵。 一般的牛排价格在 100~200 元之间,较好的牛排如和牛、神户牛排等价格甚至要上千元。 用西餐的礼仪:左叉右刀;口布可塞入领口,也可垫在腿上;餐具不要发出声响,用餐时也不能发出响亮的咀嚼声;穿皮鞋着正装;主人请客时,客人要等主人离开后才离开。 吃西餐时,若不小心将食物洒翻在他人身上,如果是同性,可以用纸巾帮他擦拭,如果是异性,就把纸巾递给她,以示礼貌			

续　表

小眼睛看大企业	为了不让多种食物混在一起影响口感,西餐厅的用餐餐具特别多,所以对服务要求也很高,服务员需要关注餐厅里的每一位顾客,与客人沟通交流,给予优质的服务体验。 西餐厅的装修风格需要符合餐厅的主题文化,如斗牛士是西班牙风情的,则统一采用高迪建筑风格,会运用颜色鲜艳的瓷砖进行相拼,给人强烈的视觉冲击
小不点学大文化	经过市场调研学习,我们觉得这些内容可以用到我们的班级企业中,让我们的企业规范有序。 (1)西餐厅食品卫生是重中之重,服务员们应统一着装,女生要扎辫子,不得披发,以防头发落入食物中。 (2)菜单要分类,大致可分为:主食、沙拉、小食、甜点、饮料和套餐。菜单的制作要别致,除了菜式要一目了然,设计也要吸引眼球。 (3)企业调查员们可以借鉴斗牛士餐厅的服务员服务流程,事先对小服务员们进行培训上岗,让餐厅的服务更加规范温馨。 (4)提醒来餐厅消费的顾客吃多少点多少,杜绝浪费。可以适当教顾客一些西餐点餐规则及用餐礼仪。 (5)餐厅布置格调温馨,餐桌以长桌为主,每桌放置几瓶常用调料,如番茄酱和胡椒等,方便顾客根据自己的喜好调味,每桌配以一花瓶插花点缀。 (6)餐厅可采取多种推广方式,如制作海报、分发传单、才艺表演、消费打折、消费送礼、特殊消费人群(如当月生日的、属相为牛的等)打折送礼等方式,吸引顾客前来消费
我们的创业梦想	经过这次市场调研(见图4-1),我们对自己班级的企业满怀憧憬!我们将利用班会课和全班同学反馈调研收获,分享创业梦想,商议创业的推进步骤! 图4-1　市场调研全家福

续　表

我们的感悟	小钱：我觉得这次活动使我们学会了很多。不仅增强了我们的理财意识，还能够让我们与他人更好地交流。 小冯：通过这次活动，我知道了应该怎样定价、怎样买卖、怎样和陌生人谈价钱，怎样计算成本，怎样进行营销优惠方案的制订。我还知道在没人买自己的东西时，应该合理降低价格。 小高：作为本次活动的CEO，按董事会商量决策的方案，我统筹安排各项事宜，知道了当好一名CEO实属不易，虽然我们的西餐厅是短期的，但是从预算成本、成品核价、原料采购、促销手段到实际操作，在家长和董事长的指导下，我非常出色地完成了任务，自身也得到了全面提高
我们的收获	在学校构建的模拟小社会中，在开放自然的活动状态下，通过筹备、探究、学习、实践等过程经历了企业从筹备到开业的全过程。这样的体验活动从兴趣入手，以活动为中介，通过角色探究，为我们提供了一个多渠道获取金融知识，关注社会，初步形成财经素养并加以综合和应用于实践的机会，通过模式的创新培养了金融意识和财经素养
教师的思考	要想使外在的创业活动、金融教育活动内化为学生内在的财经素养，就应当客观认识当前学生财经素养的培养现状，了解学生财经素养培养和形成的规律。应当在学校已有的金融教育活动基础上就进一步如何通过丰富的实践课程获得有利于学生财经素养内化的体验，并形成财经素养内化的动力机制开展研究，努力构建财经素养学习与内化的良性循环机制，从而使我们的财经素养培养教育更为科学、更富成效

"董事长"组织所有的核心团队人员和家长保障团在几个月内现场开会两次，分别对企业筹备期的所有工作听取汇报，进行审核，提出改进意见，并由"CEO"掌控每一个环节的时间节点，做到筹备工作分工有序，有效。

活动前两日，宣传部准备好大小宣传单宣传海报，以各种形式分发到全校各班级。

2017年6月2日企业正式开张营业。

三、"生命·精彩"课程

"多彩生命多彩风"社团文化课程是由北蔡镇中心小学开发并实施的社团文化活动课，主要包括折纸、摄影、趣味小实验、十字绣等实践体验类课程和饮食与健康、职业体验等涉及生命、生活、生态的社团活动课程。这些充满生命关爱的课程体现了小学生发展的需要，体现了学科知识的拓展与应用，体现了

"生命美育"的课程理念,满足了学生的自主发展需求,有利于引导学生感悟生命成长的美好与价值。

社团文化课程详见表4-4。

表4-4　社团文化课程表

年级	一年级	二年级	三年级	四年级	五年级
一	绘画	足球	媒体大搜索	经典诵读	思维训练
二	趣味田径	浦东说书	跳踢	趣味十字绣	思维拓展
三	陶艺	手工制作	书法	快乐小实验	阅读欣赏
四	心理小游戏	电脑制作	电子小制作	避难逃生	阅读欣赏
五	手工制作	绘画	健康饮食	摄影	美文品读
六	硬笔书法	硬笔书法	心理小游戏	岗位体验	趣味英语
七	观动画说话	动画欣赏	动画欣赏	趣味英语	/

案例 9

<h2 style="text-align:center">媒体大搜索社团文化探究活动</h2>

北蔡镇中心小学三年级教研组

一、课程目标

(1)通过社团文化探究活动了解当代信息社会中信息工作的重要性。初步了解通过各种媒体收集信息的有关知识和方法。

(2)在活动中培养社员自主学习的意识和兴趣,在自主探究过程中学会合作、交流。

(3)培养学生的信息意识,使之从小树立信息观念,明白在信息化社会中,信息就是财富,信息就是资源,谁先获得信息并能处理、加工信息,谁就能将赢得主动,赢得社会的道理。

二、课程设计

系列一:制订计划

(一)活动目标

(1)让社员了解媒体大搜索社团文化探究活动意义。

（2）全体社员统一认识，共同商议活动方案。

（3）商议、探讨过程中体现自主、民主的氛围。

（二）活动过程

（1）社团团长在社团导师协助下向全体社员介绍媒体大搜索社团文化探究活动的意义及初步设想。

（2）社员分小组，分组情况见表4-5。

表4-5　社员分组及各组分工

小　组	文　化　探　究　主　题
1	信息的概念
2	信息的意义
3	信息社会的发展
4	搜集信息的方法和途径
5	如何快速搜集与加工，并利用好信息

（3）各小组根据本组文化探究主题商议、撰写文化探究方案。

（4）各小组交流小组媒体大搜索文化探究计划，小组间相互提出意见、建议。

（5）各小组再次修改媒体大搜索文化探究活动方案。

系列二：阶段交流

（一）活动目标

（1）社员交流前一阶段媒体大搜索文化探究情况。

（2）各探究小组汇总前一阶段媒体大搜索文化探究情况，并商议、调整下一阶段文化探究活动实施步骤。

（3）讨论交流过程中发扬民主作风。

（二）活动过程

（1）以探究小组为单位交流前一阶段媒体大搜索文化探究情况，各社员汇报自主探究的途径（网络、报纸、媒体等）、成果以及遇到的困难。

（2）探究小组组长总结本探究小组前一阶段媒体大搜索文化探究情况。

（3）各小组相互提出意见、建议。

（4）各小组根据社员意见、建议，调整原定媒体大搜索文化探究实施计划。

（5）各小组商议确定小组媒体大搜索文化探究成果展示方式。

系列三：成果展示

（一）活动目标

（1）展示媒体大搜索社团文化探究成果。

（2）体验在信息化社会中搜集信息与处理加工信息的重要性。

（3）学习信息搜集、加工与处理的方法与途径。

（4）通过各种媒体信息的采集与加工，树立更强的信息意识。

（二）活动过程

（1）各小组以自己的方式展示媒体大搜索的文化探究成果，具体见表4-6。

表 4-6 各小组成果展示

小 组	文化探究主题	展 示 方 式
1	信息的概念	结合 PPT 讲解
2	信息的意义	结合 PPT 讲解
3	信息社会的快速发展	资料交流，现场演示
4	搜集信息的方法和途径	资料交流，现场演示
5	如何快速搜集与加工，并利用好信息	资料交流，现场演示

（2）以小组为单位讨论成果展示后的感想。

（3）社团全体成员自主交流、发言，畅谈媒体大搜索社团文化探究活动体验。

（4）商议媒体大搜索社团文化探究活动总结评价形式。

（5）社长听取各小组意见，在社团导师协助下确定媒体大搜索社团文化探究活动总结评价形式以及向全校展示探究成果的形式。

系列四：评估总结

（一）活动目标

（1）总结回顾媒体大搜索社团文化探究活动情况，为下一阶段的社团文化建设活动奠定基础。

（2）通过多种形式的评价活动,运用民主的方式评比表彰一批在文化探究活动中表现突出的小组和社员,以此激励社员投入今后的社团活动中。

（二）活动过程:

（1）谈一谈。以探究小组为单位汇报、交流媒体大搜索社团文化探究体验。

（2）做一做。全体社员做"社员民意测验问卷",以此征求社员意见,具体见表4-7。

表4-7　社员民意调查反馈

组　号	人气指数 （参与）	合作指数 （民主）	表现指数 （综合）	社团内 排　名
1	☆☆☆☆☆	☆☆☆☆☆	☆☆☆☆☆	
2	☆☆☆☆☆	☆☆☆☆☆	☆☆☆☆☆	
3	☆☆☆☆☆	☆☆☆☆☆	☆☆☆☆☆	
4	☆☆☆☆☆	☆☆☆☆☆	☆☆☆☆☆	
5	☆☆☆☆☆	☆☆☆☆☆	☆☆☆☆☆	
注:在☆内涂色。				

（3）选一选。根据社员民意测验问卷统计情况评选产生最佳人气探究小组、最佳合作探究小组、最佳表现探究小组。

（4）夸一夸。采用"夸夸×××"的方式,让社员挖掘一批活动参与积极、态度认真、充分体现自主、善于交流研究、乐于交往且助人的社员。

四、"生存·自护"课程

"生存·自护"课程以校班会课、专题教育课为实施载体,培养学生探索生命之美的兴趣和能力。

从学生的生活实际着眼,从家庭、学校向社区、社会扩展;从探究活动着手,从课堂向课外延伸;从生活琐事向突发事件应急拓展,关注学生生命安全与生存的各方面。一至五年级十个学期中,依次围绕交通安全、食品安全、活动安全、用电安全、游泳安全、消防安全、家居安全、网络安全、野外生存安全、公共突发事件应急等主题，开展生命生存自护主题探究，并通过专题网站、生存自护专题论坛、生命与安全之窗专题版面等形式将各年级探究的成果予以展示分享，以此培养学生探索生命之美的兴趣、意识和能力。

"生存·自护"校班会课程内容详见表4-8。

表4-8 "生存·自护"校班会课程内容安排

主　题	主题探究内容	主　题	主题探究内容
交通安全	横穿马路应注意什么？	用电安全	如何安全用电？
食品安全	日常生活中怎样注意饮食卫生？ 怎样预防异物进入气管？	游泳安全	游泳时应注意什么？ 游戏时如何保证安全？
活动安全	受了外伤怎么办？ 课间活动应当注意什么？ 在游乐场活动应注意哪些安全问题？ 外出或在公共场所自我防范要注意什么？ 游戏时如何保证安全？ 放风筝应该注意什么？ 上体育课时衣着上应注意些什么？ 参加运动会要注意什么？ 外出活动如何防止中暑？ 上体育课应注意哪些安全事项？ 被狗咬伤了怎么办？ 被蜜蜂、黄蜂等蜇伤了怎么办？ 沙尘等异物进入眼睛怎么办？	野外生存安全	外出时迷失了方向怎么办？ 怎样保证郊游、野营活动的安全？ 集体野营、郊游活动应注意什么？ 骨折了怎么办？ 流血不止怎么办？ 登山活动应注意什么？ 滑冰如何保证安全？ 手脚冻僵了应该怎么办？
消防安全	燃放烟花爆竹如何保证安全？ 预防火灾应注意什么？ 对轻微的火情怎样紧急应付？ 遭遇火灾如何正确脱险？ 在家中如何注意防火？	家居安全	如何防止烫伤？ 烫伤了怎么办？ 怎样避免陌生人闯入家中？ 如何安全使用刀具？ 如何安全使用煤气？ 如何安全使用高压锅？ 在居室内活动应怎样注意安全？
网络安全	你最常在网上做什么？ 遇到网络诈骗应该怎么办？	公共突发事件应急	地震应该如何自救？ 火灾应该如何自救？

案例 10

"手拉手"野营文化探究

北蔡镇中心小学五年级教研组

一、课程目的

（1）通过文化探究活动了解野营的意义和乐趣。初步了解野营的小知识和野外紧急自救的方法。

（2）在活动中培养社员自主学习的意识和兴趣，在自主探究过程中学会合作、交流。

（3）培养学生对野营活动的热情，并产生勇敢、顽强、克服困难、团结协作的精神和决心。

二、课程设计

（一）活动目标

（1）让学生了解野营社团文化探究活动意义。

（2）全体社员统一认识，共同商议活动方案。

（3）商议、探讨过程中体现自主、民主。

（二）活动过程

（1）组长在老师协助下向全体社员介绍野营文化探究活动意义及初步设想。

（2）学生自主分小组。分组情况见表 4-9。

表 4-9　学生分组及小组分工

小　　组	文化探究主题
1	野营意义
2	野营知识
3	野营乐趣
4	野营口号

（3）各小组根据本组文化探究主题商议、撰写文化探究方案。

（4）各小组交流小组野营文化探究计划，小组间相互提出意见、建议。

（5）各小组再次修改野营文化探究活动方案。

三、探究内容

周末,带上帐篷和睡袋,跋山涉水,远离喧嚣,走近自然和野趣。因为生活地点的改变,除了日常用品之外,还要准备其他的物品。这些物品可分为个人用与团体用两种,尽量将必需品的范围缩小,制成露营表作为准备用品的依据。

1. 个人准备之物品

随身用具:背囊、副囊、背包。

食器类:饭盒、锅子、水桶、筷子、杯子、盘子、碗、汤匙。

衣类:帽子、外套、内衣、裤子、袜子、鞋、手套、雨具。

寝具类:睡袋、气垫、毛毯。

日用品:洗脸用具、笔记用具、卫生纸、手帕、自用药品。

其他:手机、相机、手电筒、刀子、地图、保险单、身份证件等。

2. 团体准备之物品

野营用具:帐篷及其附件、绳子、铲子、铁丝、钳子、起子、剪刀、锯子。

炊事、容器类:大锅、罐子、水壶、水桶、菜刀、竹篮、开罐器、火柴、抹布、引火用的废纸。

照明用具:蜡烛、手电筒。

文具类:放映器、无线电收发两用机、麦克风、卷尺、钟表、地图、文具、采集用具、指南针等。

急救用品:整肠剂、解毒剂、镇痛剂、感冒药、消毒水、冷热敷用剂、醒酒剂、绷带、三角巾、纱巾。

3. 扎营技巧

▲ 近水:扎营休息必须选择靠近水源地,如选择靠近溪流、湖潭、河流边。但也不能将营地扎在河滩上或是溪流边,一旦下暴雨或上游水库放水、山洪暴发等,就有生命危险。尤其在雨季及山洪多发区。

▲ 背风:在野外扎营应当考虑背风问题,尤其是在一些山谷、河滩上,应要选择一处背风的地方扎营。还有注意帐篷门的朝向不要迎着风向。背风不仅是考虑露营,更适用于用火。

▲ 远崖:扎营时不能将营地扎在悬崖下面,一旦山上刮大风时,有可能将

石头等物刮下,造成危险。

▲近村:营地靠近村庄有什么急事可以向村民求救,在没有柴火、蔬菜、粮食等情况时就显得尤为必要。近村也是近路,方便队伍的行动、转移。

▲背阴:如果是一个需要居住两天以上的营地,在天气良好的情况下应该选择一处背阴的地方扎营,如在大树下面及山的背面,最好是朝照太阳,而不是夕照太阳。这样,如果在白天休息,帐篷里就不会太热太闷。

▲防雷:在雨季或多雷电区,营地绝不能扎在高地上、高树下或比较孤立的平地上。那样是很容易招至雷击。

4. 步行的原则

户外旅行主要靠的就是双脚,步行平路、登攀山岭、过桥涉水等。虽说步行是孩提时代的课程,但在我们户外活动中同样有不少东西需要学习。

其一,起步宜缓。往往外出旅行要先乘一段汽车,才下车步行,如果是长途乘车,下车起步登山时一定要缓慢一些,以使自己的身体逐步适应运动状况。否则会出现心慌、头晕及无力等问题。

其二,大步健行。所谓大步健行就是在平路及登缓坡时尽量用大步,即比平常的步幅大些,这是科学的步行方法,因为这样在等距离里减少了双脚的摆动,其用功就相对减少而达到节省体力的作用,开始是有些不习惯,坚持就会适应。

其三,精力集中。朋友们一同外出旅行,总喜欢在旅行中嬉戏,别忘了,说话及唱歌等不仅消耗体能,同时还会分散注意力,在一些比较危险的路段,如过桥、上下坡时,连眼睛都不能分散注意,如果一边下坡还同时陶醉在自然美景中,不出事才怪。因此,欣赏景色、交流问题、小娱乐等都必须在休息停步时进行。

其四,抵抗疲劳。当步行达到一定的路程时,人们就会出现双腿及身体的疲劳现象,以至会出现停步不前的打算,其实,这是到了体力的临界点,坚持下去,过了这个临界点,肌体就适应了大运动量的步行活动,疲劳感就会渐渐变弱。当然,这要视具体情况而定,总之不能到了极限疲劳才休息。

其五,注意保持距离。一个队伍在行进中必须保持一个商定的间距,一般在2~3米,前后人员都要相互照应,并且不应拉开距离,要保证队伍的整体性、安全性。

5. 方向的辨别

你可以在林中找一棵树桩,根据它的年轮来识别方向,因为其年轮总是南面的宽而北面的窄;你可以观察一棵独立的树,其南侧的枝叶茂盛而北侧的则稀疏。你可以根据蚂蚁的洞穴来识别方向。因为蚂蚁的洞口大多是朝南的;在岩石众多的地方,你也可以找一块醒目的岩石来观察,岩石上布满苍苔的一面是北侧,干燥光秃的一面为南侧。

如果在星光灿烂的夜晚,则可以根据星辰来识别方向:先找到天上的北斗星,沿着其"勺柄",找到第六与第七颗星,根据两点决定一条直线的数学原理,将这两颗星连接成一条直线,并在这条连线的延长线上找到比较明亮的一颗北极星,从"勺柄"到较明亮的那颗北极星,正好指示着从南到北的方向。

如果是在冬天,由于日照的原因,积雪难以融化的部位总是朝向北面的。

除上述方法之处,你还可以利用手表来辨识方向:你所处的时间除以2,再把所得的商数对准太阳,表盘上12所指的方向就是北方。比如上午8时,除以2商数为4,将表盘上的4对准太阳,12所指的方向就是北方了。如果是下午,应按规定24小时计时法计算。

6. 如何使用指南针

要确定自己在地面上的位置,必须首先找到北方(即地图的上方),然后转动身体使人和地图均朝向北方,或者旋转地图朝向前进的方向。这样你才能将指南针设置在地图上。

(1) 要确定从A点(你的位置)到B点(你的目的地)的方向,首先应使方向箭头从A点指向B点。沿指南针的边缘测量AB线的距离,并参照地图的比例。

(2) 旋转中央刻度盘使南北线与地图的网格线重合。指北箭头(红色)现在指向地图的北面。这就确定了方向(AB线和磁北之间的角)。

(3) 旋转地图使指北箭头与磁北重合,如指针所示。指南针上的旅行方向将指向你设置的方向。

(4) 现在,你可以拿起指南针按照旅行方向箭头前进。保持指南针处于水平位置,并使刻度盘上的指北(红色)箭头与磁盘上的北方重合。

7. 巧睡睡袋

睡睡袋是有技巧的。不会"睡"的人即使用高寒(-35°)睡袋在一般低温下(-5°)也会感到冷,那么怎样才能睡得更暖些呢?在使用睡袋时,有很多外在因素影响睡袋的性能,要注意的是睡袋本身并不发热,它只是有效地将体温流失减低,注意下面几点会帮助你睡得更暖些。

在野外,一个挡风的帐篷能提供一个温暖的睡眠环境。在选择营地时,不要选择谷底,那里是冷空气的聚集地,也尽量避开承受强风的山脊或山凹。一张好的防潮垫能有效地将睡袋与冰冷潮湿地面分开,充气式效果更佳,在雪地上需用两张普通防潮垫。

▲ 保持睡袋干爽

睡袋吸收的水分主要并非来自外界,而是人体,即使在极寒冷的情况下,人体在睡眠时仍会排出起码一小杯的水分。保温棉在受潮后会黏结而失去弹性,保温能力下降。如睡袋连续使用多天,最好能在太阳下晾晒。常清洗睡袋可使保温棉保持弹性。

▲ 多穿衣服

一些较松软的衣物可兼作加厚睡衣用。将人与睡袋之间的空隙充填满,也可使睡袋的保暖性加强。

▲ 睡前热身

人体就是睡袋的热量来源,如临睡前先做一小段热身运动或喝一杯热饮,会将体温略微提高并有助于缩短睡袋的变暖时间。

▲ 使用睡袋及睡袋套

睡袋的种类很多,但在选择睡袋时和选择其他户外用品一样,并不是最贵的最先进的就是你应选择的,只有最适合你的,能和你从事的户外运动相匹配的才是最好的。

8. 应急措施

被毒蛇咬伤:在野外如被毒蛇咬伤,受伤者会出现出血、局部红肿和疼痛等症状,严重时几小时内就会死亡。这时要迅速用布条、手帕、领带等将伤口上部扎紧,以防止蛇毒扩散,然后用消过毒的刀在伤口处划开一个长1厘米、深0.5厘米左右的刀口,用嘴将毒液吸出。如口腔黏膜没有损伤,其消化液可起到中和作用,所以不必担心中毒。

被昆虫叮咬或蜇伤时:用冰或凉水冷敷后,在伤口处涂抹氨水。如果被蜜蜂蜇了,用镊子等将刺拔出后再涂抹氨水或牛奶。

骨折或脱臼时:用夹板固定后再用冰冷敷。从大树或岩石上摔下来伤到脊椎时,将患者放在平坦而坚固的担架上固定,不让身子晃动,然后送往医院。

外伤出血:在野外备餐时如被刀等利器割伤,可用干净水冲洗,然后用手巾等包住。轻微出血可采用压迫止血法,一小时过后每隔 10 分钟左右要松开一下,以保障血液循环。

食物中毒:吃了腐败变质的食物,除会腹痛、腹泻外,还伴有发烧和衰弱等症状,应多喝些饮料或盐水,也可采取催吐的方法将食物吐出来。

9. 休息与饮水

在外旅行途中的休息同样要讲究方法,而不能由着自己的性子来。这是一个科学的休息原则。

休息原则:一般应是长短结合,短多长少。长短结合,即短时间的休息同长时间的休息应保持一个合理的度。

短休息是途中临时的短暂休息,一般时间短(控制在 10 分钟以内),并且不卸掉背包等装备,站着休息为主。这种休息可以多一些,但时间短。

长时间的休息在平路旅行一般 2 小时一次,一次可在 20 分钟以内,休息时应卸下所有的负重,先站一会后才能坐下休息,不要马上坐在地上。休息期间,可以自己或者相互按摩一下腿部(尤其是小腿)、肩部、颈部等部位的肌肉。同时可以活动一下四肢。休息是积极的,而不是躺倒休息。

饮水原则:人体的新陈代谢离不开水,在运动中由于出汗蒸发,人体的需水量比平常多,及时地补充水分是必要的。但同样要掌握一个度,出现口渴时,应适当地忍耐一下,不要一渴就喝,每次喝水最多一两口就足够了,不要猛喝,过量的水只会加重心脏的负担。科学的饮水应当是适量到人体基本需求即可。

水源可以是自带的饮水,如白开水、茶水、运动饮料等,途中一般不要喝啤酒或含糖分多的饮品。暑天可以预备一些消暑饮料,如酸梅汤、橄榄汤、酸角汤等,它们既可解渴,又可达到消暑作用,但这些饮料的浓度要低一些。

10. 提醒：注意保护野外环境

不要随便在野外丢弃包装袋、矿泉水瓶、果皮等，将所有的垃圾带回家。

记住一句话：只带走记忆，仅留下脚印。

五、"心门·心窗"课程

每天 20 分钟的午间专题教育课，依据《上海市中小学课程计划》要求，根据不同年级学生特点，确定各年级每周专题教育主题。班主任根据"生命美育"目标要求，根据每天的专题教育主题，结合本班实际，自主选择"生命美育"校本课程"心窗""心门""感恩之心，美丽心情"中的相关内容对学生进行专题教育，并在此过程中不断积累专题教育经验，丰富专题教育课程内涵，实现资源共享。

如在健康教育"拥抱健康"中，教师通过"走进残疾人""走访残联""调查学生饮食"等活动设计课程，让学生体悟身体健康的重要性，而不是在课堂上喋喋不休地讲述关爱他人的方式。在调查、参观、采访等系列生命实践体验活动中，引导学生学会欣赏别人，以实际行动关爱生命，懂得友好地与他人相处，达到"天人物我"的和谐统一，体观生命的价值，激发生命潜能、提升生命品质。

案例 11

走近残疾人

北蔡镇中心小学三年级教研组

（一）课前调查

（1）选择较典型、方便接近的残疾人。

（2）观察他们的生活起居等。

（3）走进残疾人，帮助他们并与他们进行心灵的沟通，了解他们的生活情况、致残的原因等。

设计意图：孩子体验要有具体化、生活化的情境。而体验活动借助学生的感官去感受，在"见"闻中获得，然后在"见所未见，见而又见"和"闻所未闻，闻而又闻"中去博闻、强识；在一次次感受和"对感受的再感受"中，认识水平、情感体验水平得以发展。因此，我们的活动设计要求学生亲历生活情境，通过观察、心灵的沟通进行体验。

（二）引导体验

（1）说说你观察、了解到的残疾人的情况（生活困难状况、内心世界，对待生活的态度等）。

（2）换位思考：假如你处在他们的位置，你会怎么想，会怎么做？

（3）换位体验：

① 老师说一句话，请同学闭着眼睛在纸上写出来；

② 请同学用一只手系鞋带；

③ 请同学们不说话，向大家传达你要表达的意思。

（4）学习张海迪、海伦的故事。

设计意图："体验是一种被激活了的经验，是主体心灵与外部世界沟通的一种张力场"。在生命的体验中，我们引导学生通过叙述、想象、移情、换位、感悟等多种心理活动的交融、撞击，激活自我经验，达到对生命意识、生命价值的认识。

（三）心灵感悟

用自己喜欢的方式表达在以上活动中的感受，可以习作、绘画等表达自己对生命的认识，对待生活的态度、看法等。

设计意图：仅有体验是不够的，在体验的基础上激活的认识需转化为自我的感悟，使感悟到的东西真正成为学生自我的内心需求。体验是在表达中发生和深化的。个体是在表达中诱发和唤醒道德体验，发生自我认同感，领悟道德教育和生存之意义的。

（四）提升认识

（1）开展热爱生命的演讲比赛。

（2）撰写健康歌，设计关爱残疾人的倡议书。

设计意图：通过有效的活动形式，把学生自我的感悟转化为外显的行为方式，提升认识，内化行为。这便是一个感性、使人热爱的生命。

下面摘录一位学生在"走近残疾人"活动中的感悟片段：

第二天，我6点钟就在他家门口静静地等着。过了大约半个小时，他走了出来，戴着一副眼镜，细小的手上拎着一大箱行李。"我帮帮你吧！"我上前说道,并且提过沉重的行李箱,趁机问他走路似平常人的诀窍。他只回答:"我不知道,只是坚持天天走,走得路上的东西都熟悉了。而且不怕失败,每次失败之后,就用手摸摸阻挡我的东西。这样,几米或几十米外的东西就都很熟悉了。"

听完了他的叙述,我不禁为他的坚强、勇敢所折服,残疾人的生活还真是不容易！对他们来说生活的困难都能克服,我们这些肢体健康的人面对生活的困难,又何尝不能去克服呢?

从学生的表述中,我们不难看出,学生通过体验活动,从身残志坚者的身上看到了生命的力量,看到了这些身体残疾的人对待生命的态度,然后用积极乐观的情感去生活,体悟到生命的可贵,从而建立对生命的认识,树立起积极向上的生命意识。

六、"点亮心灵"活动

"点亮心灵"活动是一门主题实践系列课程。各个班级结合学生年龄的特点,每月开展"生命美育"主题班会课,并自行选题组织开展实践活动。班队实践活动主题丰富、形式多样,有问题讨论式、专家讲座式、学生自主活动式等。

"点亮心灵"活动实践主题详见表4-10。

表4-10 "点亮心灵"活动实践主题列表

版块	序号	核 心 关 键 词	主 题
我与家庭	1	卫生	人人讲卫生、健康伴成长
	2	饮食	合理饮食,健康相伴
	3	健身	阳光健身、快乐无限
	4	安全	安全你我他、健康到你家
	5	自爱	关爱自己、珍惜生命
	6	沟通	沟通,从心开始
	7	分担	感受亲情、学会分担
	8	孝敬、尊重	相亲相爱的一家人之我爱我家

续　表

版块	序号	核　心　关　键　词	主　　题
我与集体	9	爱同学（珍惜友谊）	爱，荡漾在我们身边
	10	爱老师（感谢、尊敬）	我爱你，尊敬的老师
	11	爱班级（民主、自主、合作）	温馨的班级，快乐的家
	12	爱学校（参与、荣誉感）	相亲相爱的一家人之我爱学校
	13	守纪（规则、习惯）	守纪——从小事做起
	14	助人（关爱、帮助）	与爱交朋友
	15	守信（诚实、守信）	言必行，行必果
	16	承担（责任、担当）	责任对于你我他
我与社区	17	合理安排时间	做时间的主人
	18	热心公益	为美化社区出份力
	19	欣赏、向善	社区的好人好事多
	20	社区安全（游泳、防盗、放火等）	社区安全小卫士
	21	善待他人（宽容、理解）	善待他人，感受快乐
	22	尊重他人	尊重他人，让心贴得更近
	23	分享快乐	你快乐所以我快乐
	24	我爱社区（参与、服务）	相亲相爱的一家人之我爱社区
我与城市	25	关爱他人（仁爱）	同在蓝天下，关爱永相随
	26	服务他人	送人玫瑰，手有余香
	27	交通安全（城市交通）	红绿灯，生命的护航
	28	自强	男孩女孩当自强
	29	谦虚	谦虚是一种美德
	30	真诚	用真诚催开心灵之花
	31	自尊	自尊无价
	32	爱家乡（关注变化、参与建设）	相亲相爱的一家人之我爱家乡
我与祖国	33	国土辽阔	长城、运河——中国的骄傲
	34	歌颂英雄	追忆英雄
	35	国之精粹	京剧——国之瑰宝

为孩子美的生命奠基

版块	序号	核 心 关 键 词	主　　题
我与祖国	36	文化经典	与经典同行
	37	国家精神	我爱祖国
	38	革命传统	快乐1＋1,感恩路上文明行
	39	民族团结	五十六个民族是一家
	40	理想信念	扬起理想的风帆
我与地球	41	灾害自救	当灾害来临的时候
	42	网络安全	网络世界,绿色漫游
	43	环保低碳	低碳生活,与我同行
	44	人口、环境、能源污染	远离污染,守护地球
	45	吸纳、继承、本土化	世界遗产——我们共同的财富
	46	创新、融合	地球——我们共同的家
	47	多元文化	我们都是地球小村民
	48	共存:和谐相处	相亲相爱的一家人之我爱地球

如"我与地球"版块"低碳生活,与我同行"班会课,为了让学生更好地理解低碳生活这些生活理念,教师在课前作了思考:低碳生活的出现不仅告诉人们,你可以为减碳做些什么,还告诉人们,你可以怎么做。可是对于小学生来说,"低碳生活"到底离他们多近? 哪些事情和低碳有关? 为了突破这些难点,课前,教师先请孩子们通过各种方式去了解低碳生活,让他们意识到,原来低碳生活并不神秘,它就在我们身边。然后教师利用身边小事——一朵纸花引出主题,激发起学生对低碳生活的向往,通过"寻一寻、谈一谈"让学生了解"低碳生活",用准备好的废品材料一起变废为宝——制作笔筒,以实际行动践行"低碳生活",将低碳生活的理念扎根在心中。

案例 12

"践行低碳,让生活更美好"班会课活动设计

北蔡镇中心小学五年级教研组

一、主题内容

践行低碳,让生活更美好。

二、生命色彩

一个星期二的早上，我走进教室，赫然发现讲台上静静地躺着一朵花。走近一看，原来是一朵纸花：红艳艳的花瓣随意伸展，显得如此奔放，绿莹莹的枝叶低垂着，宛如依偎在爱人身边的优雅的女子。

此时，孩子们早就围了过来。"这是金同学做的。""哇！真漂亮！""陈老师，以后我也要用废纸做纸花。"……

看着孩子们脸上洋溢着的笑容，听着孩子们一句句纯真的语言，我由衷地笑了，眼前不由得浮现起那天下午的情景。

那天下午的自然课上，我请孩子们用各色彩纸折纸，不一会儿，桌子上就出现了各式各样的折纸：调皮的猴子、憨厚的青蛙、美丽的千纸鹤、迷人的花篮、高大的钢琴……真是应有尽有，令人眼花缭乱。孩子们兴奋极了：有的眉飞色舞地谈论着自己的作品，有的静静地倾听着，有的全神贯注地完成自己的作品……可是谁也没有发现，有一个瘦弱的身影正弯腰捡起散落在地上的各色纸片……我拉起小金的小手，无限喜悦并陷入了思考……

三、生命思考

低碳生活，对于我们来说，是一种新的生活态度。低碳生活的出现不仅告诉人们，你可以为减碳做些什么，还告诉人们，你可以怎么做。可是对于小学生来说，"低碳生活"到底离他们多近？哪些事情和低碳有关？学生们心中一片茫然。所以我决定开展主题为"践行低碳，让生活更美好"的主题教育课，以此引导学生利用身边小事，了解"低碳生活"，实践"低碳生活"理念。

四、活动方案

（一）教育目标

（1）调查了解，感悟原来低碳生活就在我们的身边，使学生初步树立低碳生活的意识。

（2）结合学生的生活实际，互相启发、互相帮助，学习低碳生活。

（二）教育准备

（1）通过上网、谈论、查阅资料等方式，理解低碳生活。

（2）以探究小组为单位，每个小组制作关于低碳生活的PPT。

（3）准备做笔筒的材料。

（三）教育过程

活动一：赞一赞,纸花无比艳。

导入：同学们,今天的活动课上,老师先给大家变一个魔术。

（老师从身后拿出那朵纸花）

师：知道这朵纸花怎么来的吗?

师：让我们用热烈的掌声请出纸花的主人——小金同学,请她说一说这究竟是怎么一回事!

（小金同学讲述事情经过,感想中渗透低碳生活的理念）

师：同学们,听了小金的话,你有什么想对小金说的吗?

师：其实,低碳生活是一种全新的生活态度,让我们一起走近它,去揭开它的神秘面纱。

活动二：听一听,地球在哭泣。

师：让我们一起来欣赏一段音乐。

（播放视频音乐《地球,你好吗?》）

师：同学们,欣赏了这段视频音乐,你们有什么感受?

（学生围绕低碳生活主题进行交流）

活动三：寻一寻,低碳在身边。

师：活动前,我们已经以探究小组为单位,对低碳生活进行了了解,并且制作了 PPT,下面让我们以小组为单位来交流一下。

（学生交流,相关内容有：什么是低碳生活? 低碳生活的必要性,紧迫性。生活中的低碳小窍门……）

师：同学们,你们能按照"家庭低碳生活"和"校园低碳生活"这两大话题,以探究小组为单位,讨论对低碳生活的建议和畅想吗?

（小组谈论,进行交流）

师：大家交流得非常好,现在请听一听小金同学的倡议吧。

（金同学宣读低碳生活倡议书）

活动四：做一做,低碳记心中。

师：通过刚才的活动,我们已经了解,原来低碳生活距离我们如此近,它就在我们身边。

今天,就让我们一起,向金同学学习,利用一些废旧物来做一个笔筒。

(师生一起变废为宝,学做笔筒)

活动五:齐行动,争做小先锋。

师:低碳生活可以理解为减少二氧化碳的排放,就是低能量、低消耗、低开支的生活。"节能减排",不仅是当今社会的流行语,更是关系到人类未来的战略选择。提升"节能减排"意识,对自己的生活方式或者消费习惯进行简单易行的改变,一起减少全球温室气体(主要是减少二氧化碳)排放,意义十分重大。选择"低碳生活",是每位公民应尽的责任。

(出示课后延伸拓展环保生活小锦囊:

一是每天的淘米水可以用来洗手擦家具,干净卫生,自然滋润;

二是将废旧报纸铺垫在衣橱的最底层,不仅可以吸潮,还能吸收衣柜中的异味;

三是用过的面膜纸不要扔掉,用它来擦首饰、擦家具的表面或者皮带,不仅擦得亮还能留下面膜纸的香气;

四是喝过的茶叶渣,把它晒干,做一个茶叶枕头,既舒适,又能帮助改善睡眠;

五是出门购物,自己带环保袋,无论是免费或者收费的塑料袋,都减少使用;

六是出门自带喝水杯,减少使用一次性杯子;

七是用可多次使用的筷子、饭盒,尽量避免使用一次性的餐具;

八是养成随手关闭电器电源的习惯,避免浪费电;

九是经过手工 DIY 的再创造,变废为宝,让家居环境健康且充满创意的小欢乐。

倡议全体学生在生活中坚持争做环保小先锋)

五、活动反思

对于低碳生活,同学们觉得很陌生。所以在上课前,我先请孩子们通过各种方式去了解低碳生活,让他们意识到,原来低碳生活并不神秘,它就在我们身边。应该说,这一准备活动,对这节课起了相当重要的作用。

其次,从一朵纸花导入今天的教育课,让学生觉得既新奇又美慕,为这一堂教育课打下了良好的基础,紧接着,我让学生欣赏视频音乐,让大家在欣赏的过程中感受地球的脆弱,从而水到渠成地激发起学生对低碳生活的渴望。

接着,让学生自主谈论对低碳的认识,让学生成为学习的主人,相互启发、相互认识、相互补充,从而对低碳生活有更深层的理解。

最后,为了让学生充分认识到低碳生活处处可见、时时可行,我让学生拿出准备好的废品材料,一起制作精美的笔筒,让学生再次发出感慨:低碳生活,从我做起。纵观整堂教育课,教育火花处处迸发,教育的灵感时时闪现。应该说,这堂课是成功的。

"低碳一族"正以自己生活细节的改变证明:气候变化已经不再只是环保主义者、政府官员和专家学者关心的问题,而是与我们每个人息息相关。在提倡健康生活已成潮流的今天,"低碳生活"不再只是一种理想,更是一种值得期待的新的生活方式。

七、"银杏探究"课程

北蔡镇中心小学这所百年老校如同一棵有着悠久历史而又极具生命活力的银杏树。而"务实、奉献、和谐、包容"的银杏文化正是北小百年文化精髓的象征。在"银杏探究"课程开发实施中,让学生通过欣赏银杏伟岸挺拔、铁骨铮铮的苍劲之美,以美引真;通过探究了解银杏不欺不压,与其他树木和谐相处,共生共荣的特点,以美寻善;通过展现银杏取之于人者甚少,展蓬勃生机的生命活力,以美促美。

"银杏探究"课程教材《话银杏》主要分六章:第一章,走进银杏;第二章,银杏诗文;第三章,银杏价值;第四章,银杏精神;第五章,银杏文化;第六章,银杏在国外。《话银杏》从拓展型课程和探究型课程教学相融合的角度编写,本着由浅入深,循序渐进的原则,可供五个年级使用。每个年级教师可根据学生年龄特点,设定不同的教学目标,从对银杏的基本了解到对银杏精神的深层次的领悟等。

"银杏探究"活动学习内容及成果展示方式详见表 4-11。

表 4-11 "银杏探究"活动内容及展示方式

年级	探究主题	探 究 内 容	展示方式
一年级	走进银杏	银杏形态特征、习惯环境、主要产地、栽植技术、历史分布、现存分布、著名古树、美图等	探究小报告、图片展示
二年级	银杏诗文	银杏古诗词、银杏传说、银杏现代诗、银杏散文	探究小报告、朗诵
三年级	银杏价值	银杏食用价值、药用价值、经济价值、生态价值、艺术价值	探究小报告、体验文章
四年级	银杏精神	银杏坚韧不拔的自强精神、质朴无华的务实精神、友邦善邻的和合精神、多予少取的奉献精神	探究小报告、体验文章
五年级	银杏文化	银杏科技、银杏文化、银杏在国外	探究小报告

"话银杏"教学内容详见表 4-12。

表 4-12 "话银杏"教学内容

章 节	教 学 内 容
走进银杏	考察银杏古树教学设计、银杏种植方法教学设计、银杏之最教学设计、银杏知识大比拼教学设计
银杏诗文	银杏王教学设计、古银杏诗教学设计、梅圣俞寄银杏教学设计、文杏馆教学设计、夜宿七盘岭教学设计、双银杏教学设计、二裂银杏叶教学设计、银杏教学设计、银杏树告诉我教学设计、银杏趣谈教学设计、追昔银杏教学设计、"我知道的银杏"故事会教学设计
银杏价值	银杏美食介绍教学设计、银杏食谱制作教学设计、银杏美食制作展示教学设计、银杏食疗价值教学设计、银杏的生态价值教学设计、银杏艺术价值教学设计
银杏精神	诵银杏精神教学设计、银杏赞教学设计、"银杏树下感师恩"感恩贺卡制作大赛教学设计、学唱歌曲《银杏树下》教学设计
银杏文化	银杏名称趣谈教学设计、我心中的国树教学设计、银杏与中国的文化的契合教学设计、银杏文化小报制作比赛教学设计
银杏在国外	魏玛与银杏教学设计、世界各国的银杏经济教学设计、李鸿章将银杏"移民"教学设计、银杏在国外的传播与交流教学设计

案例 13

银杏美食介绍教学设计

北蔡镇中心小学四年级教研组

一、活动主题

银杏美食介绍。

二、活动目标

（1）通过学生对银杏美食和风土人情的了解，体会银杏美食对人们生活的影响。

（2）通过介绍银杏菜肴、小吃的色香味形等，训练学生的语言表达能力，培养他们的合作意识，激发孩子们热爱祖国、热爱家乡、建设家乡的感情。

三、活动准备

（1）查阅资料，采访家人，搜集家乡银杏美食资料。

（2）请部分学生准备一道银杏特色菜肴。

（3）教师准备一道银杏特色菜肴。

（4）将全班学生按不同省份分成若干个小组，坐在不同的区域。

四、活动过程

（一）谈话导入

师：社会上流传着这样一句话：玩在美国，吃在中国。中国地广物博，食文化历史悠久，各地都有自己的传统美食。我们班里的同学来自全国各地，今天就让我们来开展一次美味佳肴甲天下，家乡特色银杏美食介绍活动吧。

（二）银杏美食

师：银杏的果实（俗称白果）有炒、蒸、煮、炖、烧等数十种烹调方法，还可以与主食、副食品、干货等相配制成数百道菜，这充分体现了银杏的独特魅力与风味。

首先我来介绍一下，我是上海人，大家请看这是上海著名特色菜"八宝辣酱"。"八宝辣酱"是由"炒辣酱"改良而来的。"炒辣酱"是一道普通家常菜，主要有老豆腐、鸡脯肉、鸭肫、猪肚、花生仁、白果、虾仁、青椒等八样原料烹制，故称它为"八宝辣酱"。（出示八宝辣酱）"八宝辣酱"味道辣鲜而略甜，十分入味，色泽红润,原料丰富,酱香突出,很受食客的欢迎。

师:下面请大家来介绍一下自己家乡与银杏有关的菜肴吧!(每个小组请1~2名同学介绍一下自己或父母做的家乡特色菜)

生1:我是江苏省泰兴市人,银杏又称白果,吃法较多,可采用煮、炒、蒸、煨、炖、焖、烩、烧、熘、炸等10余种烹饪方法制成各种美味佳肴。我今天炒的这一盘叫"白果烧牛肉"。它软烂香甜、软嫩郁鲜、形态丰满。对动脉硬化、高血脂、高血压等心血管疾病有防治作用,请大家品尝。

生2:我是广东人,大家都知道,广东菜注重清淡爽口,讲究的是原汁原味。广东是沿海城市,所以鱼类也是广东菜中出现的比较多的品种。今天我为大家带来了广东名菜"白果虾仁鳕鱼"。此菜选用新鲜的白果、鳕鱼制成,菜肴口味咸鲜。来广东旅游,一定要尝尝这道名菜!

生3:我也是广东人,今天我为大家带来了两盘广东南雄名菜"银杏五彩丁"和"白果玉盏"。"银杏五彩丁"香滑可口,是降脂降压的绿色食品。"白果玉盏"口咸酥烂香甜,清鲜淡雅,营养丰富。请大家品尝。

生4:我来自贵州,我给大家带来了贵州特色小吃——鸡绒银杏。看此菜肴,油壳清香,银杏软糯,油而不腻,热烫味浓。

生5:我来自安徽,我给大家带来了安徽特色小吃——银杏虾球,此菜虾肉厚而鲜嫩,银杏味微甘,成色美观,营养搭配精当,是四季的美味佳肴。

生6:我来自紧邻上海的浙江乐清,给大家带来了"百枣莲子银杏粥",此粥养阴润肺,健脾和胃。

生7:我为大家带来了"番茄双笋银杏果",这道菜最大的特点就是色艺双绝,木耳清脆,西红柿酸甜,银杏果去火,芦笋排毒。夏天的时候多吃点清淡的蔬菜,让美丽的蔬菜将美丽带给我们。

生8:我给大家带来了"白果咸肉煲鸭汤",这款汤水很适合夏天喝,鸭肉与咸肉的味道溶于汤中,咸鲜适口,回味无穷。

生9:我今天带来的这一盘叫"白果炖鸡"。大家看,它汤汁浓白,鸡肉鲜嫩,软熟适口,具有健胃补脾,清热解暑,降脂降压,防癌抗癌之作用。

生10:我今天带来的这一盘叫"银杏蜜豆炒鲜蔬"。此菜蜜豆清脆可口,西葫芦香甜软糯,西红柿酸甜,虾米皮的味道和西葫芦登对得很,吃着就带着一股春天的气息。银杏果是个好东西,微微有一点甜,富含丰富的蛋白质,有益于补肝,适宜在春天里食用。让我们爱护我们的眼睛,让它亮起来,让我们的世界更清晰。

师:听了同学们的介绍,老师又新认识了许许多多的美味佳肴,真让人馋得口水直流。接下来让我们到美食街去逛一逛?

(出示各种美食的图片)你们都看到了什么?

生:……

师:还可以说说你们去各大酒楼吃过看过的美味佳肴吗? 有什么感受呢?

(每个地区的美食都不一样,品种多)

师:你们说对了,不同地区的人们由于生活环境的不同,饮食习惯也各不相同,当然,当地的银杏特色美食也各不相同。

(三)品菜

师:欣赏完了这十几道菜,现在每组派几个同学,邀请老师来品尝这些美味佳肴吧!

品完菜后,邀请一位同学做小小主持人,采访品完菜的老师、同学,让他们说说感受。

(四)活动总结,布置作业

(1)这节课我们了解到了祖国各地不同的美食,我们应该尊重各地人民各不相同的风土人情。

(2)制作小档案——将收集的银杏美食照片制作成美食小档案,并将美食的营养价值和品尝感受写入小档案之中。

八、"主题探究"活动

"主题探究"活动是根据《中小学综合实践活动课程指导纲要》中尝试将基础型、拓展型、探究型课程进行统整的要求,将基础型课程中的学科内容与探究主题进行整合,从生命美、生活美、生态美三个维度,以主题推进的方式确定内容框架,围绕生活情境,以解决实际问题为主要特征,使学生发现并形成真实问题需求,通过研究、设计、制作、体验等实践过程,融合三类课程的知识与技能,以实现跨学科主题式学习的实践课程。

"主题探究"活动内容详见表 4-13。

表 4-13 "主题探究"活动内容

年级	生命美	生活美		生态美	
	生命密码	童创暖巢	生活品质	银杏之旅	生态系列
一	"生命密码·身"奇妙的五官	暖心陪伴之友（银杏宝宝玩偶）	小小设计师	赏"杏"悦目	昆虫世界
二	"生命密码·智"时间管理小能手	健康陪伴之后（净水器制作）	小小营养师	群"杏"闪耀	植物探秘
三	"生命密码·心"做情绪的主人	欢乐陪伴之友（银杏宝宝八音盒）	庭院设计师	一"杏"一意	飞羽寻踪
四	"生命密码·神"性格色彩	挥挥手的光明（手势控制灯）	十字路口	别具匠"杏"	生机湿地
五	"生命密码·创"我的家族小秘密	自有清风徐来（温控小风扇）	小小大富翁	"杏"语心愿	银杏小农场

1. 生命美版块生命密码活动

以生命美版块生命密码活动为例,5 个年级的探究主题与道德与法治学科的单元活动进行了内容的统整,教导学生能够正确认识自我、保护自我,学会正确地与人交往,学会与他人共同生活。

案例 14

"奇妙的五官——牙齿保卫战"教学设计

北蔡镇中心小学一年级教研组

一、活动主题

牙齿保卫战(第一课时)。

二、活动目标

知识与技能:了解人体牙齿的数量及名称,知道已有的牙齿的排列顺序及作用。

过程与方法:通过运用多种工具,使用不同的方法确定自己牙齿的数量。小组分工,合作完成口腔模型并交流分享。

情感态度与价值观：通过认识自己的牙齿，学会保护自己的牙齿；通过小组团队合作，培养敢于表达、善于倾听的合作习惯。

活动重点：了解自己牙齿的排列顺序与作用。

活动难点：小组分工，完成口腔模型的制作。

三、教具学具

教具：PPT课件、板书、口腔模型、闯关任务卡、活动评价表。

学具：铅笔、橡皮、双面胶、镜子、闯关任务卡、食物（香蕉、饼干、棉花糖）、粉色卡纸、活动评价表。

四、教学活动

（一）故事导入，引出课题

（1）根据绘本《牙齿的故事》，创设情境：小明爱吃零食又不爱刷牙，引起了阵阵牙疼，却说不清具体是哪颗牙齿引发的，妈妈很着急，寻求帮助。

（2）引出课题：牙齿保卫战。

（二）发现与尝试

1. 我对牙齿知多少

（1）小组讨论：① 交流分享已知的牙齿知识和想要了解的内容；② 帮助小明一起来了解牙齿，进行保卫牙齿大闯关。

（2）闯关任务一：探究牙齿数量

① 说一说你能用什么方法得出牙齿数量。

② 数一数、写一写，你有几颗牙。

（3）教师总结。

2. 我用牙齿试一试

（1）闯关任务二：打开神秘宝箱，出示食物工具，带着问题去吃。

（2）思考：用牙齿的哪一个部位去吃不同食物？

边吃边观察（互相观察、自我观察）

（3）教师总结，出示不同牙齿的名称及特征、位置及作用。

3. 我把牙齿排一排

（1）小组合理分工，自主分配任务（见表4-14）

表 4-14　任务分配表

小模特	计算师	记录员	操作师	讲解员

（2）闯关任务三：利用工具，合作完成口腔模型的制作。

（3）教师巡视，交流指导。

（三）展示与交流

出示评价要求：

（1）能做到合理分配任务；

（2）能合作完成口腔模型；

（3）能做到正确排列牙齿的位置。

由小组内的讲解员上前展示小组制作的口腔模型，并根据评价要求分享制作的过程和体会。

（四）评价与总结

（1）根据评价要求在活动评价表中进行自评、小组互评。

（2）根据今天所学内容，交流想对小明说的话。

（3）知道牙齿对人体的重要性，教师进行总评与总结。

（五）拓展

通常你习惯用哪一边来咀嚼食物呢？经常使用一边咀嚼，你的脸会发生变化吗？由此引出下节课的内容，开展"一样，不一样"的活动，揭开脸部的密码。

五、教学反思

本课是银杏主体探究课"生命美"版块"生命密码·身"中奇妙的五官这一单元的第一课。要求通过数一数、试一试等活动知道自己牙齿的数量、名称及作用；利用所学的牙齿知识，小组分工，合作制作一个口腔模型。整节课通过学生们喜爱的绘本故事引入，以"小明"这样一个卡通形象，围绕牙齿这个线索贯穿，用闯关这一带有趣味性和挑战性的方式去发现问题、解决问题，总结出牙齿对人体的重要性。

一年级学生对自己的五官及身体部位很熟悉，也很好奇，想要更深入地发现和探究。通过这节课的学习,学生对口腔中的牙齿有了进一步的认识和了解。在不断探究牙齿知识的过程中发现问题、分析问题、解决问题,提升了学生自主探究的能力,同时在学习的过程中也明白了保护牙齿的重要性。

2. 生活美版块生活品质活动

以生活美版块生活品质活动为例,5个年级的探究主题与劳技、信息技术、数学学科进行统整,将人文性和科学性结合起来。

案例 15

"生活品质——小小服装设计师"教学设计

北蔡镇中心小学一年级教研组

一、课程主题

生活品质——小小服装设计师。

二、活动过程

(一)制作立体装饰

一整块的不织布,如何剪裁? 小组六人如何公平分配? 孩子们讨论剪裁方案(见图 4-2),剪裁后合理分配,自己亲手制作送给妈妈的裙子。用彩色的珠子、亮片,在裙子上粘贴各种样式的立体装饰。

(二)绘制小手帕

小组讨论,分工合作,将白色的手帕装饰得色彩缤纷(见图 4-3)。

(三)调制特色冰块

图 4-2 孩子们讨论不织布的剪裁与分配

小组合作探究,完成调色任务(见图 4-4)。试一试、调一调,原来两个颜色调在一起,真的发生了和绘本故事里一样奇妙的现象。孩子们一起给彩色冰块的拥抱编了一则则有趣的故事。

图 4-3　孩子们在装饰白色的手帕

图 4-4　孩子们在调色

（四）尝试扎染

湿巾折一折、皮筋扎一扎、颜料染一染，打开看看，哇！白色的湿巾被染出了漂亮的颜色。通过仔细观察、小组讨论，孩子们发现每一块扎染的湿巾上的颜色图案都是有规律的，但每一块湿巾上的颜色排列又都不一样。原来不同的折法、扎法、染法会产生不一样的扎染效果（见图 4-5）。

（五）扎染蝴蝶

孩子们还发现很多蝴蝶的身上有漂亮的花纹，而且有的蝴蝶身上的花纹排列很有规律，和我们扎染出来的彩色图案很像。

图4-5 孩子们展示扎染效果

图4-6 小朋友展示湿巾变蝴蝶

怎么把扎染的湿巾变蝴蝶呢？一点点叠起来，中间用彩色的小木夹夹起来，两边慢慢展开，一只只漂亮的蝴蝶诞生了（见图4-6）。

（六）绘制个性T恤

一件白色的T恤，能穿吗？当然能，小朋友们来试一试，原来真的是一件件T恤，可是没有任何装饰。老师布置活动任务，提出要求。孩子们分组讨论，明确分工，团结合作，完成给T恤绘画的任务，突出小组个性（见图4-7）。

图4-7 孩子们给T恤绘画

（七）绘制个性 T 恤

在 T 恤上绘画出现了什么问题？你们小组又是怎么解决这些问题的？孩子们共同探讨在绘制过程中发现的问题，提出解决问题的方法，一件件白色的 T 恤在孩子们手中变成了一件件漂亮的彩绘 T 恤（见图 4-8）。

3. 生态美版块生态系列活动

以生态美版块的生态系列活动为例，其中的"生机湿地"探究主题与自然、美术、语文学科进行统整，教导学生了解动植物的特点，学习动植物的观察方法，运用自然笔记方式，将自己对自然的观察、学习、感受与体会，通过图文并茂的自然科学日志形式进行记录。

图 4-8　小朋友展示绘制好的个性 T 恤

案例 16

生态系列之生机湿地活动介绍

北蔡镇中心小学四年级教研组

第一课：生机湿地活动介绍

老师以图文并茂的方式带领学生了解什么是生机湿地课，学习的目的是什么。先从宏观面系统地介绍，再由大及小，引导学生思考自己所在的这块热土的过去、现在。在循序渐进的过程中，教学目的水到渠成地达成，并让学生明确了本课程学习的形式、要求等。

第二课：奇妙的水，介绍水的三态变化

整节课设计巧妙。老师先播放雨水、小溪流等自然界的声音让学生猜测，这样的环节设计大大提高了大家的参与积极性。之后老师又用看一看、猜一猜的方式引导大家了解水的三态变化。更值得一提的是，课上老师打破了原先的班级小组，重新组队，让每一个小组合作完成水的三态变化示意图，并请每位同学在便条贴上写好水的形态和作用。

第三课：自然笔记（以图文并茂的方式画出观察到的动植物）

课上，老师展示了自己的自然笔记（见图4-9），惊艳到了在座的每一位同学，这样一本笔记足以彰显老师的功底。然后老师很清晰地通过例子讲解让大家明白自然笔记的六要素，并讲述如何进行图和文的合理布局。例子明晰，讲述清楚，学生回答问题参与度高，课堂效果较好！除了讲述，还有课外观察。也就是老师带领大家到学校的小池塘边上去观察植物，选择自己喜欢的作为自然笔记的内容，这就是学有所练吧！

图 4-9　自然笔记分享

第四课：餐桌上的湿地植物（1）

老师事先做了充分准备，不仅有湿地植物特征检索卡，还特地从菜场里买了水芹、荸荠、藕等。先卖了一个关子，给每组学生一张水生植物图片和检索卡，然后要求学生对照着找出它的特点，再通过 PPT 交流学习，对照图片猜一猜。揭晓答案后又让大家拿着食物看看、摸摸。课堂气氛活跃，同学们参与度高，这也是学生自主学习的过程，培养了他们质疑、探究、合作的能力。

第五课：餐桌上的湿地植物（2）

本节课延续了上一堂课讨论的问题，在讨论交流的过程中让学生明白水生植物形态多样性的原因、作用还有生物适应性。同学们参与讨论，气氛活跃，老师及时点评和引导，并拓展了很多相关知识，彰显出老师深厚的自然知识功底。最后，老师很认真地点评了之前的自然笔记作业，让同学们明白自己画得好在哪，不足在哪。

第六课：自然竞技场

上课伊始，老师先及时，有针对性地点评了自然笔记作业。之后，大家到教室外走廊里进行游戏，待老师详细、清晰地讲述规则后，同学们便兴致勃勃地玩开了。整堂课气氛很活跃，在这样动一动的环节中，同学们饶有兴趣地收获了知识。

第七课："芳香"

这节课，老师又准备了很有新意的游戏，让同学们闭着眼，排好队上来闻药瓶，再去旁边桌子上找同一气味的植物，在便条上写好对应的序号。同学们在参与的过程中,既兴奋又好奇。游戏的设计很巧妙,让他们轻轻松松就喜欢上了这节课,并全身心地投入其中去学习知识,知道不同的植物有不一样的香味,取得了很好的效果!

第八课：飞羽寻踪

这节课,先通过"指鼻子,猜一猜什么鸟"的游戏让学生很认真地去听各种鸟的特征,又通过鸟类迁徙游戏,很自然地解释了候鸟、留鸟、过境鸟的特点,其实就是在游戏中很好地引导学生达成了教学目标,这种设计比枯燥的讲述有趣、高效多了! 最后老师又讲了户外观鸟要注意的事项,整节课的环节安排得很紧凑,目标也很明确!

第九课：不速之客(1)

通过热身游戏自然地引出教学内容,让学生明白原生物种、外来物种、入侵物种的概念。通过老师的精心设计,知识的理解一点也不枯燥。从课堂环节安排上看,是层层推进的,有了概念上的认识,老师又通过"不速之客"游戏让学生通过对原生物种、入侵物种角色的体验产生切身体会,知道入侵物种对原声物种可能会产生的威胁,这就是认知上的深化。

第十课：不速之客(2)

这节课是对上一节内容的深化,有了游戏中的认知,这一节课老师比较系统地讲述了红耳龟、牛蛙、食蚊鱼、福寿螺等入侵物种的特点,让同学们巩固了已有知识,进一步丰富了认知。此外,还将知识进一步上升到了实践层面,也就是通过情境让学生思考怎样去制作保护原生物种的宣传牌,学生发言积极性高,效果较好!

第十一课：水稻(1)

老师巧妙地安排了一个情景剧,通过两位老师的参与,让同学们明白水稻是怎么来的,又让他们感受到了角色扮演的乐趣。有了示范基础,老师又给每个小组安排了情境任务卡,请他们利用课余时间合作排练有关水稻的情景剧,这样的安排很是贴合孩子们好表现的心理。

第十二课：水稻(2)

本节是这学期最后一次课,任务非常紧凑,各小组先上来展示自编的情景剧,老师给予每一组及时、有针对性的评价。之后,大家谈了本学期这堂课的学习感受,侃侃而谈,有感而发。他们收获了知识的同时,也收获了满满的自信,本学期的生机湿地课也画上了圆满的句号。

九、"家校共育"活动

"家校共育"是让家长成为学校课程的开发者、实施者、管理者和评价者,成为孩子生命成长的守护者,以此引导家长关注学生生命健康成长,形成家校协调一致的育人合力。

1. 基于健康体验教育的家校共育游戏课程,感受生命活力的美好

通过梳理不同年龄段学生的心理特点和成长需求,家校共同商议确定各年级的教育点。由班主任和家长共同开发完成家庭亲子游戏菜单。如"爱的呵护与陪伴"公共安全亲子拓展活动,将防火灾、防踩踏的知识和技能融于亲子游戏活动中;"童心飞扬 梦想起航"亲子游戏活动,通过游戏参与,培养学生勇敢坚强的意志品质,增强孩子的规则意识,激发学生和家长对体育运动的热爱之情,增进孩子与家长间的情感交流。家校联动实施,是孩子的成长课程更是家长的家庭教育方法指南。

2. 基于责任体验教育的家校共育公益活动,感受生命互助的美好

"你快乐所以我快乐"家校共育公益活动以家庭为单位,与社区独居老人爱心结对,定期开展的爱心志愿服务活动。

2016 年正值北蔡镇中心小学 110 周年校庆,学校一改以往校庆思路,让教师、学生共同思考校庆年我们可以做些什么。讨论过程中逐渐形成共识,即百年北小发展过程中始终得到社会各界的关怀和支持,校庆年之际我们要用实际行动反哺回馈社会。为此策划开展了"你快乐所以我快乐"爱心众筹志愿服务活动,用实际行动为校庆 110 周年献礼,并生动诠释"务实、奉献、和谐、包容"的银杏精神。用义卖所得善款为社区 110 位独居老人每人捐赠了一部爱心助老电话机,让老人在急难之时能迅速有效地求助身边人,保障独居老人的人身安全。并成立 110 支志愿服务队,与 110 位独居老人进行一对一的结对助老服务。通过这样的家校共育公益课程让家长和孩子在服务老人的同时增进亲子沟通,共同感受为别人带去快乐就是最大的快乐。

3. 基于职业体验教育的家校共育创业活动,感受生命价值的美好

学校将专题教育课、主题教育课等各类活动课程与社会实践活动、社区服务等学生的主体性实践体验紧密联系在一起,开发实施"银杏创业街,快乐创意园"家校共育创业课程。创业课程是北小的老师、家长陪伴着孩子们一起策划、实施、开展的一次创业、创意、创新之旅,引导学生开展企业文化探究、创业实践体验等阶段课程的学习,让学生体验生存、生命安全,感受生命价值的美好。

课程实施过程中将社会资源变成教育资源,各中队在创建的模拟社会中都经历了一个企业由创建到开业再盈利的全过程。在企业创建的过程中,家长们作为企业顾问后援团,带领着孩子们商议企业运营主题,教会孩子们设立职业岗位、明确岗位职责,给孩子们提供资源场所作为实习基地……直至最后的开张营业。创业街开张当天,在全体学生共同构建的模拟小社会中,学生们通过团队合作体验闯关积分,通过竞争推优上岗、促销服务、讨价还价等感受社会竞争带来的诸多体验。家长们运用自己的专业知识给孩子们建议,为他们服务。

4. 基于融合体验教育的家校共育体验活动,感受生命关怀的美好

"让生命在融合中绽放"家校共育体验课程中,家长鼓励自己的孩子主动牵起辅读学校的孩子们的手,教会孩子们把友爱温暖传递给牵手的小伙伴,帮助辅读学生体验成功的喜悦,在帮助他人的过程中收获自己的成长,实现精神生命的真正成长。

特殊学校爱心融合课程中,学生在"合作竞技、兴趣融合""趣味运动、快乐融合""实践体验、创业融合""关爱老人、爱心融合"等爱心课程中主动伸出关爱之手,帮助自己的融合小伙伴完成课程项目,体验成功的快乐。在"实践体验、创业融合"爱心课程中,学生带领着自己的融合小伙伴开展探究实践,带着他们游览北小的银杏创意街,展示了文明小公民的素养。在"关爱老人、爱心融合"爱心课程中,在慰问社区独居老人时,北小的学生让辅读小伙伴从被人帮助的角色中转换成帮助别人的人,感受服务他人的快乐。

5. 基于理解体验教育的家校共育研学活动,体验生命成长的精彩

"一带一路"家校共育研学体验课程中,家长和老师共同成为学生研学的

引领者,引导学生通过"一带一路"学习之旅将自己的成长格局和国家命运联系在一起,让爱国的情怀成为我们生命成长的源动力。通过"一带一路"探索之旅了解一带一路沿线国家(地区)的风土人情,感受中国的传统文化与各国文化的融合。通过"一带一路"学习之旅,同学们提高了研学能力,形成了经济意识,提升了个人素养,正努力成长为"中国心、世界眼、全球脑、国际范"的北小阳光少年。

活动成果展示当天,在全校老师、家长的帮助下,北小校园变身为一个大型的学习场、探究场、合作场、体验场。校园内分成六个区域:任务点、学习场、美食馆、礼品兑换点、银杏银行、挑战任务资格赢取点。校园里的每间教室、每个角落都成为学生培养关键能力、提升学习兴趣的平台。学生以团队为单位,人手一本《团队研学手册》,一同前往任务点领取基础任务、挑战任务、特殊任务,前往相关学习场完成团队任务,获得积分。此时,学生运用课堂内学到的本领去寻找解决问题的有效方法,学到课堂之外的知识、技能,同时还将接受文明规范的情景考验。无论解决问题是成功还是失败,对于学生来说都将是一种宝贵的体验。

第三节 实 施 策 略

一、循序渐进策略

构建"生命美育"目标体系,通过目标体系的构建使全体教师明确学校"生命美育"整体育人目标、分年级育人目标、分年级学科渗透目标、阶段推进目标等,在明确、系统的目标引领之下,有计划、有步骤、循序渐进地规范实施。

二、情感渗透策略

"生命美育"既要对学生进行科学知识的传授,又要引导学生贴近生活、体验生活。因此,我们坚持情感渗透策略,在每一门课程实施过程中,注重对学生生命成长的尊重与呵护,融知、情、意、行为一体,引导学生丰富人生经历,收获生命体验,以此激发学生生命活力。这也是"生命美育"感受体验式课程的价值所在。

三、实践体验策略

体验是"认知—实践—感悟—内化—外显"这一完整的教育进程之中的重要环节。让学生在认知过程中体验、感悟是新课改的重要理念之一,"生命美育"感受体验式课程实践过程中坚持实践体验策略,充分发挥实践体验教育优势,尽力为学生创设实践、感悟的教育情境,促进学生形成认识,内化为素质,外显为行为,以此促使学生将知识转化为习惯和品质,力求达到"无为而为"的教育成效。

四、资源整合策略

在"生命美育"感受体验式课程建设实践中力求突破传统、狭小的学校教育空间,拓展"生命美育"渠道,整合、优化家庭、社区、社会资源,积极引导家庭和社会培养学生健康的生活习惯、与人和睦相处的技能和积极的生活态度,形成"生命美育"的合力,以此引导学生架起生活世界和知识世界的桥梁,让学生成为教育生活的主体。

第五章 ｜ "生命美育"感受体验式
课程实施的评价

对于教师落实"生命美育"的评价均采用自评、他评相结合的方式,并将落实"生命美育"的意识、能力和实绩与教师教学评优、职称评定、其他各项评优、年级组团队考核、优秀教研组(备课组)评选挂钩,运用评价激励引导教师积极实践研究。

第一节 课程评价

一、国家课程校本化实施的评价

每位教师认真推敲专家点评,填写《"生命美育"学科渗透课堂教学评价意见建议表》,各学科骨干教师、教研组长、备课组长汇总梳理、提炼教师意见建议,并拟订《北蔡镇中心小学学科课堂教学落实"生命美育"评价表(初稿)》,请各学科区教研员提出意见并加以修改、完善。在此基础上各学科组提供具有学科特点、实用合理的课堂教学评价标准,引导教师成为教学评价的主体,自主审视自己的教学实践过程,自我调控,不断改进。

二、"生命美育"校本课程实施的评价

对教师在"生命美育"校本课程开发过程中落实"生命美育"进行评价,主要关注"对目标的把握、内容的选择、教学的设计、评价的方式"四个方面。要求教师善于挖掘活动中所蕴含的与"生命美育"要求相关的内在要素,重视隐性目标的设计与落实,避免将"生命美育"要求与活动内容硬性捆绑。目标与过程的设计应尽可能贴近学生认知水平与生活实际,选用合适的学习方式,让学生在学习过程中内化"生命美育"要求,养成良好的行为习惯,形成正确的人生观和价值观。在评价中不要让学生机械地死记硬背各类名词与概念。

对教师在"生命美育"校本课程实施中的评价主要从以下三方面展开。

① 围绕"生命美育"主题注重引导学生全员参与。② 注重在探究实践过程中实施潜移默化的教育。③ 注重将知识技能的应用和情感态度价值观的培养有机融合。

第二节　学生评价

　　《上海市教育委员会关于小学阶段实施基于课程标准的教学与评价工作的意见》指出:"要设计符合课程特点和本校特色的评价体系,采用多种评价手段,实施多元评价,探索学年、学期等阶段性评价。""引导全体学生参与学习活动,促进学生的合作学习。"在"生命美育"感受体验式活动实施过程中,以团队成长为评价载体,采用多种评价手段,注重实施多元评价,并将之贯穿于每一节课、每一个月和每一个学期的始终。

一、过程性评价

(一) 课堂检测评价

　　(1) 课前。实施以预习导航为主要依据的检测自主学习能力的评价方式。注重引导学生开展分层次的自主学习活动,包括:① 以了解熟悉教材为重点的"个人自主学",方式有了解内容,划出重点,思考设疑(提出三个思考点:兴趣点、拓展点、突破点);② 以团队合作探究为重点的"团队合作学",方式有导学引领、团队分享、成果汇总。③ 以整合运用信息为重点的"综合运用学",方式有收集素材、梳理设计、自主统筹。对于课前自主学习的态度、成效,通过预习导航为主的检测评价方式及时反馈。

　　(2) 课中。实施以团队争星榜为依据的检测互动分享能力的评价方式。每节课前由专人负责将各团队标签贴于黑板上,用于呈现各团队全体成员课上倾听、参与、合作、分享、展示、竞赛等方面的综合表现,下课后再由专人负责将团队争星榜的得星数记录在各团队成长记录本上,每周定期播报,每月统计小结。每个队员的表现将直接影响团队的荣誉,因此团队骨干的及时督促、团队成员之间的相互提醒将大大推动班级表现的提升。

　　(3) 课后。实施以成果墙以及质量调研为依据的检测拓展体验能力的评价方式。充分运用教室内的学习成果墙,由学生自主认领并负责将各团队的课后探究成果、学习体验文章、新闻播报点评等进行展示、分享。各团队认领不同区域、不同主题的成果墙的布置,根据内容、质量等进行不定期评选,优秀团队可获得加星。

（二）游戏互动评价

实施"阳光体育、快乐无限"主题实践课程的过程中,老师先让孩子们观察四幅图案,再引导他们讨论"这样玩的后果"。孩子们经过讨论最终得出"有规则,守秩序,玩得开心又安全"的结论。课后,教师给学生布置了一道作业:设计一个游戏,写出规则和要求。然后请每一位设计者进行介绍,评选出五个最佳方案,在班级中推广。这样的课后作业深化了课堂内容,关键是能让学生从中学会在游戏过程中制订安全文明的游戏规则,从而理解安全、快乐的生活需要自己用实际行动去创造的道理。

（三）作品展示评价

学生的积极参与是课程有效实施的关键,课程评价也是如此。教师为学生积极创设展示、交流、评价的平台,让孩子们获得主动参与、用心体验的机会,通过各种形式的展示、分享,体验社会生活,享受快乐童年。

如英语学科结合主题单元学习开展中外节日文化探究活动,让学生们自由选择,组成编辑小组,合作完成节日英语手抄报。教师把所有团队合作完成的小报在教室内展览,民主投票评选产生最佳创意奖、最佳设计奖和最佳合作奖。这不仅是课程评价的过程,更是学生全员参与、共同学习、享受快乐的过程。

（四）助教表现评价

五年级的"道德与法治"在学生的提议、要求之下,采用师生合作授课模式,从课前、课中、课后各个环节中充分体现着师生共同发展、和谐共生的和谐美。

学期初由学生自主认领担任某一篇课文的"助教老师"。"助教老师"提前两周根据本课要点设计预习导航。在团队骨干的督促、提醒下,每位学生自主学习之后独立完成预习导航,各团队完成认领的主题探究任务,并根据完成质量获得相应的"小星星"。"助教老师"会先根据老师提供的教案、PPT资源,结合预习导航了解同学们除了课本之外与本科学习相关且感兴趣的内容,再运用网络搜集信息,拓展、充实内容,解疑释惑,并完成备课和PPT的制作。最后,与老师一起商议,对备课内容进行完善,并确定各环节助教和主教的分工。师生合作授课结束后,由"助教老师"进行授课自我评价,发表授课感言,学生对"助教老师"表现、各团队上课表现等进行点评。

二、阶段性评价

学校每月开展一次阶段评价表彰活动,以此让队员对于前一阶段的表现进行小结,并激励他们明确下一阶段的发展新目标。评价标准如表 5 - 1 所示。

表 5 - 1　团队评价标准

表彰项目名称	评选标准及方法
优秀队员	以团队为单位,首先,由团队骨干公布每节课对队员表现所作的情况记录,其次,由每位队员进行自我评价;再次,相互推荐;最后,以举手或投票形式民主推选产生 2 名优秀队员
优秀骨干	由全班同学根据各团队荣誉成绩、团队凝聚力、率先垂范作用发挥等方面情况,采用投票方式对团队骨干进行评价,以得票数多少决定是否当选优秀团队骨干,推选比例为 50%
优秀团队	根据各团队成绩、凝聚力、争星榜星数、特别嘉奖、闪电行动等方面情况,采用举手表决方式进行民主选举,按 50% 比例推选产生优秀团队

阶段评价表彰之后我们还会进行团队骨干重新改选、团队重新组建,不断激励有为同伴服务的热情之心、有能理解帮助队员的宽容之心、有积极进取的责任心的、深受伙伴信任的学生成为团队骨干,并带领团队全体成员通过完成一个个任务,接受一次次挑战得到成长。

三、终结性评价

(一) 比一比《上海市学生成长手册》

每学期评价运用以下多种激励方式,以此充分挖掘成长手册的优势与价值。

(1) 学生自主完成学习成长小报的设计、编辑,主要呈现三个方面的内容:一是总结本学期在课堂上的最大收获;二是记录最难忘的一次团队合作活动;三是确定下学期的奋斗目标。

（2）记录本学期各项荣誉评选,包括是否评到优秀队员、优秀领袖、优秀团队、最佳进步奖、最佳小老师、最佳新闻发言人、最佳星星榜等。

（3）阶段学习成果检测,期中、期末质量调研由各团队自主出题,老师负责汇总、梳理知识要点,学生以团队为单位互帮互学。答题方式有书面和口头抢答两种。书面可根据自己情况自主选择开卷、闭卷,获得不同等级得分。口头抢答可以申请两次检测,以得分高的一次作为最终等第填写在学生成长手册上。

（4）学生互评、激励。可自主选择团队内、外的伙伴对自己本学期在课上的表现给予评价,记录在成长记录册上,并提出改进意见。

（5）教师点评。老师对于学生在学习过程中的各方面发展情况给予综合性评价和激励。

（二）晒一晒团队成长包

通过"晒一晒团队成长包",充分展现成长记录册、个人自评表、团队评价表、拓展作业记录单等评价方式激励下的学生成果,让学生体验、感悟成长的收获。

团队成长包清单详见表 5-2。

表 5-2　团队成长包清单

序　号	主　　　题	评价内容及成果
1	"我们一家人"	团队信息表
2	"我行我秀"	团队个人自评
3	"团结就是力量"	团队评价记录
4	"快乐、成长课堂的精彩瞬间"	团队照片
5	"生活课堂你我他"	拓展作业记录单
6	"自主学习我能行"	团队预习导航
7	"我们的成长果园"	团队成果记录
8	"你快乐所以我快乐"	团队每日一善
9	"闪电行动"	团队项目承包记录
10	"小眼睛看大世界"	团队新闻分享记录

第三节 教 师 评 价

教师在"生命美育"中扮演着举足轻重的角色。"生命美育"感受体验式课程的开发与实施最终要依赖教师来完成。因此,我们积极探索如何提高教师的生命素养,加强教师队伍建设,关心教师身心健康,构建促进教师专业化发展的北蔡镇中心小学教师发展性评价体系。

一、年级组团队考核评价

学校采用"年级组团队考核"的方式,运用团队的力量激励教师积极向上,协作共进。学校由校长室牵头,各学科教师参与,拟订了《北蔡镇中心小学年级组团队考核评价方案》,引导教师参与制订"年级组团队考核过程性评价各条线检测要点"。学校着眼于教师团队的形成过程、绩效提升和成果推广,检测评价要点涵盖教师的工会活动、教育教学活动、教育科研等各方面,采用开放的评价过程和多元的评价主体。

例如,学校举行"银杏讲坛之茶浓寄情、书香塑魂"主题系列读书活动,通过生命与教育、品味人生、乐品共享、书海拾贝等版块内容的展示交流,引导教师通过阅读提高对生命的感受力,引发其对教育本真的深入思考,使之成为守护学生生命成长的人生导师。学校将各年级、各学科教师学习"生命美育"相关书籍的阅读成果纳入团队考核检测评价的内容,在挖掘树立典型的同时,促进全校教师读书,使教师的教育观念得到了更新。

二、教师课堂执行力评价

课堂教学是"生命美育"学科德育实施的关键环节。因此,学校制订了《学科教学落实"生命美育"评价表》(见表5-3),通过课堂观察,从教学的准备、教学方式、教学态度等方面,检测评价教师教学过程中"生命美育"的课堂执行力。教师"生命美育"课堂执行力评价着眼于教师专业发展视角,评价教师个人素养;着眼于学生本位,评价课堂教学设计;着眼于学习效果,评价课堂教学质量,从而提高教师"生命美育"课堂的执行力,促进教学教育行为的改进。

表 5-3　北蔡镇中心小学学科课堂教学落实"生命美育"评价表

姓名		学校	北蔡镇中心小学	授课班级			
学科		时间		节　次			
课题							
评　价　指　标				10～9分	8～7分	6～5分	4分以下
教学目标	教学三维目标设计有机整合"生命美育"审美化要求						
教学内容	合理挖掘学科教学内容和"生命美育"内容结合点,在进行学科知识教学中融入"生命美育"审美						
	课堂教学资源选择有机结合"生命美育"资源,在进行学科教学的同时,推进"生命美育"						
教学过程	能够针对学生的思想状况,结合社会生活实际,引导学生积极参与,在师生互动中培养学生正确的思想道德观念,突现学科德育功能,落实"生命美育",体现学科价值						
	善于在教学过程中捕捉教育时机,注重启发学生在"生命美育"方面的深入思考,即时生成"生命美育"资源,自然地开展相关教育						
教学效果	教师在落实学科教学要求同时,积极培育学生正确的民族精神观念和生命意识						
	学生从内心认可和崇尚教学过程中突现的正确的民族精神观念和生命意识						
教师素养	教师具备正确的民族精神观念和科学的生命意识						
	熟悉学科教学落实"生命美育"的基本要求,并在教学中熟练运用						
教学特色	学科教学与"生命美育"的结合自然完美,"生命美育"效果显著						
教学点评							
总分		等第		评议人			
备注	累计得分 85 分以上为优,75～84 分为良,60～74 分为中,60 分以下为差						

三、"银杏杯"系列活动评价

教师认真学习《上海市中小学"生命美育"指导纲要》《上海市中小学各学科教学进一步贯彻落实"两纲"的实施意见》,提升教师在学科教学中的育德意识和能力,确立"全面渗透"的思想,并以此指导自己的教学,充分体现自主、合作、探究的精神。开展主题式、序列化的"银杏杯"教师专业技能系列培训竞赛活动,将个人实践研究、专业培训指导与比赛展示分享有机结合,为每个教师的专业发展提供平台,促使教师的教育科研能力的提升。相继开展读书活动、"茶浓寄情、书香塑魂"之"生命美育"专题培训活动、"我的教育故事"叙事案例评选活动、"教育智慧大家谈"教师教育故事情景剧展演活动、"我的教学故事"论文评选活动、"我们的评价"论文评选活动,以及教师当堂撰写教学设计、当堂出卷、课堂教学、制作教学课件、说课、书法和教师演讲等研训比赛活动。"银杏杯"教师专业技能系列培训竞赛活动有力推动了课题研究的深入,教师的教育科研素养也有了显著提升。

第六章 | "生命美育"感受体验式课程
实施的管理与保障

北蔡镇中心小学坚持整体规划、分步实施的原则,立足实际,运用学习提升、骨干引领的策略开展"生命美育"感受体验式课程,并为课程的实施提供各类保障。

第一节 管　理

一、管理原则

（一）整体规划原则

整体规划包括三个方面:首先,是"生命美育"主题版块课程内容的同步推进。"雅健·生命与健康""雅怀·品格与社会""雅容·人文与情怀""雅趣·科学与创新""雅致·艺术与审美""雅思·乐学与善思""雅量·理解与包容"七个主题版块课程内容只有同时启动,同步推进,才能真正有序地使学生学习并掌握必要的生存技能,认识、感悟生命的意义和价值,培养学生尊重生命、爱惜生命的态度,学会欣赏和热爱自己的生命,进而学会对他人生命的尊重、关怀和欣赏,树立积极的人生观。

其次,是"生命美育"形式的同时推进。北蔡镇中心小学"生命美育"感受体验式课程实践的主要途径有两种形式:一是"生命美育"国家课程的校本化实施;二是"生命美育"校本课程的开发与实施。国家课程校本化实施的主要形式是以课堂教学为主,虽然可以进行系统的知识传授,但受空间的局限,呈现出静态的模式;"生命美育"校本课程开发与实施的主要形式是以实践活动教育为主,在动态的知识传递过程中达到内外结合,是知识的活化,是对学生开展"生命美育"的更深层次的延伸、扩展和提高。要达到"生命美育"的整体发展就必须实现两方面的横向贯通,同时推进。

最后,是"生命美育"各学科渗透教育的全面推进。在具体实施过程中,课堂渗透是突破的重点。

（二）循序渐进原则

建立北蔡镇中心小学"生命美育"感受体验式课程实施的目标体系,通过目标体系的构建使全体教师明确学校"生命美育"整体育人目标、分年级育人目标、分年级学科渗透目标、阶段推进目标等,在明确、系统的目标引领之下,有计划、有步骤、循序渐进地规范实施。

(三) 潜移默化原则

学生的生命情感和人生态度的建立是有规律的,因此,学校在实施"生命美育"时要坚持潜移默化原则,适时地、润物无声地引起学生心灵上的共鸣。我们将"生命美育"与学校思想道德教育,人格教育等进行整合,在设计课程时有所统整,使各块之间既相互联系又有所特色,选择贴近学生生活实际的内容加以设置,并科学地组织、编排,构建一套系统的"生命美育"实践模式。

在国家课程校本化的过程中,引导教师从以人为本的理念出发,以"生命美育"为核心,充分挖掘、有效整合"生命美育"内容,寻找教材与"生命美育"资源的最佳契合点,使原本局限于教材的教育资源由课堂走向社会、社区,改变教材内容时空、地域的局限性,使之与社会发展同步,与学生身边生活实际紧密联系,从而充满生机与活力。根据学生年龄特点、原有知识储备、经验基础、兴趣爱好等,注重利用学生的情感最近发展区,选择他们喜闻乐见的内容予以呈现、指导实践、促进体验、引导感悟,力求在师生、生生的互动中实现润物无声的教育,避免脱离学生实际的无效现象。

二、管理步骤

(一) 立足实际、整体规划

围绕学校"五育并举、全面发展"的办学理念,站在全校、全体教师、全体学生整体发展的角度,整合资源、整体规划,在此基础上制订"生命美育"感受体验式课程实施方案,并以教师、学生座谈会,家长、社区问卷等各种形式广泛地听取意见、建议,以此为依据,进一步修订实施方案,使之目标明确、思路清晰、举措具体,并得到普遍认同。

(二) 建章立制、发挥职能

围绕"生命美育"感受体验式课程实施方案,学校建立了相应的保障措施和调控机制。由校长室、教导处、教科室、德育室等部门相关人员分别组成实施研究小组和工作推进小组,负责课程实施的统筹规划和操作部署。以目标管理体系为主要管理模式,在"生命美育"感受体验式课程领导小组统筹协调下,制订推进细则,有序推进。在此基础上,充分发挥各部门的职能,以及全员参与的积极性,共同参与讨论、完善制度。

(三)分层部署、扎实推进

把握好规划、实施、调控、总结四个重点环节,是"生命美育"感受体验式课程取得实效的关键所在。北蔡镇中心小学在实施"生命美育"感受体验式课程过程中坚持整体规划、分层部署、有效调控、全面总结的实施过程,坚持结合实际,突出重点,注重过程的实施原则,确保课程实施扎实推进、有序有效。

(四)动态管理、优化操作

坚持从实际出发的原则表现在:一方面对在"生命美育"感受体验式课程实施过程中所发生的问题、困惑等进行重点关注,在此基础上不断调整、完善方案;另一方面在动态管理过程中,密切关注科学性、操作性,以此确保课程实施的有效推进。让有效的组织管理贯穿于学校各项教育教学工作中,并使课程得到有序、有效的实施,引领学校的整体发展。

三、管理策略

(一)学习提升策略

(1)广泛宣传、明确意义。通过行政会、全教会、骨干教师会议、宣传橱窗以及校园网等各种渠道,有步骤地进行广泛宣传,以此让教师明确将"生命美育"和课程改革相结合,将学科教育教学规律和落实"生命美育"的学科特点相融合,将提高育德能力促进教师专业发展和育人为本促进学生全面健康发展相结合的重要意义。

(2)认真学习、增强意识。"生命美育"在国家课程中的校本化实施是一种全员性策略,北蔡镇中心小学积极引导全体教师学习《上海市中小学生生命教育指导纲要(试行)》《上海市中小学各学科教学进一步贯彻落实"两纲"的实施意见》等,在此过程中提升教师在学科教学中的育德意识和能力,共同确立"全面渗透"的理念,明确学校开展"生命美育"国家课程校本化实施的具体举措。

(3)专家解读、明确目标。邀请上海市德育特级教师、心理学专家,以及各学科教研员分别为各学科教师开设专题讲座,阐述"生命美育"对于学生生命健康成长的重要意义,解读各学科"生命美育"渗透重点和难点,指导各学科落实"生命美育"的操作策略,以此进一步使各学科教师明确"生命美育"是学科本身的任务,是各学科的一个重要组成部分,各学科教学要以落实"生命美育"为突破口,形成融知识与技能、方法与过程、情感态度与价值观为一体的教学观。

(二) 骨干引领策略

"生命美育"感受体验式课程实施专题研修充分发挥市、区、校三级骨干梯队的引领作用。以"骨干风采展示周"为载体,发挥区级骨干专业引领作用。以"让课堂绽放生命之花"为主题,通过专题报告、教学展示、说课、案例评比等各种形式展示校骨干教师风采,参与率达到100%。同时,通过"银杏风采奖"和"银杏潜力奖"评选等激励机制,将能力和实绩作为校级骨干评审重要依据。在此基础上,为获得"银杏潜力奖"和"银杏风采奖"的教师制订阶梯式的专项培养计划,由区级骨干带教,采取多途径的培养措施,挖掘潜力、助推成长,切实提高"生命美育"感受体验式课程实施的能力。

(三) 合作共享策略

(1) 营造合作研究氛围。形成以校长室为主导,教导处为桥梁,教研组、备课组为主体的三级推进网络。各学科教研组、备课组围绕学校"生命美育"感受体验式课程实施方案精神和要求,针对课堂教学存在的问题,寻找本学科与之相结合的切入点,开展实践研究,形成研究与实践的互动机制。80多位教师形成了11个子项目组,涵盖了语文、数学、英语等所有小学基础型课程相关学科。做到"组组有研究项目,人人有研究内容",形成了浓郁的合作研究氛围。

(2) 构建合作研究制度。立足于学校实际和教师成长需求,积极构建北蔡镇中心小学团队考核检测要点、北蔡镇中心小学"生命美育"专题校本研修活动制度、北蔡镇中心小学"生命美育"专题校本研修考勤制度、北蔡镇中心小学"生命美育"专题校本研修学习培训制度、北蔡镇中心小学"生命美育"专题校本研修对话交流制度、北蔡镇中心小学"生命美育"专题校本研修课题研究制度、北蔡镇中心小学"生命美育"教师激励保障制度、北蔡镇中心小学优秀备课组评选制度等一系列"生命美育"专项激励保障制度,从而为引导教师参与实践、积极合作,促进课堂执行力的提升提供了坚实的机制保障。

（3）形成合作共进机制。通过优化年级组团队考核和优秀备课组评审制度,将"生命美育"感受体验式课程实施的有效提升作为重要评审指标之一,以此进一步增强教师团队凝聚力,加强教师之间对于课堂教学的交流和共享,同时,也有利于提高教师的认同度和内驱力。

（4）搭建合作共享平台。借助校本研修平台充分挖掘校园网交流、互动、展示功能,实现教学资源共享,展示"生命美育"教学实践经验,分享个性化教育智慧。

第二节 保　　障

一、整体规划保障

围绕学校办学理念,立足学校实际,在整合各类教育资源基础上进行整体规划,并制订以"生命美育"为核心的学校课程实践操作方案。

二、组织制度保障

建立相应的保障措施和调控机制,成立课题研究领导小组和工作推进小组,建构目标管理体系,制定分目标及措施的推进细则,完善课题研究实施规章制度,发挥学校各部门的职能。

三、队伍建设保障

在对学生实施"生命美育"的同时,也不放松教师队伍建设,"生命美育"过程是教师和学生双培育双提高的过程。北蔡镇中心小学注重运用三项策略,促进教师"生命美育"能力的提升。

（1）问题需求策略。在应试教育形势下,德育和美育教育不受重视,学生身心健康受到影响。班主任也普遍意识到系统地实施"生命美育"主题教育课程的重要性,然而实施过程中发现,主题教育资源匮乏,单靠个人的力量去开发又迫于学科教学的压力而显得力不从心。久而久之就严重影响了"生命美育"主题教育课程的课堂执行质量。为此,学校组织了以"骨干引领+同伴互助+自我反思"为基本模式,由全体班主任共同参与的问题化、主题化、系列化的"生命美育"主题教育课例集的开发与实施。以工作中遇到的问题以及学生的现实需求为导向,引导教师积极参与实践、交流、共享。这些共享资源又为教师进一步提高主题教育课程课堂执行质量奠定了坚实的实践基础。

(2)合作共进策略。各个学科教师根据教学指导意见中的教学建议认真落实"生命美育"学科渗透,在此基础上,各学科每一单元选取一篇课例,由各备课组教师自主认领之后,按照以下程序开展实践研究:明确突破研究重点—个人自主实践—实践成果初步展示—备课组、教研组共议、修改、完善—个人再实践—实践成果再次展示—备课组、教研组共议、提炼、总结—形成共享资源。在此过程中积极拓展渗透的广度和深度,收集筛选相关信息资源,形成"生命美育"学科渗透温馨贴士,作为教学指导意见的补充与拓展。经过备课组、教研组共同商议、完善之后最终形成北蔡镇中心小学各学科"生命美育"课堂实施策略贴士集锦。

(3)网络共享策略。引导教师充分挖掘校园网交流互动功能,大家共享资源、共同进步。充分运用校本研修平台,通过专题论坛进行反复磨课、评课,参与交流共享。大量教案、教学反思、课件、教学视频等进入了资源库平台,方便大家共享、展示,共享个性化的教育智慧。

第七章 | "生命美育"感受体验式课程
开发实施的成效探析

建立"生命美育"评价体系,更多体现关注学生生命体验的过程性评价,使"生命美育"感受体验式课程更为有序、系统,体现趣味性、体验性。在此过程中,有效促进了学生的生命成长,促进了教师"生命美育"专业素养的提升,促进了学校课程建设内涵的丰厚。

第一节 促进学生生命成长

教育之"育"应从尊重生命开始,唤起美好"善"根。教育回归自我,就必须关注学生的生命。现代教育以学生丰富的生命体验为前提,使学生保持良好的积极开放的态度,引领学生多层次地认识生命、建构生命之信仰、实现生命之和谐,这就是追求真、善、美的内在基础,也惟有如此才能让学生如花生命在自己的时空中幸福快乐地成长。

一、"生命美育"国家课程校本化实施促进学生生命成长

课堂生活占据了学生学校生活 70% 以上的时间,是学生自我发展的主要精神阵地,其主体是成长的生命,因此要从生命的高度,用动态生成的观点构建"生命课堂"。生命课堂是以学生为主体,课堂为阵地,师生之间开展的一种充满生命活力的思想、文化、情感交流活动,课堂应成为师生生命相互激活、彼此成就、共同成长的场所,以此展现生命活力,提高生命质量,提升生命价值。

(一)平等对话的生本课堂:从"教授"转向"引导",激发学生生命潜能

新课程标准指出:教学活动应在师生平等的对话中进行。生命课堂以学生为中心,师生双方成为就某些问题进行探讨的对话者。课堂也因为有了多维的对话体系而变得活泼,充满生机和活力,由此从"教"到"学",激发学生生命潜能;从"传授"到"体验",引导学生感悟生命意义;从"书本"走向"生活",提升学生生命境界;从"规划"到"自主",引领学生生命自由发展。

例如,我们采纳学生提出课前两分钟开展"新闻坊"的建议,让每位同学都有机会担任新闻发言人,制作 PPT 演讲;随即口头播报或是制作新闻小报张贴在中队角展示。由此,同学们关注、了解身边事、热点事、重要时事的兴趣高

涨,"新闻坊"也成了学生分享、交流生命美、生活美、生态美的一个精彩舞台。

平等对话的课堂给了学生不一样的感受。在一个刚毕业的学生来信中有这样一段话来描写她心目中的道法课:这是个快乐、合作、特别的课堂。这里没有老师严厉的管束,有的只是"小老师"自主的管理。当然,课堂也不会因此而变得吵闹,因为我们都有着团队意识,在不知不觉中,我们都已明白要为整个团队的荣誉而好好表现。而课上,就是拓展的内容和有趣的体验游戏,这样民主、平等、快乐的课堂让我们无法不喜欢。

(二) 贴近实际的生活课堂:从"书本"走向"生活",提升学生生命境界

没有生活也就无所谓生命,生活的过程也是生命不断发展完善的过程,"生命美育"对生命的关注、幸福的追求、人格的塑造都必须建立在"生命美育"与生活世界相融的基础上。生命课堂是贴近实际的生活课堂,在"生命美育"内容选取上与学生的生活融为一体,变成学生主体生活的实际内容,使学习不再是被动接受,而是生活、生长的过程;不是被动等待,而是参与、体验的过程,以此让学生在关注生活、思考生活中体验、感悟、创造美。

在教学课文《一诺千金》时,我们请学生结合生活实际制定目标,并本着一诺千金的态度付诸实践。比如,面对班级卫生状况不如人意的现状,大家群策群力,课上当场开展闪电行动,包括小眼睛闪电行动,迅速扫描需要改进的方面;小脑子闪电行动,快速思考如何改进的方法;小团队闪电行动,快速改变教室面貌。这样的闪电行动让学生懂得要用实际行动践行诺言,让自己的生活更美好。课后,我们又通过"每日一善"等拓展任务,引导学生践行生活之美。不需要轰轰烈烈,也不需要惊天动地,只要做到长期坚持,只要能在日常生活、学习中践行与人为善就是好的表现。如为同学捡起一支笔;原谅同桌的无心之过;关心同伴的情绪变化等。由此,在日常生活、学习过程中坚持"善言、善行"逐渐成为每天的习惯,同时也成为获得成长和快乐的关键所在。

(三) 注重体验的生动课堂:从"接受"变为"体验",引导学生生命感悟

生命课堂是注重体验的生动课堂,通过在教育生活世界中适当创设有意义的情境,诱发学生的生命直觉,唤醒他们的生命体验,使他人、它物融入我"心",浸染生命,感动人生。生动的课堂能使学生产生强烈的情感体验,撼动学生心灵,使学生体验、感悟到自我生命的存在与珍贵,学会在向外探求的同

时,不断在内心追问自我,认识自我,反省提高自我,从而唤醒生命意识,开发生命潜能,提高生命质量。

在执教语文课文《你是一个巨人》的过程中,课前,老师引导学生在预习课文时,通过上网等渠道查找有关热爱大自然的名言反复诵读,懂得"爱自然爱生命"是一个永远值得称颂的话题。课中,通过阅读感受、鉴赏文中描写大自然的美好语句,引导学生懂得人类应该用自己强大的力量保护大自然的道理。让学生通过朗读深刻感悟,内化行为,懂得热爱大自然就是热爱生命。课后,给学生布置相关学习任务:① 向同桌或好友讲述一个自己"热爱自然,保护环境"的事例;② 以小组为单位讨论如何将环保落实于行动。这一做法将情感体验引向学生自身,引向学生的日常生活,加深学生的情感体验,使他们获得情感上的共鸣。

(四)思维碰撞的生成课堂:从"规划"变为"自主",引领学生生命创造

生命课堂是思维碰撞的生成课堂。我们在教学中采用与学生聊天、游戏、讲故事、猜谜等方式来创设一个自由、宽松的课堂教学氛围,激发他们的学习兴趣,使动态生成成为可能。在此基础上,通过生生互动、师生互动,大家平等交流感受,提出建议,大胆表达收获、结论,使课堂上出现了一些意想不到的"高见"和"高潮",师生创新思维不断迸发。如此,课堂会因生命的投入而鲜活,因生命的相互润泽而成长,因生命的自由而绽放出创新火花。

在三年级课文《同在蓝天下》学习过程中,我们引导学生在创设的模拟盲人生活的情境中,真切体验盲人生活的艰辛,增强他们对盲人的理解和敬佩。在此基础上,通过模拟盲人受歧视的情景,让学生深切体会被歧视的痛苦,从而产生悦纳万物,共生共融的强烈愿望。

(五)意趣横生的生态课堂:从"评价"变为"激励",促进学生生命成长

生命课堂是意趣横生的课堂,师生共同构成课堂生态主体,师生之间是互学共生的生态关系,没有学生的发展,这种活动的价值就失去了重要的依托。"你中有我,我中有你"是师生之间共生、共存统一关系的形象写照。

此处以五年级道法课为例。五年级的道法课在学生的提议、要求之下采用师生合作授课模式,从课前、课中、课后各个环节中充分体现着师生共同发展、和谐共生的和谐之美。

学期初我们让学生自主认领担任某一篇课文的助教老师。由助教老师提前两周根据本课要点设计预习导航。每位学生在团队骨干的督促、提醒下自主学习，独立完成预习导航的任务，各团队认领主题探究任务，并根据完成质量获得"小星星"。助教老师根据老师提供的教案、PPT 资源，结合预习导航了解学生除了课本之外与本科学习相关的兴趣点，运用网络搜集信息，拓展、充实内容，解答疑惑，并完成备课和 PPT 的制作。与老师一起商议，对备课进行完善，并确定各环节助教和主教的分工。师生合作授课，授课结束由助教老师进行授课自我评价，发表授课感言。之后是学生对助教老师表现、各团队上课表现等进行点评。

由于道法备课是在老师指导下由助教老师站在学生的角度，尊重学生需求的基础上完成的，所以上课的内容、形式为学生所喜爱，语言浅显易懂，课堂气氛和谐轻松。

二、"生命美育"感受体验式校本课程开发实施促进学生生命成长

（一）关注他人与自我，增强对于生命美好的情感体验与理性认识

通过"生命美育"校本课程的开发实施，教师紧密结合自己对生命的认识和体验，积极唤醒学生的生命意识，引导学生发现、感受、鉴赏、创造生命的美。

如在"生存·自护"课程中，为了让学生更好地了解生命现象，老师通过"我的名字""成长的脚印""爸爸妈妈的手""可爱的家"等主题教育课程，先让学生通过"神奇的生命"主题短片了解自己的成长历程，再创设家庭的温馨生活情境，让孩子们知道自己是怎样一点点长大的，自己的爸爸妈妈，爷爷奶奶在自己成长过程中的付出。让孩子们了解家人为了自己的出生做的种种努力，感受每一个人的生命要经历"胎儿—出生—成长—衰老—死亡"的过程。孩子们在这一学习过程中流泪了也笑了，他们明白了每一个生命皆受之父母，成于社会，凝聚众多情感，被寄寓无限希冀，从而也明白了生命的意义。

在"心门·心窗"课程的"健康你我他"专题教育课上，我们通过孩子亲身经历的换牙、保护眼睛、夏季游水、郊游等丰富多彩的生活实际，引导孩子们通过辨析、讨论遭遇意外伤害时的痛苦和烦恼，增强自我保护的意识和能力，让自己和身边的人都学会珍惜生命，健康快乐精彩每一天。

　　在实施"生命·精彩"课程之"阳光体育、快乐无限"社团实践课程的过程中,老师出示了四幅小朋友玩游戏的画面,让学生们讨论"这样玩的后果"。学生们结合自身生活实际和想象,最终得出了"有规则,守秩序,才能玩得开心又安全"的结论。课堂学习不是我们的终点,课后延伸也很重要。课后,老师布置了作业:让学生设计一个游戏,写出规则和要求;请每一位游戏设计者进行介绍,由全班同学评选出 5 个最佳方案在班级中推广。我们要让学生学会如何制定规则,如何保护自我的安全。我认为,这样的课后作业深化了课堂内容,关键是能让学生从中学会在游戏过程中制定安全文明的游戏规则,从而明白安全、快乐的生活需要自己用实际行动去创造的道理。

　　真正的"生命美育"是触及心灵的教育,是感染灵魂的教育。五年的小学生涯即将结束,其中有欢笑也有汗水和泪水,在"生命·成长"五年级毕业典礼仪式教育课程实施过程中,我们通过各种方式的体验活动创设情境,在学生参与表演的过程中,打开他们的记忆之门,让他们体会喜怒哀乐,回味、分享小学生活的点点滴滴和精彩瞬间,从而更懂得友谊的可贵。

　　(二)关注人与社会,提高孩子创造美好生活的能力

　　我们的课堂教学将"生命美育"贴近学生生活,融于日常教育活动中,把课堂教学与课外教育活动有机结合起来。鼓励学生走向校园、走向家庭、走向社会,让他们在关注生活、思考生活中体验,参与实践,促使孩子产生最真实、最有触动的内心感悟和体验,以此培养学生发现、感受、鉴赏、创造生活美的意识与能力。

　　"点亮生命"主题实践课程形成了"我与家庭、我与集体、我与社区、我与城市、我与祖国、我与地球"六大版块,每一版块的内容都从学生生活实际出发,激励学生在实践中,用实际行动去创造生命的美,体现生命的价值。如在"我与社区"社会实践课程开发实施过程中,我们引导学生就社区的特色展开调研,采访为小区提供服务的人,了解他们的工作性质,并主要就社区环境、社区文化宣传等展开调查。结合浦东新区"全国文明城区创建"工作,开展"小小志愿者"文明行动,以雏鹰假日小队活动为载体,担任小区安全文明巡视志愿者,去感受小区内的文明和温馨,用火眼金睛去发现小区内的"不和谐音符",并运用聪明才智创造美丽的生活环境。又如在"我与社区"版块的"社区美如画"一

课中,学生在了解、宣传社区美如画活动之后参与了"吹响垃圾集结号""响应无烟总动员""宠物文明养"等实践行动,并从中深刻体验到美化环境对于提升小区居民生活品质的重要意义。开展家庭垃圾分类调查、母亲河白莲泾的污染源调查等实践活动,通过小手牵大手的亲子合作调查,发现和解决生活中的实际问题,体验和感受环境保护对于提升生命质量的重要作用。

父母是孩子最好的老师。"生命·践行"课程之"眼界计划之职业体验"实践活动课程不仅拓宽了学生的视野,更重要的是引导学生从中感受到了父母对工作的热爱。以父母为榜样,可感染学生,教育学生,激发学生的学习热情和对生命的热爱。可馨同学在职业体验中写道:"今天我跟妈妈上了一天的班,原来妈妈一天的工作内容这么多。查看数据、开会、讨论问题、写邮件,但妈妈都处理得很好。我要向妈妈学习,做任何事情都要勤奋,努力,踏实。而且不管是学习还是做事,要定好短期目标和长期目标,实现一个目标,再向下一个目标努力。今天的体验活动真有收获啊!"

2016 年,北蔡镇中心小学迎来了 110 周年的校庆,学校一改常规的校庆思路,开发实施了"你快乐所以我快乐"爱心众筹社会实践特色课程。我们将义卖所得钱款为社区 110 个独居老人购买了科技助老电话机,让老人们在急难之时能迅速有效地求助身边人。此外,还自发成立了 110 支志愿服务队,与110 位独居老人进行一对一的长期结对助老服务。由此,让每一个孩子,在爱心助老服务实践中,亲身感受用行动关爱身边人的美好。如今,"你快乐所以我快乐"爱心服务活动正在社区如火如荼地开展着。有班级在第一次上门服务时了解到老人有高血压,在家长的支持下,他们凑钱为老人购买了血压计。暑假里,孩子们来到结对老人家中帮助打扫卫生,表演精彩节目,送上慰问礼品,带去童真的祝福和欢笑。重阳节到了,孩子们带着亲手制作的饼干、贺卡和祝福到社区爷爷奶奶家祝他们节日快乐。迎新年时邀请独居爷爷奶奶到学校共度佳节,97 岁高龄的李诚民爷爷活动当天显得特别激动,在现场讲述了自己一直以来受孩子们关心、照顾的事情,感激之情溢于言表。在我们的爱心结对群里面,家长们对于活动的支持力度也让孩子们备受鼓舞,满满的正能量和孩子们的成长,不断鼓励着我们按照预定的课程设计思路坚定地向前走。随着这一"生命美育"校本课程的推进实施,我们不断收到来自社区独居老人的表扬信、感谢信,敬老孝老的暖暖温情弥漫在整个北蔡家园。《上海法治报》《青年报》《浦东时报》等多家媒体在得知消息后专门来到学校进行采访、报道。满怀生命关爱的实践体验课程只有引发学生的生命思考,促进更深入的活动开展才能真正体现出它的价值和意义。当孩子们的童真笑脸与老人的慈祥鹤颜相映成趣的时候,就是对我们本项特色实践体验课程开发成功的最好见证。

(三)关注人与自然,体验主动探究美好生态的乐趣

丰富多彩的"生命美育"课程内容的有序、有效实施,有助于学生热爱自然,以美引真,激活思维;以美寻善,陶冶品性;以美促美,提升修养。

在"银杏探究"课程实施过程中,通过欣赏银杏伟岸挺拔,铁骨铮铮的苍劲之美,以美引真,激发学生学习银杏坚韧不拔的自强精神和质朴无华的务实精神;通过了解银杏不欺不压,与其他树木和谐相处,共生共荣的特点,以美寻善,领悟生命世界中"天人物我"和谐统一的价值与意义;通过展现银杏取之于人者甚少,只一抔黄土,一口晨露,一丝雨水,即可安身立命,展蓬勃生机的生命活力,以美促美,懂得在实践中对自己与他人生命予以尊重、关怀和欣赏的意义。

"眼界计划之旅途见闻"社会实践课程,引导学生和家长把休闲活动变成有意义的探究活动,使亲子活动不再是简单的娱乐,而带有在行走中开阔视野,丰富生命体验的教育目的。如小段和小徐两个家庭相约"浪海拾贝"三亚行。孩子们在三亚的海边捡到了各种各样的贝壳,丰富了对语文书本中《拾贝壳》这篇课文的理解,激发了他们探究贝壳的兴趣。小段同学还特意搜集了有关贝壳知识的书籍,做了贝壳标本,与同学交流"贝壳的世界",把自己的收获分享给同学。学生们在探究过程中,发现生活中的美无处不在,明白了人与自然的和谐共生,感受了中华民族灿烂的文化。

在"生命·精彩"社团文化课程实施过程中,老师带领学生走出课堂、走出校园,参观附近的花鸟市场,并让学生尝试当动物饲养助理员,为动物喂食、清扫,甚至当小动物生病时还要学会如何护理等,以此让孩子们发现植物的生长之美,了解自然生物的生命起源,懂得动物的生命发展过程,感受一切生命的美好。

在"我与春天有个约会"主题实践课程中,我们引导学生先利用课余时间到大自然里找春天,把找到的春天带进教室,布置教室,再在上课时,让同学们在充满春意的教室里兴致勃勃地仔细观察同学们带回来的各种有春天特征的生命体,感受春天对新生命的意义。也让学生亲自试验种豆子,看着从破土而出到郁郁葱葱、生机勃勃的豆苗,学生们进一步产生了对自然生命的理解和热爱,生命的"使命感"在充满情感的课堂中自然生成!课后,同学们还写出了不少很棒的观察日记呢,展现了孩子们对生态美的进一步认识。

在实施五年级主题教育课程"地球,我们共同的家"时,孩子们通过上网查资料、社会小调查、家庭用水分析等,深刻体会到生命的可贵,并对如何保护人类家园——地球也有了更深层的思考;在学习"相亲相爱的一家人之我爱地球"时,同学们那种呼唤和平、友谊,尊重全人类生命的心声也显得更为铿锵有力、掷地有声。

第二节　促进教师专业素养提升

在推进实施生命美育教育的过程中,我们通过目标导向、环节深耕、模式探究、合作共享、内因驱动等策略引导教师争做守护学生生命成长的人生导师,从而有效促进了教师的专业发展。着力提高以下四个方面的"生命美育"课堂执行力:设定合理目标的执行力,选择适切内容的执行力,运用有效方法的执行力,激发创新思维的执行力。以此使课堂教学三维目标清晰、教学任务明确、教材把握正确、渗透内容适切、方法选择恰当、环节设计合理、特长新意显现,并将"生命课堂"的构建作为提升教师"生命美育"国家课程校本化实施能力的总体目标。

一、教师教育观念的转变

学校举行"银杏讲坛之茶浓寄情、书香塑魂"主题系列活动,通过品味人生、乐品共享、书海拾贝等版块内容的展示交流,引导教师通过阅读提高对生命的感受力,引发他们对教育本真的深入思考;积极倡导每位老师用欣赏性观察、理解性关怀、精细性培育、积极性引导、支持性帮助等实践方法,努力成为守护学生生命成长的人生导师。我们明确了守护学生生命成长的人生导师实践原则,① 从"堵"变为"疏":心急火燎地堵还不如细水长流地疏;② 从"防"转向"导":忐忑不安地防还不如心平气和地导;③ 从"补"走向"谋":无可奈何地补还不如高瞻远瞩地谋。袁老师在班主任成长笔记中深有体会地谈道:"调任至北小短短三年间,庆幸自己能在这所百年老校'真知真爱育真人'校训文化浸润下感受着生命美育的浸润和滋养。在这里,我们教育人共同用真爱滋润学生,用真知培育学生,用真心造就真人。我们每一位班主任的工作其实都是关注生命成长的实践。不同的生命个体都有不同的特点,要用发展的眼光看待孩子的问题。处于成长低谷期的孩子需要班主任更多的关爱,他们的很多问题只是他们在成长中的困惑,需要班主任更多的指引。每个孩子都是不同性格的鲜明个体,有乖巧听话的,有倔强有个性的,在这些孩子的教育方法上,应该要抓住个性特点,因材施教。当然,这个过程并非一蹴而就,需要用心、用情坚守,在践行'求真知,传真情,唤真心,育真人'的过程中,达到真爱满怀、真知无言,享受教育的境界。"

在"生命美育"感受体验式课程开发实施过程中,学校教师的教育观念得到了更新,对新理念下教师观、学生观、评价观有了新的认识。教师们用实际行动争做守护学生生命成长的人生导师,在此过程中也培养了一批德才兼备的优秀教师,仅 2015 年教师节这一天,我校就有 10 位教师收到了家长赠送的锦旗和表扬信,孙丽萍老师获得了"上海市教书育人楷模""上海市最美教师"殊荣,以下是她撰写的成长案例。

案例 17

课堂饱含生命意义,生命丰富课堂内涵

孙丽萍

我是一名从事教育教学工作 15 年的一线教师。记得刚毕业的时候,那份教育梦想是如此地绚丽多姿。随着时间的推移,似乎在琐碎的工作中渐渐淡忘了,曾经如诗如画般的教育之梦。自从学校"生命美育"研究课题确立后,学校的每一项工作、每一项活动都紧紧围绕着"生命美育"展开。教研组活动不

再是你上一节,我上一节,而是以"三课两反思"的方法,让我在教研组备课组的指导下,针对一节课反复实践,从而形成共享资源。这样的资源不仅是对我个人教学能力成长的锤炼,也是将集体智慧予以共享传播的过程。当自己时时接受着"生命美育"的塑造和洗礼,感受着学校对教师、学生生命个体的尊重与重视时,我觉得自己学会了一种新的思维模式——那就是生命思考:立足于岗位,我想做些什么?我能做些什么?我如何体现自我的生命价值?这样的思考无疑让我的思想变得更有深度,惟有深度的思考才会展现出具有深度的教育教学方式。

以下是笔者关于"生命美育"课堂执行力提升的小片段。

【研究内容】

三年级第二学期第二单元:上海在前进　　　第六课:绿色的家园

【渗透目标】

(1) 以"家园美"为主题畅谈城市美景,让学生体会绿色家园带来的美好,激发学生爱护绿色家园的愿望。

(2) 小组合作从《水体污染源图》中探究污染源种类,懂得爱护绿色家园要从小事做起。通过苏州河治理视频了解苏州河治污过程,让学生知道"水变清"来之不易,使学生懂得建设绿色家园对于生命和谐意义重大。

(3) 展示课前学生拍摄的生活中环境遭到破坏的视频照片展开讨论,以制作环保承诺卡的形式,激发学生从身边的小事做起,从小养成和自然环境和谐共处的好习惯。

【实践感悟】

第一次进行教学实践时,小组合作寻找污染源,因为没有相关的材料,学生对污染源也没有一个清晰的认识,导致学生寻找的污染源比较单一,只有污水排放、废气排放等。如果这一环节不深入剖析,学生就无法真正感受到生活和环保之间的联系,也不能引发对环境的思考,更谈不上引起生命共鸣。

教研组对这一环节进行了重点讨论,从其他课程中找到了一张《水体污染源图》,通过这张图上,学生能有针对性地寻找污染源,光图上就能寻找到9种。

通过自主寻找,小组合作,加深了学生对污染源的理解,也提醒他们在生活中要注重环保。经过"三课两反思",实践效果有了明显提升。

通过这一教学细节,我体悟到:只要我们在设计每一个教学环节时心中装着学生,在实施每一个教学细节中自然流露出对学生生命成长的尊重与呵护,生命关怀将无处不在,而生命关怀之温度也必将使课堂充满生命之活力,从而润物细无声地润泽孩子的生命,这才是"生命美育"学科渗透的核心所在。

语文毛老师在上作文课"我的_____"时发现:作文教学过度关注教学因素,忽视了教育蕴含的内核——生命关怀。缺乏了这些,语文课本身就失去了生命力,培养出来的学生也只是应付考试的机器。于是毛老师注重从关注生活,关注人的角度,引导学生用善意的眼光,宽容的视角看待他人,强化学生作文写作中的生命观,同时在评价中也做出示范,让学生感受到老师对他们的欣赏,从而明白世间万物的生命,都有极其美好的一面,以此让课堂教学展现生命的光彩。

二、教师教育行为的改进

"生命美育"只有依托于文本,落实于课堂,才能内化于心,活化于行。通过"生命美育"感受体验式课程的开发实施,"生命美育"观已深入每一个教师的心中。教师在教学过程中的各个环节都会充分挖掘教材中蕴含的"生命美育"资源,运用贴切、自然的渗透方法,不断拓展"生命美育"学科渗透的广度和深度。通过构建平等、和谐、愉悦的师生人际关系,大处着眼,小处着手,循序渐进,持之以恒,让学生在学到知识和技能的同时,把对生命的热爱根植于心田,打造充满生机的活力课堂。

(一)拓展了"生命美育"学科渗透的广度

(1)拓展了"生命美育"学科覆盖广度。在对学校"生命美育"教育实施现状进行客观诊断分析的基础上,从学校全局出发,针对性地思考对策,在坚持双培育双提高、教育学生教师先行的原则下扎实推进,有效提升了教师落实"生命美育"的意识和能力,从而使各学科落实"生命美育"达到全覆盖。以下案例中"生命美育"意识的提升让数学老师蔡琼的"烦恼"没了。

案例18

我的"烦恼"没了

蔡 琼

我很纳闷：到了五年级，数学课堂怎么变得"清风徐来，水波不兴"了？自我感觉，我上课还不算太枯燥，但是孩子们到了五年级这个年龄段，上课积极性明显不如以前。孩子们上课不再活跃，成了我的烦恼。有的孩子是不懂，或者没十成的把握犹豫不决；有的孩子是怕出现什么情况而招同学嘲笑，怕回答错误挨老师批评；还有少数孩子觉得没必要举手。于是每次上课，我都会想许多点子，但是在具体的实践中，却总是不如意。对自己接下来上的这堂公开课"可能性的大小"，心中更是毫无把握。

办公室里有老师在我之前作为预热，上了这节课，下课对我说了一句话："小蔡，难上啊。"我皱了皱眉，怎么办呢？一个星期我反复研究了这课的教学目标，"可能性的大小"是第五单元"问题解决"中的一个内容，我该怎么引入，该怎么调动孩子积极性，让孩子能够在这节课上真正地"乐学"呢？

融入"生命化"，让孩子们学会"自主""探究""合作"，"主体性"的口号总是在我耳边回响，但是目前我的教学课堂却暮气沉沉。学生上课不积极是教学中我最想克服的。充分发挥学生的积极性，让他们在学习实践中学到知识、获得快乐，那才应该是我们所说的"生命化教育"。我的课堂现状是不仅仅孩子们缺少了该有的自由，他们还变得越来越没有积极性。

一、"学习任务单一"的设计

怎样在课的一开始就吸引学生的注意力，成了本次课的关键。情景引入的成败，决定过程的成败。正好，无意中，班主任的一次班会抽奖活动，给我带来了灵感，我把它引入了我的课堂。

师：同学们，请看这样一条新闻。金融危机给全球各国经济带来了严峻考验，上海各大商场超市，为了应对金融危机给营业额带来的影响，纷纷推出了打折、抽奖等活动。有个商场的活动方案是这样的，我们来看一下。

这个抽奖箱，里面有若干个黄球和白球，抽出黄球的即为中奖。现在商场有A、B、C、D四个抽奖方案，最终会选择哪种方案呢？目前这是个秘密。你们想不想知道商场会选择哪个抽奖方案呢？在揭开谜底之前让我们开动脑筋，一起做个试验吧!

孩子们对抽奖的箱子一开始就充满了好奇,在强烈的探究欲望下,大家一起进入了本节课的重中之重,也进入了我设计的"学习任务单一"。

"学习任务单一"主要实验过程:① 按顺序每人摸球 4 次,组长记录摸球结果。② 每人每次摸球 1 个,摸球前先搅匀,摸好后放回盒中。

一进入任务单的这个实验环节,我突然发现,学生的探知欲是如此强烈。从组长的安排到组员的探究,一切都是那样热火朝天,完全改变了我之前的想象。小组里,听到各种声音:"听我安排,顺时针摸。""别急,还要搅匀呢!""摸 4 次,别多摸了。"一会儿,大多数小组里已经把任务单的要求都领会了。这一任务单,让小组里的成员分工合作,在组长的安排下稳步进行。大多数的孩子都能饶有兴趣地主动去完成这一层次上的任务。课堂上我听到了久违的"叽叽喳喳"的声音——让我激动的声音。

实验之后,学生回答问题的积极性更是让我惊讶。

师:我们一起来看这张统计表,从统计表的数据中,我们发现了什么?

生猜测:① 摸到黄球的可能性小,摸到白球的可能性大,说明黄球少,白球多。

② A 组的盒子中,可能一个黄球也没有。

……

师:刚才同学们谈了各自的看法,那么能不能根据我们的观察,大胆猜测一下,在这 4 个盒子中,两种颜色的球的数量各是多少?

(学生猜测)

师:同学们猜得到底对不对呢? 我们用什么方法可以知道? (拿出来看)那么就请 4 位代表拿好抽奖盒上来,我们依次来揭开谜底。(把抽奖盒中的小球倒入筐中)

师:怎么样,和我们猜测的还是基本一致吧? 刚才我们的猜测,和盒中实际情况基本一致。那么商家会采用这 4 个方案中的哪一种呢? 说说你的想法。

(学生自由发言)

学生对商家的选择不仅有着自己的想法,还对不良商家和凭良心经营的商家做了判断和选择。我心里暗乐。

猜测盒中球的情况,让孩子们变得兴奋起来,这个盒子中的"秘密"成了学生变得积极的关键。学生通过实验—猜测—验证,逐步发现在总数量相同的情况下,(黄球)数量与(摸到黄球的)可能性的关系。实验的过程遵循公平、公正原则,学生的自主探究贯穿于整个小组任务之中。这一过程,发展了学生的数学思维能力,让学生能对简单实验可能发生的结果或某些事件发生的可能性的大小作出简单的判断,并作出适当的解释,学困生在小组里也能和同学交流自己的想法,获得初步的情感体验。学生对于盒中的猜测是基于任务单的探究,孩子们对于盒中球的颜色和数量更充满了好奇,课堂上终于出现了久违的"热闹"。孩子们积极回答问题的样子让我的心中充满了感动。我发现,我的顾虑,我的担心,我的烦恼在心中渐渐消失了。

二、乘胜追击,建立"学习任务单二"

"学习任务单一"的实验验证了盒中两种颜色的球数量相同时,这两种球被摸到的可能性大致是相等的。通过"学习任务单一",激发了学生的探究欲望,也让学生更加喜欢猜想验证,我也乘胜追击,适时让学生们进入了设计的"学习任务单二"。针对"如果黄球白球数量相等,摸到的次数也一定相等吗?"这个问题,引出"学习任务单二"的实验过程设计,① 请每个小组都把球调整到 3 个黄球、3 个白球。② 按顺序摸球 4 次,组长记录摸球结果。③ 每人每次摸球 1 个,摸之前先搅匀,摸完后放回盒中。我生怕,"学习任务单二"的内容在小组里完成时有困难,想去指导一下。可是我又一次错了,我居然插不上话啊。带着问题,学生的小组活动变得更加高潮迭起,他们认真交流,探索出现的问题,品尝成功的喜悦。原来任务单的形式,能让孩子们"忙"起来。我恍然大悟,五年级的学生在课上的积极性是能被激发出来的。任务单的神奇效果,妙!

我想,学生是独立的个体,他们都有自己独立的人格,都希望得到老师的关心、尊重、信任,都有自己的喜怒哀乐。任务单让不同层次的学生都有收获,营造了具有生命化的课堂,让课堂成为学生发挥个性的天地,成为自我创造的空间,成为自我赏识的乐园。

三、回顾反思,继续前行

在制订学习任务单的过程中,我和学生各有所获。

学生基于"学习任务单一"和"学习任务单二"的合作学习,有了比较充足的活动空间。学生在活动交流中培养了判断能力、语言表达能力和解决实际问题的能力。在这样的教学里,他们个性化的思维——闪现,而这就是生命在思考和完善,这样的课堂它能焕发生命之光,让孩子们乐学无限,学有所获。

而我,觉得自己应是本节课最大的收获者。课后,孩子们还围在我身边,和我讨论生活中"可能"发生的生活小例子,我感到之前的烦恼已不复存在。在这节课上,孩子们变得那样忙碌,回答问题那样积极,而答案却也是那样精彩。我收获了孩子们的笑容,孩子们的机智,孩子们的"畅所欲言",更收获了不一样的教学理念。

"兴趣是最好的老师",利用学生爱玩的天性,设计的这两个教学任务单,环环相扣,不断地调整课堂的气氛,调节学生的状态,将整堂课维持在最佳状态。我会继续前行,让学生在赋予生命的课堂中学习,这样我的烦恼也真正被解决了……

(2) 拓展了"生命美育"环节落实的广度。紧紧依托《上海市学生民族精神教育指导纲要》和《上海市中小学生命教育指导纲要》要求,通过各学科加强"生命美育"渗透方案的扎实有效实施,使广大教师在学科教学中落实"生命美育"不仅仅局限于课堂的 35 分钟,同时体现在课前准备环节,课堂练习环节,课后延伸拓展环节中。各科教师课前深入备课,注重"生命美育"和各学科知识的整合,潜移默化地实施教育,力求融知识传授,能力培养,智力开发,思想教育于一体。在教学中如何合理、有效地渗透"生命美育"已成为每位教师的研究目标。语文老师孙丽萍打破了语文课堂局限,在课前、课中、课后各个环节进行了润物无声的"生命美育",并取得了实效。

案例 19

刺猬树上的百味果

孙丽萍

在蜂鸟园中,每个孩子都有代表自己的小树:小迷糊树、小白鸽树、葡萄树……有这样一个男孩叫小凯,他聪明、敏感,且富有攻击性。他称自己为小刺猬树。在这棵刺猬树上,结出了一颗颗果子,有苦涩的,有酸甜的,亦有甜蜜的。渐渐地,树上甜蜜的果子变多了!

苦涩果——爸爸妈妈不爱我!

中午,我在办公室小憩。"孙老师,小凯一节课都没有认真听,不是玩胶带纸,就是折纸飞机,让他读单词,就是不肯张嘴。Miss徐很生气!""老师,小凯把阳阳弄哭了!"这孩子是怎么了? 这学期,脾气变大了许多,不是和同学闹矛盾,就是和人发脾气。每次,和他谈心后,他默然听着,可马上又会故态萌发,究竟是什么原因呢?

我细细回忆了近阶段小凯的一系列表现,他每一次冲动之前,总有一些外因:有同学嘲笑他默词成绩差;有同学说他的爸爸妈妈只爱小妹妹,不喜欢他,而他当真了……种种原因指向:由于学业、生活上的不如意导致的自卑感,再加上这一年龄段的孩子逐步将注意力集中到发现自我、关心自我上,所以对老师、同学的评价更在意,这是青少年时期孩子自我发展的主要特色。那今天小凯的行为的深层次原因又是什么呢?

第二天午饭后,我叫来小凯,和他一边绕着操场散步,一边谈心。我说:"小凯,你是不是不想上英语课了?"他摇了摇头。

"那你为什么不认真听? 是听不懂吗?"他又摇了摇头。

这时,边上的一群孩子拥了过来,这个一句,那个一句。小凯开口了:"老师,能不能让他们离开?"看着他欲言又止的神情,我猜他肯定有不想别人知道的事儿。"其他同学离我们一米远。老师和小凯有事谈。"孩子们听了,呼啦一声,离开了。

"英语课上,你怎么回事?"一听我说起英语两字,小凯的眼眶红了:"我英语成绩差,妈妈老说我笨,还打我,呜——我觉得爸爸妈妈不爱我!""妈妈经常这样?""嗯!""老师知道了,我会和妈妈谈谈。"……

看来,小凯妈妈的日常言语严重损伤了他的自尊心,他的内心积蓄着不满的情绪,而英语课上老师的质疑无疑变成了导火线。听着小凯的话,我的心情久久不能平静,荡漾着又苦又涩的感觉,但愿这小刺猬树上不再结苦涩果! 就在那一刻,我走近了这个孩子,能理解他的所作所为了。

酸甜果——爸爸妈妈爱我吗?

记得,上心理课的教授曾告诉过我们:一个孩子出现问题,肯定是家庭中的夫妻关系出现了问题。因为夫妻关系是家庭第一关系,亲子关系是第二关系。看来,得和小凯的爸爸妈妈谈谈。

下班后,我兴冲冲地来到小凯父母开的水果店里。小凯的爸爸妈妈看我来了,一脸的诧异。小凯爸爸第一反应就是:"孙老师,是不是我家小子惹事了?"我笑着摇头:"不,孩子最近表现很不错,尤其在默词方面进步很大。"听了这话,夫妇俩仿佛松了一口气。通过一番交谈后,小凯爸爸惭愧地说:"老师,我没文化,孩子不听话,我就打。现在,听了您的一番话,我要检讨自己的行为,要和孩子好好说话。""嗯,希望我们能经常沟通,让孩子健康快乐地成长。小凯妈妈,小凯的妹妹应该一岁了吧!"提起女儿,夫妻俩露出了温馨的笑容,看来他俩很喜欢这个女儿。"小凯妈妈,有儿有女可真幸福呀! 但作为父母,一定不能偏袒任何一个孩子。尤其小凯很敏感。"小凯妈妈听了连连点头:"是的,有时,小凯会说,爸爸妈妈只要妹妹,不要我了。""看来孩子已经有自己的想法了,以后说话做事得多想想小凯的感受……""好的,谢谢老师!"回到家中,我针对小凯拟订了一个教育方案。一是及时与家长沟通交流,随时掌握孩子的思想动态;二是指导家长如何和孩子交流;三是有空就找小凯谈心;四是教会小凯如何控制自己的情绪;五是和小凯一起寻找和父母一起的特例。

那天的作文课上,作文题目是《××真辛苦》,讲解完写作要求后,同学们开始提笔写提纲。而小凯却迟迟不动笔。"小凯,怎么了?"我轻声问道。"我……我……不知道写什么?""你想写谁?""嗯……妈妈!"孩子犹犹豫豫地说。"那先想想哪些事情让你觉得妈妈很辛苦?"他挠挠后脑勺,咬咬嘴唇,开始思索。我则去巡视其他同学。兜了一圈后,我发现小凯的本子上多了几行字:我生病时,妈妈照顾我;现在妹妹小,什么都不懂,照顾妹妹很辛苦……"小凯,妈妈和爸爸经营水果店,你知道他们经常什么时候去进货?""不准的,有时是早上三四点钟,有时晚上十一二点。"说起这事,孩子的眼睛亮了。"爸爸妈妈这么辛苦是为了什么?""当然是为了我们一家生活得更好!""那爸爸妈妈爱你吗?""好像是的。老师,我知道怎么写了!"说完,他埋头写了起来。

甜蜜果——爸爸妈妈真的爱我!

在一次对家长学历调查的活动中,小凯因父母小学都没毕业被几个皮孩子嘲笑。那天,他哭了,哭得很伤心。大家都没想到一向要强的小凯竟会在大庭广众下哭泣。在了解了情况后,我告诉孩子们:"其实,在生活中,由于种种原因休学、停学的人不在少数。孙老师的父亲就是其中之一,所以他成家立业后,将把我和哥哥培养成才作为他的人生目标。而今,我成了教师,哥哥是医生。所以,小凯的父母没有完成学业,并不是他们不聪明,也不是他们不爱学习,可能是许多原因造成的。"听了我适当的自我暴露,孩子们恍然大悟,那几个皮孩子向小凯露出了羞愧而又讨好的笑容,而小凯则看着我,笑了,那一刻,我走进了他的心里。

几天后,学校召开家长会。会后,小凯的妈妈拉住了我,和我谈起了孩子近阶段的变化,不时露出舒心的笑容,可当她说起学历风波时,她的声音哽咽了,眼红红的,觉得自己愧疚于孩子。我安抚着她,心中却像压着一块石头。第二天,我把小凯妈妈说的话,当时的表情原原本本地告诉小凯。听着听着,小凯的眼圈红了:"老师,爸爸妈妈学历低,我觉得很没脸。妹妹小,他们多照顾,我觉得他们不爱我了。可听了老师的话,我知道,他们还是爱我的,对吗?"他满怀期待地看着我。"对,他们很爱你,只是有时你没有发现。你要知道,世上的父母都爱自己的孩子!""嗯!"看着我郑重地点头,他再一次说:"我的爸爸妈妈真的爱我!"他的脸上霎时灿烂起来。

从那以后,小凯变了,变得不再毛毛躁躁,即使遇到磕磕碰碰,他也能试着克制一下情绪。"小凯变得不一样了!"老师和同学们发出这样的感叹! 瞧,小凯的学习成绩稳步提高了! 看着他一天天的变化,我由衷地为他高兴。看来,现在的小凯也是一棵长在阳光下的刺猬树,我相信,这棵小树上一定会结出更多更甜的果子!

(3)拓展了"生命美育"学科内容的广度。教学中教师不断创新教学方法,通过创设教学情景,把学生论坛、观点碰撞、案例评析、课内外实践、活动体验等引进课堂,有效拓展学科教学落实"生命美育"的思维空间,充实学科教学内容,丰富学科教学形式,充分发挥德育教育主阵地作用,让"德"潜移默化地滋润学生心田,引导学生在学习知识、认识生活、参与社会活动中学会生活,辨别真善美,养成良好习惯,懂得做人的道理。

音乐欣赏课"春天来了",教师运用多媒体,呈现万物苏醒的景象,配以悦耳的鸟鸣声,营造了一个美妙怡人的氛围,之后引导学生扮演各种角色进行表演。有的是"天空"自由飞翔的小鸟;有的是盛开的花朵;有的是在玩耍嬉戏的动物⋯⋯他们边听边舞,完全融入音乐中,把作品内在美用一幅幅流动的画面展现了出来。还有的学生表演"风"和"雨":有的即兴设计动作表演,有的即兴模仿雨声,还有的用沙球、铃鼓、小铃等打击乐器的伴奏来烘托春风和春雨的情景。学生们展开丰富的想象,运用唱、画、演等多种方式表现大自然的各种声响,旁观的老师为学生们独特的见解、丰富的想象力和精彩的表演喝彩,整堂课成了每一个生命展现活力的舞台。

（二）加强了"生命美育"学科渗透的深度

学校建立并实施学科教师落实"生命美育"评价制度,以此促进各教研组（备课组）坚持聚焦课堂,坚持将"生命美育"贯彻落实到教学实践全过程,坚持精心组织形式多样的教研活动,坚持开展学科教学落实生命的实践研究,形成浓郁氛围和教育合力。通过教研组"生命美育"专题校本研修活动,通过备课组（项目组）落实学科渗透专题项目研究,根据本校、本学科、本班级学生实际不断充实、调整、完善落实"生命美育"的教学建议和各类资源,以此加强学科落实"生命美育"的深度。

每位教师根据制订的"提升'生命美育'课堂执行力专题行动计划",按照以下程序开展实践研究,予以重点突破:明确研究重点—个人自主实践—实践成果初步展示—备课组、教研组共议、修改、完善—个人再实践—实践成果再次展示—备课组、教研组共议、提炼、总结—形成重点突破共享资源。在此过程中积极拓展渗透的广度和深度,收集筛选相关信息资源,形成"生命美育"学科渗透温馨贴士。经过备课组、教研组共同商议、完善,形成各学科"生命美育"课堂实施策略贴士集锦。

案例 20

在合作中学习,在学习中思考,在思考中提升

陈　华

1996 年,怀着对教育事业的无比崇敬,我坚定而从容地踏上了三尺讲台。二十多年来,三尺讲台渗透着我对学生的情和爱,凝聚着我对教育事业执着的

深情,它记录了我这二十多年来的奋斗与收获。

一、理论学习,转变教学观念

自从开展生命教育课题研究后,学校陆续组织了相关的理论知识的学习。陈飞老师、陈庆锋老师作了专题报告;孙丽萍老师,许丽华老师作了案例分析:学科中渗透"生命教育"温馨贴士;我自己也找来了理论书籍学习……在这一过程中,我收获颇丰,也作了很多思索。一个有生命力的教师,应该学会思考,思考就是力量,思考就是机智,思考就是创新,思考就是发展,思考就是教师成长的法宝。"如果一个人从来没有感受人性光辉的沐浴,从来也没有走进一个丰富而美好的精神世界,从来没有读过一本令他激动不已、百读不厌的读物,从来没有苦苦思索过一个问题……那么它就没有受到过真正的良好的教育。"陆川在《我们究竟需要什么样的教育》里的这段话对我触动很大。

在不断深入探索、研究的过程中,我也在不断地反思这么多年的教学工作。在教学上,我过于重视语言文字等"语文能力"的培养,却忽视了学生在语文学习中理应获得的"文化修养",淡化了以生命的全面提升为核心的"语文素养"的提高。

在各学科老师根据教学指导意见落实生命教育的渗透点时,我们备课组却意外地发现书上对于五年级的语文指导意见是一片空白,这该怎么办?于是,我和组内的同事开始钻研其他几个年级段中关于课文中生命教育的渗透点,再确定我们这一学期每一篇课文的渗透点。

二、骨干引领,大家携手共进

一位哲人说:一个人心灵的丰富与充盈,需要众多的心灵碰撞,对话以及点拨,安抚与融合。而每一个教育者,都必须营建自己的心灵智囊,通过平等、高效的交流,达到增长智慧、陶冶心灵的目的。为此,我校倾力打造出以骨干教师专业引领为牵动的"合作学习型教研",为教师的专业发展营造一个自由、宽松、民主的文化氛围,发挥教师的集体智慧,形成团队力量。

骨干教师有丰富的教育教学经验,骨干教师与学校的建设有"水涨船高"的关系,骨干教师在不断学习和完善自己的同时,更取得了示范性的作用。新区骨干教师刘仁天、陈丽、张海滨,以及各位校级骨干教师通过自己的实践清晰地告诉了我们年轻教师课堂上可以怎么做!

在这次研究探索生命教育和语文教学的融合时,在观摩各级教研课之后,我尝试着站在学生的角度思考如何更好地感悟文章的内涵。

文言文是我国古代优秀文化宝库中一朵绚丽灿烂的奇葩。记得自己小时候学文言文时,最害怕的是熟读并背诵,因为其中有许多难读的冷僻生字,句子也拗口。于是,怎样上好文言文课就成了我思考的焦点。对于小学生来说,学文言文一是能正确流利地朗读原文,二是能借助注释或译文,读懂课文。

《蝴蝶泉》是徐霞客的一篇游记,文章层次分明,文采斐然,主要描述了蝴蝶泉的"三绝"——树、泉、蝶,三者相互交融、映衬,浑然天成,构成旷古奇观,引来游人如织。

五年级的学生已经具备了一定的自学能力,会运用工具书等方式解决问题。文言文的学习,字词的理解是第一大障碍,如果这个难关攻克了,其他的问题就可以迎刃而解。俗话说:"书读百遍,其义自见。"但是,如果所学的内容远远超出学生已有认知水平,学起来就困难多了。如"蛱蝶、生蝶"等相近文言词语的辨别区分,就要采取多管齐下的方式:"蛱蝶"运用图片来解释,"生蝶"则用选择字义的方式说明。对于短文中"发花如蛱蝶"等比喻修辞手法的理解,则让学生进行详细的"添油加醋"式的再加工说话练习来理解。事实证明,只要方法对头,问题就能迎刃而解了。而这些方法的运用,离不开集体的智慧。

"一花独放不是春,百花齐放春满园",在骨干教师智囊团的引领下形成的合作式文化氛围,构建了和谐的教育环境,我也正好取人之长补己之短,博众家之所长,集"万卷书香于一身,百家灵气于一体",我们同行共享智慧。

学习文言文,小学老师往往停留在解决文言文翻译成现代文的问题上,而小学的课文,课后有直接的译文,学生对照着译文,再看原文,大多数都能进行一字一句针对性的翻译。然而,这样一来,学生的质疑释疑只停留在文章表层意思的理解上,对文字中蕴含的美却没有仔细体会,也没办法体会,这怎么办?关于这点应该怎么解决,引起了我的思索。经过查阅资料,我决定让学生用现代文对古文所描述的景物进行再加工,让学生用自己的语言述说作者的所见所闻,将当时的情景真实地再现出来。比如,对《蝴蝶泉》,我试图引导学生感悟这则文言文中所描绘的蝴蝶泉景物之间亲密和谐之美,淡妆浓抹之美,动静相衬之美,这是有一定的难度的,尤其是后两点。正当我踌躇之际,组内的老师纷纷帮我出谋划策:"我觉得可以分层,通过课外诗句,比如杨万里的《小池》'泉眼无声惜细流,树阴照水爱晴柔。小荷才露尖尖角,早有蜻蜓立上头'加深学生的理解。""对,对! 苏轼的《饮湖上初晴后雨》'欲把西湖比西子,淡妆浓抹总相宜'也可以在这里作为补充资料!"同伴们的话语不断启发着我。

"一个篱笆三个桩,一个好汉三个帮",同伴互助,相互监督、相互学习、相互促进、共同成长的网络,使我快速成长。

三、自我反思,让课堂润泽生命

生命教育就是在学生个体生命的基础上,通过教学,唤醒学生生命意识,引导学生欣赏生命之美好、领悟生命之艰辛、探求生命之意义、建构生命之信仰、实现生命之和谐,全面提升生命质量的过程。将生命教育整合与渗透于语文学科中,也是为了使语文知识呈现出生命态,唤起学生学习的内在需要、兴趣、信心,提升他们主动探求的欲望及能力,从而达到教书育人的目的。

语文教学中,我们要善于抓住有利于学生表达自我对生活的认识、对生命意识的感受的内容,引导学生升华对生命的认识。

以"蝴蝶泉"一课为例,我觉得有以下几点收获。

(一) 在"读"中体味感情

对于语言优美、富有情韵、朗朗上口的作品,我通过自己范读、学生齐读,以及轮读、小组赛读等形式,带领学生品味诗词的语言美,领略诗词的节奏美,欣赏诗词的韵律美,感受作者的情感美,体会诗词的意境美,领略中国语言文字和语言艺术的魅力所在。同时,在学生朗读时,也可配上古筝、古琴等乐曲,给学生营造一个典雅的环境,调动学生的情感参与,以情激情,让更多的同学提高对文言文的兴趣。

(二) 在"议"中领会主旨

让学生"议"是体现学生本体意识的重要环节。我认为教师要善于提炼文本的核心问题,让学生在核心问题导引下,想想讲讲议议,在思维和语言表达的训练中不断提升认识,领悟生命主旨,并随时关注课堂生成的学生思维的火花,随机教育。

（三）在"品"中体味生命

教师要抓住关键字词，抓住蕴含生命态度的词，引导学生进行品读，在品中体味情感，体味生命的意义。

作为生命教育隐形学科的语文，我们的语文课该如何引导学生感受人性的光辉，引导学生走进一个丰富而美好的世界去感悟生活，体验生命，是我不断努力的方向。而理论知识的学习，专家权威的引领，同伴的互助，自我的反思，则形成了我成长的绿色"生态圈"！

第三节　促进家校共育

家校共育，是把学校和家庭在孩子成长中应尽的责任和义务有机地整合起来，使之成为助力孩子成长的生命共同体。在孩子的生命成长中家长是不可缺位的。如果学校和家庭能够成为孩子成长的双学堂，那他们人生起航的船上就多了一支桨；如果学校和家庭能共同为孩子的成长加油助力，那这艘生命之船无疑相当于注入了核能量。北蔡镇中心小学在"活动即课程，课程即活动"的理念指导下，家校携手开发并实施家校共育课程，让孩子们在家校共育课程的丰富活动中亲身体验，在体验中感悟，在感悟中健康成长。

一、明确家校共育课程目标与内容

家校共育课程是学校开展家校合作的新举措。家校共育课程，让家长积极主动地介入孩子的教育中，让学校与家长之间的教育理念互通，由此建立起思想一致，情感融洽的合作关系，实现学校教育与家庭教育的共赢。

经过近年来的实践摸索，学校和家长已经合作开发完成了四项家校共育课程，分别为基于仪式教育的亲子实践活动、基于爱心消费的亲子创业活动、基于爱心服务的亲子公益活动、基于家校联动的亲子游戏活动。

（1）基于仪式教育的亲子实践活动。小学阶段的入团仪式、入队仪式、十岁集体生日、毕业典礼都是孩子成长过程中非常重要的人生时刻，家长们都希望自己能在仪式现场陪伴和见证孩子的成长。为此，家校合作开发了以"生命·成长"为主题的各年级亲子实践体验课程。如一年级"成长·萌芽"入团仪式,由家长亲自给孩子戴上绿领巾,亲子合作种下成长树;二年级"成长·立志"入队仪式,由家长和孩子互戴红领巾,一起在队旗下大声说出入队誓词;三年级"成长·感恩"十岁集体生日,由家长写信和孩子制作感恩卡,让彼此真情流露;四年级"成长·合作"拓展活动,由家长和孩子亲密合作完成拓展任务;五年级"成长·放飞"毕业典礼,由家长和孩子一起感恩学校,放飞梦想。

（2）基于爱心消费的亲子创业活动。爱心消费活动是学校的传统特色活动,在这个活动中,学校构建了一个模拟小社会,每个班级都以企业的形式在这个小社会中营业运作。家长们作为企业顾问后援团,和班主任一起,带领孩子们商议企业营业主题,指导孩子们设立职业岗位、明确岗位职责、学会相关技能技巧,并提供资源场所作为实习基地……直至企业在爱心消费活动中正式开张营业。从前期筹备到赢利,家长们始终和老师一起陪伴在孩子们身边,运用自己的专业知识给孩子们建议,为他们服务。

（3）基于爱心服务的亲子公益活动。为感谢和反哺北蔡社区在学校百年办学历程中的支持和帮助,学校在110年校庆时与社区的110位独居老人结对,不但送出110台爱心助老电话机,而且成立了110支爱心助老服务队。这些服务队的组建得到了家长们的积极响应,家长群中一经发布,报名参加的人就络绎不绝。几个家庭组成一支爱心服务队结对帮助一位社区独居老人,定期到老人家中慰问、帮助。

（4）基于家校联动的亲子游戏活动。通过梳理不同年龄段学生的心理特点和成长需求,家校共同商议确定了各年级的七个教育点。班主任围绕教育点完成主题教育课的教案的撰写,家长和班主任商议后完成配套的家庭教育游戏活动菜单的设计。校内,班主任利用教案上好主题教育课;在家,家长在活动菜单内选择项目开展亲子游戏活动。在家校联动的模式下,亲子游戏增进了亲子沟通,融洽了亲子感情。

二、完成家校共育课程设计

（一）充分调研教育需求

这里的教育需求不仅仅指家长在面对不同年龄段的孩子时所希望得到的

教育帮助和指导,也指孩子们在不同年龄段所表现出来的关于社交、尊重、关爱、自我实现等方面的成长需求。为此,我们设计面向家长和孩子的不同问卷调查,调研家长在家庭教育方面存在的困惑,掌握不同年龄段孩子们在生理、心理方面的普遍特点。同时,召开家长座谈会对大家共同关心的教育困惑进行深入的分析和探讨,了解症结所在。并召开学生座谈会,与孩子们进行坦诚的交流,认真倾听童声,了解他们的想法和需求。充分的调研是我们家校共育课程设计开发的前提和基础。

（二）组建课程开发团队

家校共育课程的开发团队是由老师和家长组成的,由校长直接领导。团队中的老师是学校里理念先进、经验丰富的骨干班主任。团队里的家长来自各个年级,他们普遍学历较高,有较为科学的育儿理念和方法。其中,爸爸、妈妈的比例分别为百分之五十。这样一支精英团队的组建可以大大提高家校共育课程设计和开发的质量和效率。

（三）合作设计课程框架

课程开发团队先根据前期调研得到的关于家长和孩子双方面的教育需求信息,结合学校的发展规划和工作安排,商议讨论家校共育课程的切入点。找到教育切入点后,再分年级由家长和班主任共同商议本年级的活动思路和想法。酝酿成熟后,各年级派代表交流讨论结果,形成初步的课程框架。在校长的直接把关和课程开发团队的补充完善下,最终确定课程框架。

（四）共同完成课程开发

课程框架构建完成后,课程开发团的成员再次分年级开展思维的碰撞,对本年级的课程实施方案内容进行思考,通过头脑风暴,初步形成本年级的活动方案。然后由家长或班主任自主认领活动方案的撰写任务,完成课程的第一阶段开发。

活动方案的初稿完成之后,由学校组织骨干班主任进行审阅,对方案的可行性和操作性进行修改完善,完成课程的第二阶段开发。

三、形成家校共育课程实施策略

（一）学校组织,家长陪伴

对于孩子们来说,有时候简单的陪伴、真诚的互动就是最好的教育。在以

"生命·成长"为主题的各年级亲子实践体验课程中,学校组织全体家长和孩子一起体验仪式教育的庄重严肃。学校联系落实活动场地,精心安排每一个活动环节。家长在活动中和孩子亲密互动,一起种下成长树,此时,让孩子长大成才的理想悄然萌芽。与孩子共同在队旗下宣誓时,鼓励孩子立下远大的志向;与孩子真情拥抱时,让孩子们感念亲恩;亲子合作完成任务时,加深彼此的理解和感情;亲子牵手感恩北小时,孩子们的梦想第一次高高放飞。

(二)学校推进,家长指导

让孩子在创业活动中体验爸爸妈妈工作的辛苦,打拼的不易,让孩子对家长有更多理解、体贴和照顾,增进亲子间的感情。在爱心消费活动中,家长全程参与,不仅手把手地带着孩子们一步步地完成企业的创业筹备,还充分利用家长群中的资源为孩子们落实见习的实践基地,在孩子们学成回校后,再和他们共同经历企业的开张营业。学校按照活动进程有序推进,家长根据活动进程步步指导。孩子们因为活动了解了家长的工作节奏和工作强度,增进了亲子间的理解,沟通也变得顺畅很多。

(三)学校保障,家长落实

公益活动是正能量的传递,当家长带着孩子参与到公益活动中去的时候,带给孩子的生命触动是非常大的,这是非常正导向的成长引领。与北蔡社区110位独居老人的结对志愿服务活动不仅造成良好的社会效应,还给孩子们的成长带来了积极的影响。学校在活动中做好与社区沟通和活动推进落实的各项保障工作,家长带着孩子到老人家中开展慰问活动,送上自己的关爱和服务。家长积极的言传身教会产生最直接的教育成效,满满的正能量一定会带给孩子积极向上的成长力量。

(四)学校上课,家长与孩子做游戏

家校共同商议确定的这些教育点,都源于学生身上发生的真实故事,具有一定的普遍性。因此学生对相关的主题教育课和亲子游戏活动相对容易接受和认同。围绕一个教育点,家校形成教育合力可以提高教育的达成度和有效性。班主任通过主题教育课让学生了解应该养成的良好习惯和人格品质。家长在家庭教育游戏活动菜单中选择开展主题游戏活动。家校携手为孩子营造了亲和、愉悦、彼此尊重的成长环境,提高了家庭教育的质和量。

四、促进家校共育课程评价与激励

课程实施的反馈信息可以帮助学校掌握课程的开展成效,让家校共育课程得到不断优化和完善。为此,学校通过家长微信群、家长沙龙、问卷调查、专题研讨等方式收集家长和学生在参与课程中的真实体验和评价反馈。

（一）家长微信群

北蔡镇中心小学不仅建立了校级、年级、班级的家委会群和班级家长群,还建立了与社区独居老人结对的爱心家长群,核心家长群等。这些群的建立,为家长们搭建了一个互相交流、学习的平台,也成为学校收集课程实施评价反馈的信息渠道。

（二）家长沙龙

学校在家校共育课程实施前、实施后都会举行家长沙龙活动。通过家长沙龙活动听取家长们对于课程的意见和建议,完善活动方案,优化家校共育课程。

（三）问卷调查

问卷调查可以让学校收集到更全面的来自家长和学生的评价反馈,大数据的采集可以帮助学校对家校共育课程进行科学理性的优化完善。

（四）专题研讨

通过家长微信群、家长沙龙、问卷调查等途径收集到的评价反馈信息,由学校进行汇总梳理后提交到课程开发团队进行专题研讨。

环境对于孩子的心理特征和行为品质的形成有着非常大的影响,而家校共育实践课程的开发和实践为孩子们营造了亲和、愉悦、彼此尊重的成长环境。让教育融于生活,才能提高家庭教育的质和量。在家庭亲子实践活动中,父母会与孩子进行频繁、有效的沟通,这样的家庭环境加深了孩子与父母之间的理解,彼此间的尊重,也有利于孩子形成自信、乐观、开朗的健康心理。

第四节　促进学校课程建设的发展

加强"生命美育",构建"生命美育"感受体验式课程体系,以此引导学生认识生命现象和生命意义,科学理解生理、心理发展的规律,强化心理疏导。北蔡镇中心小学通过"生命美育"感受体验式课程开发实施的实践研究,实现了"生命美育"感受体验式课程建设难点的突破,构建了较为完整的"生命美育"感受体验式课程体系,并且初步形成了具有北蔡镇中心小学特色的"生命美育"感受体验式课程文化。

一、实现了"生命美育"感受体验式课程建设难点的突破

如何在国家课程中落实"生命美育"是课程开发、实施过程中的重点和难点。为此,北蔡镇中心小学围绕"以一门学科作为突破先行先试,还是各门学科整体推进?""德育渗透显性、隐性学科如何归类、梳理?""各学科的德育学科渗透目标、渗透点又该如何确定?""以何种方式交流、分享各学科教师逐步积累的操作性强的经验与方法?"等关键问题进行了探讨和研究。从学校实际出发,确实以各学科齐头并进的方式整体推进,在此基础上确定国家课程中"生命美育"渗透的显性、隐性学科,并对各学科"生命美育"渗透的目标和各单元、各课的渗透点进行了细致、全面的梳理。

在此基础上,形成《奏响生命化课堂的美妙乐章》"生命美育"学科渗透温馨贴士集。它的形成切实提高了"生命美育"学科渗透目标的执行力,使学科教学中落实"生命美育"不仅仅局限于课堂时间之内,同时体现在课前准备环节,课堂练习环节,课后延伸拓展环节中。

二、构建起完整的"生命美育"感受体验式课程体系

北蔡镇中心小学引导师生在"务实、奉献、和谐、包容"银杏精神和"真知、真爱、育真人"校训指引下,构建起完整的"生命美育"感受体验式课程体系,改变了原有对于实施"生命美育"缺少系统思考、整体规划,而产生的"零敲碎打"和"蜻蜓点水"的无序状态。将生命作为教育的基点,在尊重生命生长规律的前提下,在审美的视野中,不断地为生命的成长创造条件。以开发、实施"生命美育"感受体验式课程为核心,在明确"生命美育"学生发展育人总目标基础上,将总体认知目标、情意目标、行为目标细化为具体可操作的分年级目标,确定了由浅入深,循序渐进,具有层次性、实践性、人文性、发展性的实施目标体

系。在这其中,涵盖了"雅健·生命与健康""雅怀·品格与社会""雅容·人文与情怀""雅趣·科学与创新""雅致·艺术与审美""雅思·乐学与善思""雅量·理解与包容"这七个方面的具体内容。在国家课程中着力进行"教学相长、学用结合"的"生命化课堂"的实践探索。在"生命美育"校本课程开发实施过程中,围绕学生发展需求,着力开发并实施七大领域"生命美育"校本课程。通过丰富的课程文化,有形的活动载体,完整的实践项目,引导学生感受、鉴赏、创造生命美、生活美、生态美,从而真切感受银杏精神就在身边。通过丰厚的文化积淀以及丰富的课程内容,引导学生践行社会主义核心价值观,并具备能够适应终身发展和社会发展需要的必备品格和关键能力。

三、初步形成"生命美育"感受体验式课程文化

北蔡镇中心小学创建于 1906 年,是一所具有深厚文化底蕴的百年老校。百年沧桑巨变,教育不忘初心!在学校百年办学过程中,始终坚守"五育并举、全面发展"的办学理念,"真知、真爱、育真人"的校训,"务实、奉献、和谐、包容"的银杏精神。1923 年,南汇县政府委派黄炎培夫人姚维钧担任校长,她大力倡导实践"教育救国,学用结合"的教育思想,提出了教育和生活实际相联系的实用主义思想,改变了教学过程中重理论轻实践、学校教育与社会生活相脱节的现象。这种教育理念为北小的发展壮大奠定了坚实的基础。

教育要回归自我,就必须关注学生的生命。"生命美育"感受体验式课程建设坚持在学校百年文化浸润、指引下,在银杏精神鼓舞下,以培养学生核心素养为目标,遵循学生的身心发展特点和规律,并且以学生的生命体验为前提,使学生保持积极开放的良好态度,去感受生命的美好,产生提升生命质量的愿望,并努力在实践中体现自身生命价值。引导学生在努力争做自主健康有朝气、乐学善思有灵气、合作包容显大气、实践创新有锐气、自信尚德有底气的阳光少年的同时,多层次地认识生命、建构生命之信仰、实现生命之和谐,这就是追求真、善、美的内在基础,同时也是践行社会主义核心价值观的关键所在,如此才能让学生的如花生命,在自己的时空中幸福快乐地成长,从而创造充满温暖和生机的教育生命,以此初步实现"在守正中传承、传承中创新"的学校课程文化建设目标。

第八章 生命色彩主题教育之课例赏析

班主任是"生命美育"实施的重要力量。在"生命美育"感受体验式课程实施的过程中,班主任从班级管理角度出发,及时发现问题,捕捉"生命美育"教育契机,经过创造性的工作,形成"生命色彩主题教育"系列,并积累了大量优秀课例,展现出"生命美育"之班主任工作智慧。

课例一

认识自我,完善自我

曹立群

【设计背景】

中午,学校要求各班进行大扫除。学生们有的擦黑板,有的扫地,有的排桌子、擦窗、擦门……没过多久,教室焕然一新,同学们也陆续回到座位做起了作业。"真是训练有素,每天都能主动地做好班级卫生工作。"我心里正得意自己的训练成果,突然,看到了一块还没有经过擦拭的脏玻璃。可能是因为日积月累,窗户上的污渍已经变成了顽渍,与四周形成了鲜明的对比,显得那么格格不入,我急忙拿起抹布,走到那扇窗户前,就在准备下手之际,心里突然产生了一个念头:等等,先别急着把它擦掉,说不定这块"脏玻璃"可以成为一个很好的教育素材呢?

我放下抹布,对大家说:"同学们,先别急着做作业,来,检查一下我们班级的卫生情况吧!"于是,几十双眼睛开始环绕教室,最后和我一样,所有目光都落到了那块"脏玻璃"上。我趁机说道:"同学们,教室里的每一块玻璃原本都是很干净的,可由于老师和有些同学的不注意,污渍越积越多,现在已很难去除了,它们破坏了那一份整体美,使得其他玻璃也暗淡无光了,老师感到非常遗憾。你们能帮我想想办法,去掉这些顽渍和污渍吗?"话一出口,立即有几个学生站起来:"老师,可以用洗洁精擦。""老师,可以用小刀轻轻地刮掉污渍。""老师,用我家新买的专门擦玻璃的洗涤剂擦。"……我欣慰地点头:"谢谢同学们想出了这么多好点子,放学后老师和同学们一起把这块玻璃上的脏物消灭掉,好吗?"顿时,学生们异口同声地说"好"。随后,我又问学生:"同学们,这块脏玻璃给了你们一些什么启示吗?""老师,我懂得了不管遇到任何难题,只要团结就能解决。""老师,我明白了不能一遇到困难就退缩,要想办法解决。"……看到教育效果已初现端倪,我趁热打铁:"那么,你们觉得自己身上有没有这样的现象呢? 尽管它一直在那里,可你自己却看不到。"中队长小蕾首先发言了:"老师,我明白了,刚才您就是在给我们上课,我感到很惭愧,因为我身上也有'污渍',就拿扫地来说,我自己总偷懒,喜欢挑轻的活干,但从今天起我一定会把这个缺点改掉。""老师,我身上也有块'脏玻璃',我作业总不认真完成,有时甚至还要抄别人的。""老师,我身上也有缺点,我对班级不够关心。"出乎意料,班级中的"调皮大王"小鑫红着脸,也站起来说话了:"老师,我感到很惭愧,因为我就是班里那块'最脏的玻璃'。'惹是生非,欺负同学'就是我身上那些擦不掉的顽渍,我总给班级和老师脸上抹黑。但我会努力改,争取也让它光亮如新。"……听着学生们的话语,我会心地笑了。

学生是发展中的人,作为发展中的人,也就意味着他们还是不成熟的,不完善的。学生的这种不完善是人的发展过程中的正常现象。教师要允许学生犯错误,要理解他们身上存在的不足,并帮助学生解决问题,改正错误,从而不断促进学生的进步和发展。每个学生都是一片有待开发或开垦的土地,作为教育者应视之为教育的资源和财富,捕捉各种教育契机,加以挖掘和利用,让学生在认识自己、赏识他人的过程中,增加钦佩感,减少反感、嫉妒,在互敬互励中不断吸取他人之长来完善自我,超越自我。

【教育目标】

(1)知道每个人都有优点和长处,正确认识自己的长处,使自己的长处更长,短处变长。

(2)帮助学生全面认识自己,树立自信心,挖掘发挥潜能,培养积极进取的精神。

(3)培养学生正视不足,不断进步的思想。

【适用年级】

一年级

【课前准备】

(1)一件能展示自己特长的作品。

(2)故事课件。

(3)计划表。

（4）给家长的一封信。

【教育过程】

一、展示风采，激趣导入

（1）你了解自己吗？你知道别人如何评价你吗？请同学们根据自己的外貌特征完成一幅自画像。

（2）给大家展示自己的画或说一说自己的外貌特征。

（3）抽签，被抽到的同学向全班展示自己的优点或特长。请其他同学欣赏。

（拿出课前准备好的作品，如图画、大字、故事、歌曲、手工等进行展示，也可以是体育方面的，也可以是性格方面的特长，如乐观开朗、乐于助人、不计较等）

（4）进一步研究、认识自己。

① 教师讲述故事《完美的椅子》

② 讨论：这个故事使你明白了什么？

③ 小结：这个世界上，没有任何人是完美的，我们也不例外，我们也不完美，我们每个人的身上也都有缺点，人无完人。

④ 我们每个人身上都有缺点，那我们该怎样面对自己的缺点呢？

⑤ 老师第一个发言，先和大家交流一下老师的不足。

⑥ 学生交流

二、巧打比方，体悟道理

引言：人们认识到自身不足以后，往往有这样三种不同的表现：第一，及时改正；第二，准备慢慢地改；第三，不改。下面，我们就举几个例子，看看这三种不同的做法可能会产生怎样的结果。

1.《小虫和大船》的故事

（1）边讲故事边投影演示。

第一组：① 木板上有一些小虫眼。② 钉在木船底。③ 木板上的虫眼变大，变多。④ 虫眼连成一片。⑤ 形成大洞。

第二组：① 木船在海上航行。② 木船沉入大海。

（2）讨论：

① 大木船为什么沉了？

② 这个故事说明了什么道理？用虫眼比做我们身上的缺点,你懂得了什么道理？

（3）小结：

① 开始时船上的虫眼很小,也很少,后来越来越多,连起来变成了大洞。海水涌进来船沉没了。这说明小问题不解决,会酿成大祸。

② 我们身上的问题缺点也是如此,如果不及时解决、改正,也会由小变大、由少变多,"小错不改,酿成大错",像沉船一样,毁掉自己的一生。可见,有错不改多么危险!

板书：不改　大错　危险

2.《小树苗》的故事

（1）边讲《小树苗》的故事边图片演示。

图①一棵弯的小树,一棵弯的大树。

图②一棵直的小树,一棵直的大树。

（2）讨论：

① 小树苗长弯了,老爷爷是怎样做的?（扶直、捆好。）

② 老爷爷为什么把小树苗扶直捆好?（演示图①）不这样做会怎样? 过几年再捆行不行?（演示图②）

③ 从小树苗的故事中,你受到了什么启发?

（3）小结：

① 小树苗的树干细、软,变弯了容易矫正过来。树越长大,树干越粗,弯曲的部分越不容易矫正。

② 这和我们身上的缺点、问题一样,错误小容易改,错误少容易改,初犯时容易改。所以我们改错越及时越好。

3. "铅笔道"的启示

（1）让学生在纸上画一条比较轻的铅笔道,然后用橡皮擦。再让学生在纸上同一地方反复画铅笔道,然后用橡皮擦。

（2）谈一谈体会,受到什么启示。

① 只画一次的铅笔道留下的痕迹和反复画铅笔道留下的痕迹有什么不同?

② 擦起来有什么不同？擦后结果有什么不同？

③ 如果把这些铅笔道比做我们身上的缺点、问题，你从中受到了什么启示？

（3）小结：

初犯错误，由于留下的"痕迹"浅，很容易改正，这样才容易进步。

板书：进步快

如果不及时改，反复犯错误，犯得越多，留下的"痕迹"越深，就越不容易改正。

板书：不易改

三、辨析练习，深化认识

1. 议一议

小宝和大伟在陈阿姨窗前踢球，不小心打碎了玻璃，他俩立即向陈阿姨认了错，还给陈阿姨送来了新玻璃。从此以后，大伟再也不在别人家的窗前踢球了。小宝仍在那儿踢球。谁做得对，谁做得不对？为什么？

2. 答案要点

（1）大伟做得对。他能及时改正自己的错误，改正彻底，这样进步快。

（2）小宝做得不对。他不能改正自己的错误。以后，他还可能碰碎别人的玻璃或惹出别的祸。这种只顾自己，不顾别人的思想、行为不改，不利于他的成长，这样下去还可能会犯更大的错误。

四、认识自我，挖掘潜力

（1）我们每个人都有变得更好的潜能，想一想，你在哪些地方还可以做得更好、更出色？（学生思考）你准备怎么做？

（2）填写"我相信自己能变得更好"的计划表，在表格中写下自己想做得更好的方面，并在下面写下自己的方法，制订一个让自己变得更好的计划。

（3）和大家一起交流你的计划。

（4）交流怎样使自己的想法变成事实。

① 写名言警句贴在醒目的地方，时刻激励自己注意，不断改进。

② 请家长、同学监督改正。

③ 多参加学校各项活动。

④ 不一个人独处,经常与同学在一起。

⑤ 每天写一句表扬自己的话。

⑥ 吸取别人的长处,弥补自己的不足。

⑦ 同学之间互相激励。

五、课后延伸、自主践行

(1)回家后,跟爸爸妈妈谈谈心,了解一下他们眼中的你是什么样的,请爸爸妈妈送给你一两句能帮你前进的话。

(2)教师在课后与家长联系,请家长以鼓励的方式或其他孩子愿意接受的语气送给孩子一句话。

【教育反思】

这次的主题教育课希望一年级的学生能在老师、同学、家长的帮助下,尝试用不同方法全面认识自我,展示自身优点,认识自己的不足,以期达到完善自我的目的。每个人都有自尊心,希望受到别人的认可与尊重、赞许与羡慕,从而体会到成功的喜悦,为学习增加动力燃料。因此我十分注意满足学生这一心理需要,尽量找出每个学生身上的"闪光点",鼓励他们自我展示,让他们真正感受到成功的喜悦。但是学生在说自己的不足时却有些说客套话的现象。设置这个环节的目的就是让学生冷静地面对自己的缺点,如果学生连自己的缺点都不能正确地认识,何来改正自己缺点的信心? 所以,在这里,老师可以先做个榜样,让学生觉得原来老师也有不足,从而产生认同感,也就会大方地说出自己的缺点了。接下来的环节中我通过几个生动的故事让学生感悟及时改正错误的重要性。学生的品德形成与社会性发展是一个连续的过程。学生良好品德的形成,需要一个长过程,他的生活范围包括家庭、学校、社区,在活动过程中,只有通过一段时间的跟踪,才能让学生形成习惯。设计"我相信自己能变得更好"的计划表不仅仅是为了让学生制订一个计划,更多的是这份表格要作为课后延伸的记录表,要求学生对自己今后的表现进行记录,所以,这份表格在这里起到了比较大的作用。

"夫功者难成而易败也。时者难得而易失也。时乎时,不再来。"《史记·淮阴侯列传》中的这句话告诉我们:无论做什么事情,抓住时机很重要。教育工作者也应该讲究教育时机,尤其是班主任。学生在每天的学习生活中,会有大量的事情发生,其中有些事情蕴含着丰富的教育潜质。如果灵光一动,能抓住时机好好利用,真的可以成为很好的教育实例,收到事半功倍的效果。虽然教育的时机经常出现,但关键一点是讲究一个"巧"字:能在特定的情境中把握有效的教育资源,即抓住教育契机。教育契机是指在教育过程中事物发展或一事物转化为他事物的关键、枢纽、决定性的环节,它就是一个个生动、鲜活的教育资源。仔细分析一下,教育契机至少有三个特点:第一,教育契机在班级管理中是经常、大量出现的,但它也是不规律的,是可遇而不可求的;第二,教育契机对班主任而言,具有巨大的教育价值;第三,教育契机是稍纵即逝的。这三个特点要求班主任在班级管理中要有敏锐的"眼",善于发现;要有迅急的"手",善于捕捉;要有睿智的"脑",善于利用。如果面对"脏玻璃"直接把它擦掉,学生就不会从这块"脏玻璃"联想到自己身上存在的缺点了。如果没有注意观察学生进门时的一举一动,整个班级就失去了一次受到良好教育的机会。所以说,身为一名班主任,要随时注意收集有效的教育资源,从许多小事情中发现巨大的教育价值。

课例二

红绿灯,生命的护航

陈世蕙

【设计背景】

每天上下班的时候,都会看到孩子们背着书包上下学的身影。有的孩子爱玩爱闹在人行道上你追我赶,嬉戏玩耍;有的孩子在绿化带上走平衡木,跳上跳下;还有的孩子在自行车的后座上吃着东西,摇头晃脑……天真又可爱!可是,也令人心惊胆战。

有一次,我来到沪南路与莲园路口,只见宽阔的沪南路上各种车辆飞驶而过,醒目的红绿灯有序地指挥着过往的车辆行人。望着宽阔的马路,飞驶的车辆,行人都望而生畏,很有交通法规的意识。家长也紧紧地拽着蹦蹦跳跳的孩子,有序地红灯停,绿灯行。可是,在旁边的小路——莲园路上,"红灯停,绿灯行"的规则似乎变了。你瞧,耀眼的红灯虽然依旧瞪着眼睛,但是有的家长拉着小孩,有的小孩拉着家长,趁车辆空隙,迎着红灯闯过马路。

突然，"啊"的一声，一辆助动车来不及刹车，撞上了正在闯红灯的一对母女。只见那位妈妈顾不及自己倒地是否受伤，匆忙扶起倒在一边的，还戴着绿领巾的女儿。孩子大声地哭泣，捂着脑袋一个劲地喊痛。路人纷纷围上去，有的说："还好，撞上的是助动车，如果是汽车，那就严重了。"有的说："是红灯，怎么可以闯红灯呢？吸取教训吧，要给孩子做一个好榜样！"有的说："快带孩子到旁边的医院检查检查！"听着大家的议论，那位母亲自知理亏，只是一个劲地查看着孩子的全身。骑车的年轻人征得那位母亲的同意，抱起孩子坐在助动车上，向附近的医院走去……看着他们的背影，我心中为孩子祈祷平安，但也希望这对母女从中吸取教训，不要再乱穿马路，牢记："红灯停，绿灯行！"让红绿灯更好地为我们的生命护航！

随着经济的发展，马路上车辆川流不息的景象随处可见，然而由于许多人交通安全意识淡薄，在车水马龙的马路上常常演绎着一幕幕让人心惊胆战的情景。当你看到一个个鲜活的生命消失于车轮之下，当你发现一阵阵欢声笑语淹没在尖锐的汽笛声中，当你面对活泼可爱的少年儿童们因不遵守"红灯停，绿灯行"的交通规则，而身处危险之中时，你怎能不忐忑不安？

生命是珍贵的，遵守交通规则就是珍爱生命。特别是面对天真烂漫的孩子们，作为一名教育工作者更有责任让我们的孩子从小养成遵守交通法规的良好习惯，让他们懂得"红灯停，绿灯行"的必要性；让他们明白"要走人行道的"重要性；更要让他们知道人的生命只有一次，要珍爱自己的生命，让自己、家人、朋友，每一个人脸上的笑容永远灿烂。

然而，我们都知道不安全因素的产生往往是由缺乏正确的交通安全知识、自我安全防卫知识以及自我保护能力造成的。由此，我确定了这节教育课的主题——红绿灯，生命的护航。

【教育目标】

（1）通过读新闻、看动画、演小品等方式引起学生对交通安全的重视。

（2）通过本次班会活动，让学生了解一些基本的交通规则及交通标志，并逐步形成自觉遵守交通规则的良好习惯。

【适用年级】

一年级

【课前准备】

（1）收集有关交通事故的新闻。

（2）组织排演小品。

（3）确定班会主持人。

（4）了解一些基本的交通规则和常见的交通标志。

（5）准备动画片《孙悟空学交通知识》《交通安全拍手歌》。

【教育过程】

活动一：说一说，激发兴趣引入主题

（1）主持人 A 讲新闻。

（2）主持人 B：大家听了这则新闻有什么感想呢？

（3）同学们议论，各抒己见。

（4）主持人小结：

A：生命握在我们自己手中，交通安全不容忽视，红绿灯是我们生命的护航灯。

B：今天《西游记》中的孙悟空、猪八戒等来到我们的城市，让我们和他们一起学习一些交通规则，让我们养成自觉遵守交通规则的好习惯，让红绿灯为我们护航，让安全永远留在我们身边。

活动二：议一议，合作学习交通安全知识

（1）观看动画片后小组交流：在马路上行走需要遵守哪些交通规则？

（2）观看动画后集体讨论：在过马路时需要遵守哪些交通规则？

（3）观看动画后交流：交通指示灯的重要性表现在哪里？

活动三：赛一赛，巩固交通知识竞赛

（1）以各小组为单位进行交通知识抢答：

① 交通信号灯有哪些颜色？有什么作用？

② 红灯亮时行人该怎样？

③ 黄灯亮时还可以过马路吗？

④ 什么灯亮时才可以走？

⑤ 行车、行人应靠哪边走？

（2）小组交流：通过知识竞赛你又掌握了哪些交通安全知识？

活动四：认一认，掌握一些交通标识

让同学们说出交通标识的名称及其意义。

活动五：演一演，情景体验中加深认识

（1）小品表演。一名小学生放学回家由于不走斑马线，并闯红灯，结果被正常行驶的电动车撞倒。

（2）议一议：

① 这个小朋友违反了什么交通规则？

② 我们应如何遵守交通规则？

（3）把小朋友的错误纠正过来，谁来演一演？

（4）由小品谈心得体会。

活动六：唱一唱，总结提升牢记心间

（1）通过这次活动，你懂得了什么？

（2）生命只有一次，幸福快乐掌握在自己的手里，希望同学们通过这次班会活动，学会珍惜生命，养成自觉遵守交通规则的好习惯，让红绿灯成为我们生命的护航灯。让我们一起来唱一唱《交通安全拍手歌》，永远做一个遵守交通规则的好孩子。

（3）学生跟随动画一起学唱《交通安全拍手歌》。

【教育反思】

为唤起人们关注交通事故正在夺去大量生命这一事实，我国把每年的 4 月 30 日定为全国交通安全反思日，希望有更多的市民来关注交通安全，反思以往行路驾车的陋习，认真审视并改正不文明的交通习惯，尊重人的生存价值和生存权利。对于那些漠视生命的人和行为，要坚决摒弃。

我们要对儿童进行"生命可贵"的自我保护教育，让他们知道保护生命是现代社会人的基本权利之一。针对儿童在日常学习、生活、活动中可能遇到的安全问题，从校内学习、校外活动、家庭生活，到面对自然灾害和人为灾害等方面，全面介绍安全自护等方面知识，提供预防和紧急应付各类事故的常用措施和方法。利用生活中发生的事故或案件教育他们，让他们在体验中学习自我保护，形成一定技能。交通安全知识的教育，就是使孩子们学会遵守交通规则，注意交通安全，保护自己的生命，遇事不惊，遇险不慌，真正起到自护自救的作用。

课例三

感 恩 橘

孙丽萍

【设计背景】

班级里的董同学在玩轮滑时,不慎摔倒骨折了。出院来上课的第一天,孩子们看着她绑得严严实实的手,好奇极了,个别孩子还跑上去摸摸敲敲。我对全班同学说:"董同学的手受伤了,不但不能去碰,不能摸,更要处处帮助她。相信我们班的同学都是有爱心的好孩子。"听到我的话,同学们经过她身边都是小心翼翼的。午餐时,同学们帮她拿饭盒,帮她盛汤;体育课时,同学们帮她在操场上摆个椅子,让她休息……过了几天,董同学父母特意拿来一箱橘子,表示感谢。看着这黄橙橙的橘子,我想这可以成为好的教育素材。这些橘子既是全班学生关心他人、友爱互助的生动写照,也是董同学及时感谢别人,懂得感恩的具体表现。相信大家能从中体会到同学之间的友爱之情,体会到"予人玫瑰,手有余香"的感恩之情。

小学低年级学生尤为重视同伴之间的友情。因此让学生们在集体交往过程中感受朋友间的友情,懂得交往之道是这一年龄段学生进行生命教育的良好契机。感恩橘这一案例是每一个学生亲身实践的,让学生从中懂得关心他人、帮助他人不仅是一种美德,也是获得别人对自己认可、获得友情的方式,更是体现自我价值的重要载体。同时,从董同学全家的言行中,知道及时感谢别人的帮助是一个好习惯,进一步激发大家互帮互助的意识,增强同学之间的友情。

【教育目标】

(1)通过回忆对董同学的帮助,感受同学之间的友爱互助;激发学生心中有他人,主动帮助他人的意识。

(2)在董同学的感谢中,体会懂得感恩是一种传统美德。

(3)将感恩橘的故事和家长分享,并记录下自己的体会,进一步深化感恩主题。

【适用年级】

二年级

【课前准备】

感恩橘、传统美德故事

【教育过程】

一、谈话导入,揭示主题

(老师捧来一大箱橘子,学生们都很好奇,上来探个究竟)

师:各位同学,大家都很想知道老师为什么会捧来一大箱橘子吧? 请回到各自的座位上,这节课我们就来说说这箱橘子的由来。

师:(拿出一个橘子)这个桔子是黄岩蜜橘,是董同学的爸爸特意从老家带来送给我们全班同学的,(学生们发出了"哇"的赞叹声)猜猜,为什么董同学的爸爸会给我们送桔子来?

生1:我知道了,因为董同学的手骨折了,好多同学都帮助她,所以她爸爸就送给我们一箱橘子。

生2:这箱橘子是她爸爸送给我们的礼物。

师:对了,这橘子可不普通,它代表着董同学和她爸爸妈妈的一份谢意。孙老师给它取了个名字,叫感恩橘。现在,我想问问大家,这个感恩橘应该奖给谁? 为什么?

二、夸一夸,赞扬齐加倍

生1:我认为这个感恩橘应该奖给沈同学,因为他帮董同学拿饭盛汤。(沈同学听了,小脸涨得通红)

生2:我认为这个感恩橘应该奖给黄同学,因为他帮董同学背书包,他每天放学要背两个书包呢!(黄同学害羞得咬了咬牙)

生3:我觉得要奖给朱同学,以前他们俩是同桌的时候,朱同学还会欺负董同学,但是这次,朱同学连碰都没碰过董同学。(哎呀,皮大王朱同学都不好意思了)

……

师:原来,在董同学骨折期间,有这么多同学伸出了友爱之手,帮助她,这个小小的感恩橘里藏了这么多温暖的故事,老师听了觉得很感动,也为每一个付出关爱的同学感到骄傲。

(设计意图:让学生带着放大镜去发现他人的优点,既是赞美肯定,也是

榜样学习,可以有效增强学生互帮互助的意识)

三、说一说,感谢来传递

师:我们来听听董同学想对我们说些什么?

董同学:这次我的手骨折了,我很感谢班级里的每一位同学,你们一直在帮助我。黄同学帮我背书包,有时卜同学也会帮我;我住院的时候,孙老师特意来医院看我,我很高兴,还有沈老师帮我补课,(很意外的是孩子想到了感谢老师)鲍同学、俞同学她们帮我抄记事本……(董同学感谢了一个又一个,孩子们都听得很认真)我真的很感谢大家。

师:听了这段话,我又一次被感动了,没想到董同学把老师同学们对她的帮助一一记在了心里,这个小小的感恩橘就是她那真诚的感恩之心。

(设计意图:通过董同学说说自己的心里话,让学生体会当事人的心情,推己及人,从中体会"与人玫瑰,手有余香"的互助精神)

四、尝一尝,甜蜜互分享

师:接下来,让我们来品尝这个感恩橘,体会董同学的感恩之情,体会同学之间的互帮互助。(放轻柔的音乐,全体学生品尝橘子)

师:这个橘子和你平常吃到的橘子有什么不同?

生1:我觉得今天的橘子特别甜。

生2:我觉得这个橘子不是人人都能买到的,我能吃到这个橘子觉得很高兴。

……

师:是啊,因为有了爱,有了感恩,这个橘子就有了非同一般的味道。

(设计意图:在浓浓的感恩氛围中品尝橘子的味道,既是分享也是对自己表现的肯定和鼓励)

五、写一写,感恩永记心

师:董同学的爸爸、妈妈还说请你们每一个人再带一个感恩橘给自己的父母,因为是每一位家长的精心教育才有了你们这样一群懂得友爱的同学。也请你们把这个感恩橘的故事写下来,给爸爸妈妈看。好不好?

(设计意图:让学生能再次回味这节教育课的意义,加深自己的思考,进一步提升感恩意识)

【教育反思】

移情能力是一个人对他人情绪、情感产生共鸣反应的能力。产生共鸣的前提是以自己的情感经验为基础,对相关的人或事投入自己的感情,能体验理解他人的情绪和情感。在情感教育实践中,我们注重发展学生发自内心的良好情感,以此作为教育契机,精心设计教育活动,有意识地强化某些有意的情感经验,着重培养学生的爱心,并迁移于更广阔的对象。

在学校教育过程中,人们往往注重学生学习能力,却忽视了对其情感能力的培养。但作为构成社会适应能力重要因素的情感能力,其对于人的健康成长,乃至今后的工作、生活,都有着举足轻重的作用,培养小学生的情感能力应当成为学校教育目标的一个重要指标。情感经验是可以记忆、储存、加工、整理、提取、迁移、泛化的,学生有亲身体验的情感经历,才能不断积累良好的情感经验,为日后乃至终身的情感健康发展奠定厚实的内在基础。

课例四

你快乐,所以我快乐

林 琳

【设计背景】

下课铃声一响,安静的校园顿时沸腾起来了,一些同学一下课就撒欢儿地奔跑,你追我赶,玩得满头大汗。其中,有两个男孩子围在一起玩警察捉小偷的游戏,一个人在前面跑,另一个人在后面追。只见前面的小丁东闪西躲,一会儿绕开迎面而来的人,一会儿时不时回头看看后面追赶的人小刚。忽然从另一个班级门口窜出一个学生,捂着肚子好像要上厕所,小丁看见了想停下也停不下来,"砰"与那个上厕所的学生撞在一起,两个人一起倒在了地上。霎时,哭声,叫喊声乱成一团。只见小丁的头上起了一个大包,被撞的同学下嘴唇出血了。老师急急忙忙赶来,查看伤势,了解情况,送受伤的学生去医务室并通知家长。小丁头上的大包肿了好几天,也因此被家长狠狠教育了一番。

近代著名儿童心理学家曾言:"任何形式的心理活动最初总是在游戏中进行的。"陈鹤琴认为:"儿童的心理特点之一就是喜欢游戏和野外活动,游戏是儿童的生命。"他们都认为游戏是儿童的存在方式。它不仅增强了学生的体能,促进了学生心理健康,还能使学生掌握一些基本的运动技能和活动方式,形成团结协作、关心集体的优良品质,为学生终身体育打下坚实的基础。课间适时的活动,不仅是人体健康的需要,也是心理健康的需要。有些同学下课之后,总是习惯继续坐在座位上,做作业或看书,将课间变成课堂的延续。这样做实质上还在继续用脑,大脑没有得到休息,而且长时间用眼也会引起视力下降。课间活动除了本身的放松作用之外,还是个好沟通渠道,因此教师要引导学生开展有意义的课间活动。在游戏中学会思考,学会合作。教师应给学生提供一些健康有益的游戏,如拼图、迷宫、分类等,让学生在课间尽情地享受游戏的乐趣。课间活动要适量,不能影响学习。老师可建议学生在下课之后,把教室的门窗打开,充分换气,保持空气清新;或走出教室到外面呼吸新鲜空气,或望远,与同学们谈谈聊聊,使大脑得到休息;和同学们一起跳绳、拍球、打乒乓球,做一些适当的运动。通过适量的活动使全身血液加快循环,提高视听能力,改善大脑皮层的协调指挥能力,以良好的状态投入下一堂课的学习中去。

班级中发生的这起意外伤害事件,让我深刻意识到:小学生活泼好动,精力旺盛,特别是一些男同学常常选择奔跑类的游戏,满教学楼地追逐打闹,极易造成安全事故。为进一步提升孩子们保护自我、珍爱生命的意识和能力,班主任需要抓住教育契机进行有效引导,避免此类事件再次发生。

【教育目标】

(1)使学生懂得课间活动有助于消除学习疲劳,活跃身心。

(2)鼓励学生创新丰富多彩的课间活动,学会在有益的活动中度过短暂的课间。

【适用年级】

二年级

【课前准备】

(1)课间活动录像。

(2)毽子等。

【教育过程】

活动一:搜一搜课间活动

师:亲爱的队员们,课间10分钟你们是怎么度过的呢? 你有没有留意身边的同学,他们是怎么度过的? 我们中队在前不久提出了"争做小福尔摩斯"的活动,并成立了"福尔摩斯小队"。下面,我们请每个小队派代表,把你们的观察结果告诉队员们。

生:我们小队把观察到的情况排成了小品。请欣赏小品《血的教训》。

旁白:叮铃铃,下课铃声响了,班主任刚走出教室,小明和小华就迫不及待地往教室外跑。

小明:等等我,等等我。

小华:有本事你追上来啊!

小华:哈哈,真没用,刚一跑就累成这样子,跑不动了吧!

小明:谁说我跑不动了,我是照顾你,想让你休息一下。

小华:哼,死胖子,别不承认了,有本事来追我呀。来呀来呀!

小明:哼,别神气,等着瞧。

旁白:小明鼓足劲追上去,小华得意扬扬地转身跑,这时……

小明:啊!

旁白:小女孩的头上鲜血直流。

师:在这短短的 10 分钟里,竟发生了这么可怕的事情。课间追逐打闹太危险了。让我们记住这血的教训,让我们的课间变得安全、快乐。

师:听说第 2 小队也观察到了类似的情况,让我们一起来听听。

活动二:谈一谈危险行为

师:看下面的图,你们有什么看法吗?

生:(出示图 1)看,这位同学只顾着逞英雄,却不知道这样的行为很危险。

(出示图 2)瞧,这两位同学,坐在地上打闹,又脏又不文明。

(出示图 3)这两个同学攀在了楼梯的外延,多危险。

(出示图 4)花坛边的栏杆可以供大家坐下来休息,而这两位同学好好的路不走,在栏杆上玩,一不小心踩空多危险啊。

师:希望校园里这样的一幕幕不再发生,也希望我们中队的队员首先做到课间不玩危险游戏。的确,课间我们一定要注意安全,安全是快乐之本啊!

活动三:说一说活动必要

师:安全真的很重要,瞧,同学们在教室做作业,这样够安全吧?(出示照片)这是由第3小队为我们提供的,我们来听听他们有什么看法。

生1:这是我们班一些同学的做法,他们常常利用课间赶着做老师布置的作业,我们小队讨论后认为,这样的做法是不对的,因为这样我们的大脑没有得到休息,会影响下一节课的听课质量。

生2:我们还认为课间不进行适当的活动,不呼吸一下新鲜空气,会感到头昏、疲劳。

生3:课间10分钟的设置就是让我们活动的,补充一下氧气,调节一下大脑,以便下节课精神饱满,精力集中。

生4:嗯,听了第3小队队员们的发言,我觉得课间还是要玩。

生5:那第4小队,你们觉得该玩吗?

生4:该玩。但是,我们小队发现也有许多队员在课间玩得满头大汗,气喘吁吁地进教室,这肯定也影响下一堂课的学习。

师:所以现在我们知道,课间不可以进行剧烈活动。

活动四:玩一玩创新游戏

师:看来,课间活动还真有学问呢!课间要活动,但也要注意安全。课间要活动,但也要适量。我们平时常玩的跳绳、踢毽子就是很不错的游戏。可为什么还有很多同学会在课间追逐,有的同学宁愿做作业也不出去玩呢?大家知道吗?

生齐:游戏太旧了,玩腻了。

师:老师准备了一些新游戏,正想介绍给大家呢!

游戏1,胯下拍毽子;游戏2,跳皮筋;游戏3,手指足球;游戏4,踢毽子;游戏5,古诗翻手。大家试试吧!

【教育反思】

课间是学生发生事故率较高的时间段。小学生年龄小、经验有限,活动中经常出现令人担忧的危险情景。如户外活动中急速奔跑、手捧沙撒同伴、课间奔跑进出教室、推拉桌椅等。教师经常苦口婆心地告诫,可面对这群天真无邪、精力旺盛的小学生,有时觉得无奈,有时筋疲力尽。后来我想了一个办法,干脆让学生把自己的言行录下来,让他们自己在录像里找找哪里危险,比比谁对谁不对。看录像、找危险,这个环节符合小学生的年龄特点,因为录像中有具体的事件和直观的场景,能充分调动起学生主动发现问题的积极性,且录像中的主人公是自己,通过对比,及同龄人的直接批判,做错的学生会觉得不好意思,在下一次活动中能慎重对待自己的行为,即使暂时忘了,同伴们也会异口同声地"告状",集体的力量是无穷的,安全从每个学生做起是必要的。通过录像中情景再现的教育,学生懂得了哪些事情可以做,哪些事情不可以做,起到了事半功倍的效果。同时经过讨论,在课间写作业的学生也有了正确的活动观。最后,介绍几个小游戏,抛砖引玉,让学生们明白快乐健康的游戏才能使大家快乐成长!鼓励同学们创新丰富多彩的课间活动,学会在有益的活动中度过短暂的课间。

课例五

生命因"律动"而精彩

毛悦勤

【设计背景】

春天满园的新绿透过鹅黄的嫩叶随风摇曳;秋天田野的金色稻浪伴着清风起伏荡漾;夏天的蝉声悠扬于浓密的枝头;冬天的雪花飘洒于天地之间。生命因律动而充满着勃勃生机。律动不是自然更替的生命跳跃,不是随性而发的肆意张扬,它是一种内在的有节律的跃动,是生命自发向上的动力。

盎然的春意中,我欣欣然走进教室,刚进门,一群孩子已围在身边七嘴八舌地嚷着:"老师,小于刚才用扫帚打我呢!""在去专用教室的路上他还扒着楼梯扶手滑着玩呢!""还有他把我的尺敲断了。"……听着同学们叽叽喳喳的"控诉",我的脑袋嗡嗡响,唉,又是他,他怎么又惹出了那么多事儿?他可真称得上是我们班的"明星"人物,天天有轰动班级的"事件",可不,这两天一忙,没顾得上多多关心他,他就用自己的行动来吸引大家的注意力了。

平心而论,小于并不是一个笨孩子,有时发现他还挺聪明的,上课时的发言经常冒出智慧的火花,朗读课文也能绘声绘色,可就是坐不住,只要一坐下来,就不停地扭呀扭,时而钻到桌子底下去,时而去拉拉同桌的辫子,时而又拿出铅笔开始修理……每次提醒后,他会收敛许多,可一不留神又恢复了老样子。一做作业,他的注意力就更分散了,一会儿咬咬铅笔,一会儿折折飞机,东张西望一阵,造成的后果是:时间长,效率低。有人站在旁边督促,一会儿就做完,可稍不留神又故技重演。家长也发现了这一点,带他到医院检查过,各项指标均正常,也没有行为多动的倾向。

其实,像小于这样的孩子,既不是智力的问题,也不是行为偏差的问题,他的种种不良习惯归根到底就是缺少自律,缺少自我控制的能力。自律是人的自我约束的能力,是每个人对自身心理和行为的主动掌握能力,是每个人在没有外部限制的情况下能够沿着既定的目标,通过控制自己的行为来实现目标的能力。在学校教育中,几乎每个班级都有这样一个或几个较之同龄学生来说自控能力差的孩子。由于自控能力差,他们在上课时经常不专心,或做小动作,或与人窃窃私语,或独自走神,使得老师总要停下来提醒,影响整个班的教学。即使老师经常关注他们,也收效甚微。做作业时不是丢三落四就是不及时完成,字迹潦草,正确率低。有的还经常和同学打架,在各项活动中拖班级后腿。这些行为导致他们学业不良,也影响了师生关系和同学关系。

这些孩子大多数是独生子女,他们生活在优越的环境里,备受长辈的呵护,以自我为中心,缺乏独立生活与艰苦生活的磨炼,依赖性大,自我管理的能力较差。那么,如何培养他们自觉自律的能力,唤醒他们内在向上的动力,让他们的生命也"律动"起来呢? 我决定从主题教育课入手培养他们的自律能力。

【教育目标】

(1)通过主题教育活动培养学生的自律意识,让他们懂得严格要求自己,约束自己。

(2)通过活动引导学生具备自我要求意识,做到自我表扬、自我批评,掌握对自身行为的调控、约束、激励和规范的方法。

(3)通过"学校、家庭、社会"合作,开展相应的主题活动,培养学生自律能力,提高学生的思想道德水平。

【适用年级】

三年级

【课前准备】

(1)观察身边懂得自律的同学,设计自律排行榜;

(2)设计成长自律卡;

（3）准备关于自律的故事。

【教育过程】

活动一：以故事引入主题

（1）导入：同学们，今天的活动课，老师给大家讲一个故事。

一位科学家来到一所学校，在这所学校里做了一个实验。实验是这样的，让20个5岁的孩子在一间房间里做作业，旁边的桌子上放着各种各样的糖果，要求孩子们做完作业再吃糖果。科学家在实验室的外面进行观察，看谁能做到。

刚开始孩子们都能专心致志地做作业，两分钟后一个孩子忍不住偷偷看了糖果一眼，三分钟后他忍不住拿了一颗糖果吃起来，其他孩子看见了都眼馋地看着他，但没有人去拿。又过了几分钟，又有3个孩子忍不住拿了糖果吃起来。就这样，十分钟过后，只有5个孩子还在专心地写着作业。

以后科学家又对这20个孩子进行跟踪调查，10年后发现能忍住不吃糖果的5个孩子在学校里各方面都领先。20年后，这5个孩子工作了，他们在工作中同样成绩出色，在各方面遥遥领先。而另外的一些孩子不管在学校还是在工作单位都默默无闻，平凡不起眼。

（2）推进：同学们，故事听完了，你觉得故事中的这5个孩子和其他孩子哪里不同呢？

（学生交流）

你知道为什么那5个孩子后来各方面都能做到遥遥领先吗？

（学生交流）

（3）总结：因为那5个孩子在生活和学习中能自我控制，自我约束，成为自己生活学习的小主人，所以他们最后成为优秀的人才。

（4）出示课题：今天我们的主体活动课就叫"我是生活、学习的小主人"。

活动二：感悟自律作用

师过渡：

每位同学只要学会自我控制、自我约束，就能成为自己生活学习的小主人。今天让我们一起来看看、玩玩，学习如何培养自己的自我约束能力。

1. 观看录像，说说谁做到了学习自觉。

（1）师：今天老师给同学们看一段录像，你觉得其中哪些同学做到了学习自觉,哪些没有做到呢?

（2）学生根据录像内容发表自己的观点。

2. 看照片,说说谁做到了行为自觉

（1）师:自觉不仅表现在学习上,生活中也要做到自觉遵守各项纪律,这才是真正的自律。老师给同学们看一些在校园里拍的照片,你们觉得哪些小朋友做到了自觉遵守纪律?

（2）学生看照片发表观点。

3. 联系班级,评选自律小标兵

（1）师:像录像、照片中那样自觉的小朋友,我们班级也有很多,你能向大家介绍一下吗?

（2）学生交流班级中自觉学习、自觉遵守纪律的同学,评选自律小标兵。

4. 结合自身,小组交流

（1）师:对照榜样结合自己,在小组内谈谈你是否做到了自觉学习,自觉遵守纪律。

（2）小组交流。

活动三:掌握自律方法

（1）游戏一:鹦鹉学舌。要求:老师说一句话,你们学着老师的样子重复一句,看谁说得又快又准确。

游戏二:复述数字。要求:我们交新朋友会互相留下电话号码,请你用最短的时间记住朋友家的电话号码。看看谁记得又快又准确。

（2）采访优胜者:你是怎么做到又快又准确的?

师小结:集中注意力也是养成自觉学习习惯的一个好方法,我们平时可以经常通过听记新闻、复述数字等方法帮助自己集中注意力,成为一个学习自觉的好孩子。

（3）师:那行为纪律上怎么做到自觉呢?请同学们讨论一下。

听《树钉子的故事》。

师:不仅在学校里,在家里也要做个自觉自律的好孩子,想想在家里哪些方面要做到自觉呢?

（学生讨论,老师在投影上出示成长自律卡）

活动四：制作成长自律卡

过渡：同学们，让我们也一起行动起来吧！让我们在学校、在家里都能成为一个自觉的好孩子。

（1）制作成长自律卡。学生根据老师提供的表格，设计必选项和自选项制作自律卡。

（2）反馈。教师在巡视中随机将较典型的卡片放在投影上，让学生互相交流评价。

【教育反思】

苏联著名教育家苏霍姆林斯基说，只有能够激发学生去自我教育的教育，才是真正的教育。青少年不但要努力认识自己周围的事物和现象，而且要认识自己的内心世界，使精神丰富，让自己变成一个更好、更完美的人。这就是要在精神生活的各个领域里进行自我教育，培养自觉自律的品格。学生如果认识不到自律的重要性，不能自觉严格要求自己，即使老师再辛苦，付出再多，也只能获得事倍功半的效果。提高学生自我教育、自我约束、自我发展的能力，关键在于千方百计激发和培养学生的责任心，使每一位学生成为生活、学习的主人，只有这样才能真正提升学生的自觉自律能力。

要培养学生良好的学习自觉性，首先要为学生创设良好的学习环境，让孩子体验到自律给自己和他人带来的快乐，这样孩子才能体验到成功感。美国心理学家伯利纳通过实践证实：受到激励的学生，学习劲头足，学习成绩能不断提高；而缺乏激励的学生，学习劲头不足，学习成绩有下降趋势。在班级活动中，充分利用学生的竞争意识激励学生积极向上，是形成班级良好学习氛围的一种有效的教育手段。这可唤起学生强烈的成就动机，最大限度地提高学生参与学习活动的内驱力，学生处于竞争状态时，他们的智力、体力和情绪都将变得饱满，紧张，自我成功的需要也会非常强烈。

培养学生行为上自觉自律的能力，会是一个比较长的，不断反复，螺旋上升的过程。在这一过程中，我们要把外部监控与自我调控相结合。自律并不意味着抛弃一切的外部控制、准则和指导，而是要在教师的指导、调控下通过对纪律价值的不断内化逐渐形成。自律的形成是一个从他律向自律渐进转化的过程，科学的教育指导是这种转化的重要途径。因此，要形成和发展学生的自律品质,必须发展学生的自我调控能力。教师应引导学生对学习纪律正确积极的态度,让学生产生积极的情感体验,培养学生自觉遵守纪律的良好习惯和意志力,从而形成和发展自律品质。

引导学生正确进行自我评价可以帮助学生巩固深化自觉自律的能力。自我评价是自我教育的重要方面。它既能使学生得到自我评价的反馈信息,又能加深学生自我认识,是深化了的认识过程。它是一面镜子,促使每个学生自觉地进行自我教育、自我评价,从他律走向自律。

毕达哥拉斯说:不能约束自己的人不能称他为自由的人。我们提出培养学生的自觉自律,是用自律的行动营造一种良好的学习氛围,创造一种井然的学习秩序,使我们的学习生活获得更大的成效。

在实现学生自觉自律的过程中,一要积极调动孩子的竞争意识。竞争、好强、求胜是孩子的天性。我们可以引导孩子邀请水平相当的小朋友共同参与作业竞争,让他们在竞争中调动各种感官,集中注意力,长久以往,孩子的注意力会有改善。二要经常开展学科类的小游戏。根据学科开展有趣的小游戏,如新闻记录、鹦鹉学舌、复述数字等,可帮助学生养成良好的学习品质,提高自觉性。三要充分用好成长自律卡。首先是自我设计:学生根据学校的要求,自身的特点制作成长自律卡,确立自律的具体内容。其次是公开发布:自律卡制好后,班主任利用主题班会的时间,公示全班同学的自律内容,以便同学们相互监督。再次是共同管理:要求每个学生佩戴自律卡,这相当于做了公开承诺,同时也实现了学校、教师、学生家长的共同参与、共同管理。最后是定期评价:根据自律卡上的内容要求学生根据自己的表现定期进行自评和他评,帮助学生逐步养成自觉规范行为的能力。

课例六

尊重他人、悦纳他人

顾玉凤

【设计背景】

一天早上,男孩小陆同学的奶奶带着忧郁的神情找到我,对我说:"老师,我们的孩子从小就没有母亲,我一手把他拉扯大。这两天他说不想来学校,我可着急啊。"我安慰她说:"老人家,您别急,慢慢说,到底怎么回事?"奶奶说:"孩子说班级里经常有人欺负他,拿了他的东西不还,还经常会拧他的腿。孩子很懂事,不肯来跟你说,说你工作很忙,怕给你添麻烦。可这两天他跟我说要转学,这可怎么办呢?"我听了,觉得既气愤又羞愧。小陆是一个胆子比较小的孩子,平时总是不声不响的。有什么事总是放在心里,也不会与他人沟通。平时总是循规蹈矩的,不会惹是生非,是一个内向、懂事的孩子。作为班主任,这样的孩子在班级里受了欺负,我竟然还不知道。我对奶奶说:"老人家,很抱歉。不过,您放心,我一定会调查清楚,处理好这件事。"

此时的我深知:作为班主任,有责任让孩子在温馨的集体中成长,让他们懂得爱和团结,引导他们以宽容和爱的心态对待人或事情,引导他们更多地理解他人、尊重他人、帮助他人,开启他们健康的情感之门,帮助他们形成健康的人格。

【教育目标】

(1)帮助学生懂得理解尊重他人是自己获得尊重的前提,学会换位思考,能够与人为善,不做有损人格的事。

(2)学会尊重他人,形成自尊和尊重他人的良好心理品质。

【课前准备】

多媒体课件

【适用年级】

三年级

【教育过程】

活动一:甜蜜回忆

师:成长的道路上,有我们给他人的尊重与关爱,也有他人给我们的鼓励与支持,更有他人的呵护与激励……正是这些点点滴滴的感动,如甘霖,似雨露,滋润着我们的心田,使我们感到温暖,体验着快乐。你还记得吗?

(1)请写下记忆中他人给予你的最让你难忘的那些时刻。

一句由衷的感谢:＿＿＿＿＿＿＿＿＿＿＿。

一次真诚的鼓励:＿＿＿＿＿＿＿＿＿＿＿。

一次感人的相助:＿＿＿＿＿＿＿＿＿＿＿。

（2）请写下心灵深处最深刻的感受。

你受到他人尊重时的心理感受：＿＿＿＿＿＿＿＿＿＿＿

活动二：我生活中的重要"他人"

（1）你心目中的"他人"还有谁？

（2）你的存在对他人有什么意义？

（3）学生在小组交流后选出代表发言。

（4）小结：他人对我们的尊重与关爱，使我们充满了自尊与快乐。那我们也有责任去维护他人的尊严，这是自尊的需要，也是自我完善的需要。

活动三：他们做的对吗？

（1）多媒体演示，学生观看。

根据小陆被欺负的事情改编的故事情节。

（2）师：他们做的对吗？如果是你，你会怎么做？

学生发表自己的看法，并列举生活中、班级里听到、看到的尊重他人的故事。

（3）小结：尊重他人就是尊重自己，这是我们的需要，也是我们的快乐所在。那么，如何做到尊重他人呢？

活动四：给孩子们讲一个《钉钉子》的故事

一个坏脾气的男孩，他父亲给了他一袋钉子，告诉他每当发脾气的时候就钉一根钉子在后院的围栏上。第一天，这个男孩钉下了 37 根钉子。慢慢地，男孩每天钉的钉子减少了，他发现控制自己的脾气要比钉下那些钉子容易。直到有一天，男孩觉得自己再也不会乱发脾气了，父亲又说，现在开始每当他能控制自己脾气的时候，就拔出一根钉子。一天天过去了，最后男孩告诉他的父亲，他终于把所有的钉子都给拔出来了。

父亲握着他的手，来到后院说："你做得很好，我的孩子！但是看看那些围栏上的瘢痕。如果你拿刀子捅别人一刀，不管你说了多少次对不起，那个伤口将永远存在。话语的伤痛就像真实的伤痛一样令人无法承受。"

小结：对别人的伤害有时候是很难抚平的，任何时候都不要做伤害他人的事情。

活动五：演一演"我该怎么做"

（1）在篮球比赛中我的对手赢了我。

（2）新转学来的同学腿有残疾，走路不方便。

小结：尊重他人，就是要关注他人的尊严，既要从欣赏、鼓励、期望等角度善待对方，更要注意不做有损他人人格的事情。

【教育反思】

生活中常常是这样的，当我们拿花送给别人的时候，首先闻到花香的是我们自己；当我们抓起泥巴抛向别人的时候，首先弄脏的是我们自己的手。有些话语说起来虽然不重，但会重重地压在别人的心上；有些事看上去很小，但会深深地伤害到别人。让我们对人多一份理解，多一分宽容。

善待他人其实就是善待自己，在当今这样一个需要合作的社会中，人与人之间更是一种互动的关系。那些慷慨付出、不求回报的人，往往容易获得成功；那些自私吝啬、斤斤计较的人，不仅找不到合作伙伴，甚至有可能成为孤家寡人。

这次主题教育课让学生体会到了被爱和爱别人的温暖，触动了学生的心灵。但仅仅通过一次活动是不够的，所以我们可以把培养这种宽容，悦纳的好品质渗透到平时的学习和活动中：每周让学生说说这周我受到过谁的帮助，有怎样的感触；说说班级里的好人好事，并给予肯定和发扬；谁有困难可以提出，让同学们群策群力，共同帮助解决；在活动课上多做些类似"两人三足走"的游戏，在游戏中让学生体会相互包容，齐心协力的重要。

尊重他人，悦纳他人，就要多一分宽容，少一份冷漠，让朋友的真心永远伴我们同行。"我会记得，那些在困难时伸出的温暖的双手；我会记得，那些永远支持我的坚定的目光。我要感谢我的朋友们，感谢你们，让我在享受朋友温暖的同时，让我的世界五彩斑斓！"希望当孩子们长大成人后，回首过去时，都能有这样的感觉。

课例七

爸爸妈妈，我想和你们做朋友

徐益君

【设计背景】

一天中午，我正在办公室批作业，突然"徐老师，出大事了——"一声惊叫，划破了走廊的静谧。我"嗖"的一声从座位上"窜"起来,眼睛瞪得滚圆,心提到嗓子眼。"慢慢说,怎么了?"我故作镇静。"小班一拳打在小袁肚子上,她哭得很厉害……"随即,我迅速走到早已"热闹非凡"的教室,顿时,大家都齐刷刷地望向我,寂静无声,只有小袁的抽泣声。只见小班同学一脸骄横,毫不畏惧地趴在座位上,正像一头"雄狮"在恢复元气。

"刚才的事,谁看到? 谁实事求是地告诉我?"我一脸严肃地问全班同学。一只只小手林立,争先恐后地向我描述过程。唉,这只独来独往的"小狮子"真是无话可说,他的不宽容,他的不谦让,已经发生几起类似事件,也让自己成为不受欢迎的"新闻人物"。

该事件引起了作为班主任的我的高度重视,通过与小班、其父母和爷爷奶奶的沟通,我进一步了解分析了最近小班"反常现象"背后的症结所在,那就是缺少与父母有效的沟通! 小班含着泪抱怨:"爸爸根本不明白我,还要常常管教我!""我和妈妈很难沟通,说不到两句话就会吵架!""妈妈不说话还好,若她说话我便会觉得很烦!"乍听下来,好像两代之间真的很难去互相了解。但为人子女的孩子们,若期望父母单方面改变以往的沟通方式,何不自己去多做一些呢? 为此我决定通过主题教育课让孩子们认识到与家人沟通的重要性。对于还没有独立生活能力、完全依赖父母的儿童来讲,不和谐的家庭环境,容易造成孩子情绪紧张,为父母关系失调而慌乱、憎恨;为忠实父亲还是母亲而烦恼和疑惑。紧张的家庭人际关系破坏了应有的温馨的家庭气氛,使孩子长期处在负面情绪中,又缺少温暖和关爱,容易使孩子形成孤僻、自私、玩世不恭等不良品质,对儿童的生命健康成长产生负面影响。

【教育目标】

(1)使学生形成积极主动与父母沟通、交朋友的意识。

(2)使学生掌握一些与父母沟通的技巧与方法,努力与父母建立起融洽、和谐、朋友式的亲子关系。

【适用年级】

四年级

【课前准备】

(1)了解学生与父母相处的情况、沟通水平及方法;

（2）课前请学生采访父母（可以是别人的父母）；

（3）准备小品表演；

（4）准备录音机等。

【教育过程】

一、说说我们的烦恼

（1）导入：同学们，家是一个温馨的字眼，家是一个平静的港湾。但是，家人之间偶尔也会产生小小的磨擦。日常生活中，你曾与父母闹过矛盾吗？说说印象最深的那一次，为什么会发生冲突？当时你的心情怎样？你是怎么做的？

（2）分组交流。

（3）总结：老师十分理解大家当时的心情。确实，这些小磨擦给大家带来了不愉快。那么，我们该怎样与父母相处呢？揭示话题。

二、走近父母

（1）导语：我们渴望家长的理解，但同时也要理解家长。

（2）出示挂图：请同学们换个角度，站在父母的立场上来看待以下两件事。

① 时针已指向九点半，妈妈在灯下陪伴孩子做功课。孩子想："这么晚了，妈妈一定要我做完作业再睡觉，真是不近情理！"

② 孩子与爸爸闹矛盾。孩子说："说好给我买礼物的，又没买！一点儿也不关心我！"爸爸说："我今天实在太忙了。"

（3）说说课前采访父母的情况：当子女和父母发生冲突时，以及发生冲突后，父母心情怎样，你有什么想法？

（4）录音播出毕淑敏的《孩子，我为什么打你》片段。

……在你很小很小的时候，我不曾打你。我为你无日无夜地操劳，无怨无悔。……你开始淘气，开始恶作剧……面对你摔破的盆碗、拆毁的玩具、遗失的钱币、污脏的衣服……我都不曾打过你。我想这对于一个正常而活泼的儿童，就像走路会跌跤一样应该原谅。……你渐渐懂事，你像一匹顽皮的小兽，放任无羁地奔向你向往中的草原，而我则要你接受人类社会公认的法则……为了让你记住并终生遵守它们，在所有的苦口婆心都宣告失败，在所有的夸奖、批评、恐吓以及奖赏都无以建树之后，我被迫拿出最后一件武器——这就是殴打。……每当打你的时候,我的心都在轻轻颤抖。我一次又一次问自己:是不是到了非打不可的时候? 不打他我还有没有其他的办法? 只有当所有的努力都归于失败,孩子,我才会举起我的手……假如惩罚我自身可以使你汲取教训,孩子,我宁愿自罚,哪怕它将苛烈十倍。孩子,我多么不愿意打你,可是我不得不打你! 我多么不想打你,可是我一定要打你! 这一切,只因为我是你的母亲!

（5）请学生谈谈感受。

（6）教师小结:父母既要忙于工作,又要照顾家庭,辛苦和劳累可想而知。他们也有自己的烦恼,我们要体谅他们。父母都希望自己的子女进步。他们对我们的严格要求,是出于对子女深深的爱。我们要理解父母。但是随着年龄的增长,我们的独立意识在不断地增强,越来越希望摆脱父母的干涉和约束,独立处理自己所遇到的问题,所以,有时我们会和父母发生冲突。

三、找找相处的良方

1. 小刚的事例

（1）学生以小刚为主角表演小品。

（2）讨论:小刚怎样做能避免这次冲突?

（3）小结:父母的"唠叨"实际上是关心的表现,如果我们这样想,也许就不会觉得父母"罗嗦"了。

2. 小明的事例

（1）一学生讲述小明的事例:一天放学回家后,小明在家里焦急地等待爸爸妈妈回来。终于,妈妈下班回来了。小明高兴地迎上去说:"妈妈,告诉您一个好消息——我在校作文比赛中得了三等奖!"妈妈一听,皱着眉头冷冷地说:"才得了三等奖就骄傲了? 瞧隔壁燕燕,还在市比赛中得一等奖呢!"接着又数落了他一番。

（2）想象一下,小明会怎么做? 这样做会带来什么结果? 以学习小组为单位讨论,自编小品,在组内表演小明所采取的方法和产生的结果。

（3）学习小组派代表表演自编的小品。

（4）讨论:哪一种方法好? 为什么?

（5）小结:如果小明将妈妈的"数落"看作她对自己的厚望,来激励自己,就不会和妈妈发生冲突了。

3. 自选事例讨论分析

（1）以学习小组为单位，任选一件事展开讨论：小玲、红红怎么做比较好？

A. 天气骤然变冷了。妈妈找出一件厚厚的棉衣让小玲穿。小玲说："穿棉衣太臃肿，不好看，再说这衣服式样已过时了，我不穿！"妈妈说："穿着暖和就行，我小时候还没有这么好的衣服穿呢！""时代不同了……"说着说着母女俩就争起来了。

B. 红红爱集邮，妈妈也一向支持她。可自从红红升上六年级以后，妈妈不让红红集邮了。她说："要以学业为重，集邮会影响学习的。"为此，两人经常闹矛盾。

（2）集体交流总结四个关键方法。

① 留意看：观察父母日常的生活习惯及作息时间，注意他们平日的身体状况与健康情况；

② 细心听：和父母谈话时可以尝试听听父母的想法、需求、担忧及压力；

③ 多言讲：早上要向父母问声"早上好"，外出时向父母说"再见"及交代预计回家的时间；多利用言语表达你的关心，也可以用小字条表达心意；做错事时要坦诚认错；主动和父母倾谈自己在学校的情况；

④ 常常做：安排固定时间协助父母做家务；尽力做好自己本分，努力读书学习；在节日或父母生日时表达心意，如送礼物给父母或一同外出联络感情。

（3）教师小结：当我们与父母在某些事情上意见不一致时，不妨试试以下方法：采纳法，折中法，保留法。

四、让我做得更好

1. 出示小黑板，组内交流

（1）现在想想，我与爸爸（妈妈）因（　　）的那一次冲突是可以避免的，当时我应该这样想（　　），这样做（　　）。

（2）今后，父母因为一件事批评了你，你会怎么办呢？

A. 父母批评得很有道理，我（　　　　　　）。

B. 父母对这件事有点误解，我会（　　　　　　）。

C. 父母批评错了，当时又不让我解释，我会（　　　　　　）。

2. 集体交流

现在,你有什么心里话想对父母说吗？在自己的纸上写一写,回家给父母看。

五、教师小结

只要我们理解父母、多与父母沟通、注意与父母相处的方法,就一定能和父母成为知心朋友。从今天起,希望大家能在生活中践行以下沟通技巧,与爸爸妈妈成为亲密朋友!

技巧一:主动交流。每天找一点时间,比如饭前或饭后,和爸爸、妈妈主动谈谈自己的学校、老师和朋友,高兴的事或不高兴的事,与家人一起分享喜怒哀乐。技巧二:创造机会。每周至少跟爸妈一起做一件事,比如做饭、田里劳动、打球、逛街、看电视。边做事情、边交流。技巧三:认真倾听。当被父母批评或责骂时,不要着急反驳,试着平心静气地先听完父母的想法,说不定你会了解父母大发雷霆背后的原因。技巧四:主动道歉。如果你做得不对,不要逃避,不要沉默不理,主动道歉。这样往往会得到父母的理解。技巧五:善于体谅。可能错不在你,你有很大的委屈,但是先不去争辩。也许父母过于劳累或工作生活中遇到了麻烦。换个时间和地点,再与父母沟通,会有意想不到的效果。技巧六:控制情绪。与父母沟通不良时,不随意发脾气、顶嘴,避免不小心说出或做出伤害他人的事。想要动怒时,可以深呼吸、离开一会,或用凉水先洗把脸。技巧七:承担责任。在做好自己事情的同时,主动分担一些家庭的责任,比如洗碗、倒垃圾、擦窗、干些农活等。还可以趁机跟爸爸妈妈聊聊天。技巧八:讨论问题,达成协议。学会遇事多与父母讨论,并就如何行动达成协议。例如,父母担心子女沉迷计算机而荒废学业,如果你能就玩计算机的时间和学业的平衡与父母讨论并达成协议,问题和分歧也就解决了。

心动不如行动!从我做起,坚持践行,不言放弃,必定有效!

【教育反思】

社会的急剧变化,家长对子女的高期待、严要求,学生面临的复杂环境、竞争压力,使得学生的思想观念发生很大变化。这不可避免地表现于亲子交往之中。如何解决这些普遍存在的问题,是这节课教学的重点和难点。因此我尝试运用问题解决模式设计了本课时的教学。

首先,通过问卷调查的方式了解学生与家长之间的矛盾所在,矛盾出现的频率,目的是让学生认识到问题的普遍性,使他们放松心情,以一种平常的心态去对待自己身上出现的问题,冷静客观的做出分析和判断,以寻找解决问题的方法。其次,为了使问题更有针对性,我设计了一个情景再现活动,通过活动让学生把自己与家长之间的矛盾冲突真实地展现出来,强调突出对话,是因为对话既体现了矛盾又可为后面分析对话的方式作铺垫。这个活动的设计也给学生提供了一个倾诉的机会,使学生可以充分地将自己的烦恼、苦闷发泄出来,既可以帮助学生排解不良情绪,也可以让教学内容接近学生的生活实际,体现新课程改革所提倡的生活德育的理念。由于学生之间存在着差异,家庭之间存在着差异,因此这其中就蕴含着非常丰富的学生群体之间互相教育的资源,开发它、利用它,就可以很好地促进学生之间的相互帮助并解决实际问题,因此这里是通过"集思广益"这一活动,使学生在分享彼此的经验的过程中找到解决问题的方法。最后,为了巩固和加深记忆,我设计了一个"探索实践"活动,希望给学生一个模拟的情景让他们将所学的方法进行实践和尝试,有所体会后加以认同,并能在实际生活中主动自觉地运用课堂上学到的方法解决实际生活中的问题。

课例八

爱,让生命之花绽放

孙 巍

【设计背景】

我在批阅小沈同学的一篇作文时,为她真挚感人的描写打动,深切感受到了她因受到残疾女孩小吴的相助,而产生的内心震动。而小沈在现实生活中,其实是一个对他人不够宽容,不愿相助,甚至有些小自私的孩子,尤其是对于她的同桌小吴,也就是那位在作文中感动到她,甚至让她感受到羞愧的同学,并不友好。因为小吴双脚略有残疾,小沈时常与其他几位男同学一起捉弄她。

查尔斯·赫梅尔说:"我们的星球,犹如一条漂泊于惊涛骇浪中的航船,团结对于全人类的生存是至关重要的。"为了人类未来的航船不至于在惊涛骇浪中颠覆,为了使我们的孩子成为"地球之舟"上合格的船员,作为一名教师,我们有责任培养好自己的"小水手",让他们拥有勇敢、坚定、机智的美德,同时也让他们成为一个心灵丰富的人,懂得善良、同情、友爱、关怀……让我们的"地球之舟"充满爱。

爱心,作为个人的一种心理品质和道德情感,必须从小培养。然而在现实中,我们的教育有时却是苍白无力的。你瞧,结实的身体压得爷爷、奶奶的自行车吱扭吱扭,他却依然在祖辈的"哼唷"声中美美地享受着牛奶面包,还随手散发着"白色的蝴蝶"(面包屑)。公共汽车上,面对老弱病残,他无动于衷,依旧坦然地坐着。回到家,便是"皇帝下朝",父母大人伴随两侧,不如意时还要拿小猫小狗撒气……

究其原因,当代小学生多数是独生子女,是在暖房中成长的花朵,缺乏生活的磨炼,特别是部分学生存在爱心意识缺乏,集体观念淡薄,自私自利,惟我独尊,孤僻冷漠等人格缺陷,影响了各方面素质的提高。家庭、社会固然有责任,但更多的却是因为我们的教育太死板,没有以生活为范本,陶行知先生的生活教育思想告诉我们"给生活以教育,用生活来教育,为生活的向前向上而教育"。"教育要通过生活才能发出力量而成为真正的教育。"

做让学生听得懂、看得见、摸得着、遇得上、做得到的教育课,是学生未来道德长城的基石。因此,我决定开展一次主题为"爱,让生命之花绽放"的主题教育课,紧密围绕独生子女的特质,重点培养学生的善良、同理心。

【教育目标】

(1) 能够体会残疾人在生活中的不便和困难,以及他们为克服困难所付出的努力。

(2) 对残疾人有同情心和爱心,尊重并愿意尽力帮助他们。

(3) 让学生懂得关爱身边人,进而理解爱的真谛在于奉献,懂得关爱他人,愿用爱心温暖世界。

【适用年级】

四年级

【课前准备】

(1) 小沈的精彩作文;

(2) 游戏道具;

(3) PPT 制作等。

【教育过程】

活动一：角色扮演,体验明理

（1）课前请全班同学,一半蒙上眼睛、一半单腿,俩俩一组结伴,从教室外走进上课的教室并找到自己的座位。

谈话导入：有什么感受? 知道老师刚才叫你们扮演的是什么人吗?

（板书：残疾人）

（2）知道什么样的人被我们称为残疾人吗? 在生活中你见过哪些残疾人? 学生自由说,教师小结。

（定义：残疾人是指在心理、生理、人体结构上,某种组织、功能丧失或者不正常,全部或者部分丧失以正常方式从事某种活动能力的人。分类：残疾人包括视力残疾、听力残疾、言语残疾、肢体残疾、智力残疾、精神残疾、多重残疾和其他残疾的人）

（3）师：老师刚才为什么让你们进行那样的体验活动?（体验残疾人的生活的不便）

师：刚才我们只是体验了几分钟就感觉到残疾人的生活有多么不便。而残疾人天天如此、年年如此,他们又是怎样生活的呢? 一起来看一段录像。（观看《坐在篮球里的女孩》）

（4）师：看完这段录像你的心情怎样? 你认为钱红燕可能在生活中会遇到怎样的困难?（学生谈感受）

小结：孩子们,老师感觉到你们都有一颗善良的心,都愿意伸出爱的手去帮助残疾人。（板书：伸出爱的手）

活动二：激发情感,理解感悟

过渡：残疾人在身体和生活等方面与我们不同,但他们和我们一样具有奋发图强,努力拼搏的精神,在不同的岗位上用不同的方式为社会作贡献。

（1）有些残疾人比我们健全的人还要了不起呢! 看书上的图,说说你看到了什么?

（2）师：你们还观察到哪些残疾人比我们正常人强的地方?

学生谈自己了解到的情况。

（3）师：过去,我们可能并没有在意身边的残疾人,甚至可能看到他们还有些害怕。今天当我们走近残疾人,亲自体验了残疾人的不便,看到他们在困难面前所表现出的自立自强的精神,特别是他们其中不乏佼佼者,他们同样对社会作出了自己的贡献。现在你们对他们有没有新的看法、新的感受?

学生交流。

(4)师:在我们的生活中,大部分是生理健全的人,残疾人毕竟与我们有一些差异。我们应该怎样对待他们呢?

学生交流。(引导学生认识到,要能够理解、尊重残疾人,当他们面临生活中的困难时,能够伸出爱的手)

活动三:辨别是非,正确引导

师:大家说得都不错,那么在生活中我们是不是都这样做了呢? 来看几幅图。

师:看完后你有什么想法? 如果你是他,听见有人嘲笑你,你怎么想?

师:你认为他们做的对吗? 如果你就在旁边,你怎样做才是正确的?

师:看来,残疾人需要我们的关心、帮助,更需要我们健全人的理解和尊重。

师:在这里,老师要告诉你们一个好消息,前面我所看到的篮球女孩,在社会无数好心人的帮助下,已经得到义肢,并且坚强、勇敢地生活得很好。

播放相关课件。引导了解钱红燕的坚强。

师:你们知道社会为残疾人提供了哪些便利吗? 比如,有哪些设施是专为残疾人而设的?(电梯、语音提示、坡道、残疾人卫生间等)

师:知道吗? 我们国家还制定了相关的法律来保护残疾人。这就是《中华人民共和国残疾人保障法》,其中有一条是这样规定的:"残疾人的公民权利和人格尊严受法律保护。禁止基于残疾的歧视。禁止侮辱、侵害残疾人。"

师:你能大声用这条法律来制止那些嘲笑、讽刺、挖苦残疾人的人吗?

师:谢谢你们! 你们都是懂得关爱他人的人。你们这份心意就叫作爱心。

活动四:欣赏舞蹈,情感升华

师:下面请大家欣赏一段由残疾人表演的精彩舞蹈。他们用自己的行动告诉我们,他们并不是社会的负担、家人的负担,他们也与我们所有人一样,为这个社会做出了了不起的贡献。如果你觉得精彩,请别吝惜你的掌声。

播放视频:《千手观音》。

师:其实每个人内心都渴望爱,每个人也都能为他人付出爱,小沈同学的一篇真挚感人的作文就让老师感受到了这份来自小伙伴的爱。下面我们就让小沈把这个爱的真实故事与我们分享。

师:请班委会的同学们向全班同学发起一份爱的倡议。

教师结语:这堂课虽然结束了,但我们给予自己和他人的那份爱将用实际行动不断延续……

【教育反思】

为了使教学目标更好地得到落实,本课中我始终把握走近去发现的原则,重视发挥学生的主体作用,通过各种途径逐步将学生的世界与残疾人的世界联在一起,帮助他们去感受。本课的教学层次为:体验感受,理解残疾人;沟通提升,尊敬残疾人;发出倡议,传递正能量。

上课前,我请学生相互结对扮演各种残疾人,从楼下走进教室,目的是让他们亲身体验残疾人的生活是多么的不便。通过孩子们的亲身感受加深理解,从而很好地进入主题。我们只是体验短短的几分钟而已,心里都很怕、很慌,可是残疾一辈子都要这样啊!通过体验活动,学生感受到了残疾人生活的不便。在体验中,学生们许多真实的表现自然地流露出来,也为后来帮助学生掌握如何与残疾人和谐相处奠定了基础。我也巧妙借助发生在小沈和小吴身上的感人事件,让学生感受到爱无处不在,爱会让每个人的生命更温暖、更精彩。

课例九

美好的感情,多彩的生命

朱晓宇

【生命色彩】

下课了,坐在第一排的文佳仰起小脸说:"老师,求你了,别让我和小秦一桌了。"我问:"那你想和谁一桌呢?"还没等文佳张口,邻座的一名男生大声说:"老师,她想和成成一桌。她喜欢成成!"女孩赶忙矢口否认连说没有。那个小男生寸步不让地说:"那你总回头去看成成。"周围的另外两名男生也随声附和着。文佳委屈地哭了。

随着青春期的到来,小学高年级学生心理上出现了一些新特点、新体验,异性间该如何交往呢?带着这个思考,我决定以"美好的感情,多彩的生命"为主题开展主题教育课,以学生喜闻乐见的体验活动为背景,让学生认识到男女同学间应该互相尊重,互相体谅,从而建立美好、和谐的人际关系。

【教育目标】

(1)通过活动,让学生对异性交往有一个正确的认识,树立健康的异性交往观念,形成正确的异性交往态度。

(2)了解异性交往中应注意的一些准则,做到与异性朋友友好相处。

【适用年级】

五年级

【课前准备】

(1)心理剧:《小雅的交往观》。

(2)游戏:你看到了什么?

(3)歌曲:《友谊地久天长》。

【教育过程】

活动一:议论纷纷,引入主题

(1)心理剧表演:小雅的交往观。

旁白:小雅是班级里的学习尖子,弹得一手好钢琴,而且芭蕾也跳得不错,但她几乎不和男生讲话。

(小雅和一女同学走进教室,男生甲拿着作业本走向她们)

男生甲:小雅,这道题目怎么做?

小雅:你问老师吧。

(男生甲尴尬退下,男生乙上)

男生乙:小雅,放学我们一起回家吧。

小雅:(翻白眼)谁和你们一起走!

旁白:小雅私下对朋友说:男女同学之间应"规规矩矩""各不相干",否则就那个……

（2）学生讨论：你赞成小雅的做法吗？为什么？

学生自由讨论发言，得出"异性间交往是正当、健康的"结论。

（3）教师指导语：世界是由男女两种性别构成的，男女各顶半边天。青少年之间的异性交往，不但可以，而且是正当的，也是健康的，同学之间应该建立美好的感情。

活动二：品头论足，倾心交流

1. 随意聊聊

师：那天，我和英语学科季老师谈起了成成，我们都认为他是个能吸引女生眼球的男孩，当时还逗他一句，到中学一定要把握好自己。咱班哪个女生喜欢成成？

老师观察女生们的表情、神态。

师：是啊，像这样优秀的男孩谁不喜欢呢？

敞开心扉，谈谈你喜欢的异性，说说原因。

师：喜欢，这是一个多么动听的字眼，又是多么美好的情感啊！

2. 小结

你们渐渐长大了，到了青春期对异性多一些关注是正常的，喜欢某位异性也是一种正常情感，这说明你喜欢的人身上有许多优点，不仅你喜欢，也会有许多其他人喜欢。

活动三：亲身经历，加深体验

1. 游戏

请大家做一个动作，回头看，最后一排的学生向前看。

谈一谈：回头看的同学，刚才你的视线里大概有几个人？

说一说：最后一排的同学，你认为刚才谁为你回头的？

议一议：你觉得往后随意看一位同学，能向他传递什么信息？

那么，你抬头一看，发现有同学随意瞥见你，你又能感受到什么？

2. 小结

校园生活中，同学与同学之间相处，在每个人的视线里出现自己的同学是多么自然而又正常的现象。同班同学就像兄弟姐妹，这份友情维系着大家，我们应该把这种情感视为最纯洁、最美好的情感，而不是用开玩笑的口吻曲解他的意思。

活动四：放声歌唱，升华主题

（1）播放歌曲《友谊天长地久》。

（2）男女学生列队，互相友好地握手致意。

（3）教师致结束语：正常的男女同学交往使我们的人际关系更完善，使我们更自信、自强和自爱。同学们，用你们青春的画笔，把真诚、纯洁、美丽、幻想都画进你绚丽的人生画卷吧！青春无悔！

【教育反思】

少男少女之间互相欣赏，互相吸引，这是走向成熟的表现，但这一阶段，由于年龄、知识和社会经验等原因，对社会、情感、伦理、人生真正的含义还理解得不深，如果不好好地把握自己，发展自己，容易影响学习，给精神造成很大压力，一不小心会造成终生遗憾。作为教师，既不可因正常而放任自流，更不能因孩子还小而大惊小怪。尽管他们还似懂非懂，我们也要及时地进行正面的疏导，让这种美好的情感成为一种永远的记忆，成为积极向上的一种动力。

课例十

绿色上网，与精彩同行

顾燕萍

【设计背景】

一次信息科技课后，接到任课老师的电话，大致如下：你们班的学生电脑操作能力十分强，各种信息知识面也很开阔，正因为如此，在今天的电脑课上，我教他们运用百度或谷歌自由搜查资料、图片，学做有主题的PPT。没料到的是，有个叫小吴的同学，不知有意还是无意，搜到了一些不健康的图片。因为在上课，当时我只是轻声提醒，希望后面能一起进行正确有效引导。

信息科技学科老师的一通电话一时让我觉得比较棘手。记得格林奈尔学院教育学专家蒙克指出：一个人所应负有的责任应当与他能力所及之范围相适应。我们既然给了孩子可以接触到整个世界的工具，那么就有责任教育他们把这些工具用于有益的用途。在经常上网的学生中，QQ已经成为学生最常用的聊天工具，学生更愿意通过网络与教师进行交流，交流的话题也从单纯的学习,拓展到了校园生活的各个方面。作为班主任,应该放弃对聊天这一工具的成见,让网络这把双刃剑发挥其好的效用。主动走进孩子们早已融入的网络世界,走进他们的内心世界。我和小吴之间开启了网络对话。

小吴头脑灵活,是个智商较高,但比较顽劣的男孩,对一切新鲜事物总是抱着傻傻的好奇心,如果用正面谈话来教育他健康上网,收效不一定显著,所以我反复思量,决定"以网治网",利用网络资源跟小吴进行交流,也利用强大的网络信息在班级里开展一次主题为"绿色上网,与精彩同行"的主题教育课,运用网络模式,结合班级博客,和同学们分享网络带来的惊喜,也让大家在主题班会中更深刻地学习"绿色健康上网"的点点滴滴。利用这样一次交流的契机,拓展知识面,从点到面,让全班同学都学会正确而健康地上网,让生活在新时代的同学们爱上网络,利用网络的同时,先学会"绿色文明上网"。

【教育目标】

(1) 知道不去浏览网络上不健康的内容,是每个网民的基本道德。

(2) 学习《全国青少年网络文明公约》,努力规范自己的行为。

(3) 养成健康上网的习惯,树立时间观念,不沉迷于网络,并深刻体会网络安全与日常生活的密切联系。

【适用年级】

五年级

【课前准备】

(1)《全国青少年网络文明公约》和承诺书每组一份;

(2) 搜集有关网络危害的各种资料 PPT;

(3) 小品;

(4) 三份案例。

【教育过程】

谈话导入:同学们,你们平时上网吗?上网有哪些好处?(以有趣的话题激发学生兴趣,让学生各抒己见)

活动一:晒晒作品,聊聊网络的利与弊

师:请大家说说自己平时在网上都做了些什么?有什么收获?

(资源共享、与远方的亲友聊天、查找资料、购物逛网店、游戏休闲……)

师：正如你们所说,网络给我们的生活带来了许多好处,许多便利,网络丰富了我们的生活,但网上也有一些不健康的内容,一不小心,我们就可能深陷其中,不能自拔,荒废学业,甚至酿成悲剧。同学们个个都是小博士,现在就来晒晒你们从不同的网络中搜集的各种实例吧。

内容：课前指导学生在网上搜索因不文明上网而造成危害的故事,并学会利用信息技术课所学的知识制作成PPT,在课堂上展示自己的作品,展示的过程中要谈自己的看法。

形式：以小组为单位做好课前准备,各司其职,成果由小组代表展示。

师小结：看着同学们齐力协力创作的作品,以及对不正确上网造成的各种危害有如此清晰而深刻的理解,老师为你们感到骄傲,但作为当代小学生,在使用网络的过程中还需要有严格的规则指引。

活动二：评评案例,体验绿色文明上网之重

形式：分3大组给出任务单,给出4个不同角度的真实案例,先组内讨论,然后集体交流。

【案例一】南京某大学毕业生因将联系方式留在搜狐校友录上而被人以同学的名义骗走了500元钱。

讨论：被骗原因？如何防范？

【案例二】据《佛山日报》报道：顺德某小学,课间嬉戏时,有两个学生因为模仿网络游戏,一学生将另一学生刺死。

讨论：分析惨剧背后的诱因,想到什么？在玩网络游戏时你会怎样要求自己？

【案例三】满洲里公安局侦破一起因网骂引发的人命案,死者不满16周岁,花季少年,命丧黄泉,只是因为网骂引起严重的纠纷。

讨论：如何正确使用网络语言？新型网络名词有哪些？是什么含义？

（师小结并适时评价）

活动三：演演小品,让网络文明滋养你我他

形式：分四组,同学表演自编童话剧《网吧奇遇》。

内容：一个同龄的小学生偶然接触到了网络游戏,整天沉迷于游戏的情节中,在老师、家人、虚拟天仙的帮助下终于战胜网魔,觉醒了,重新获得了健康的生活。之后懂得文明上网,利用网络资源,在学习上也取得了进步,并在小品最后发出倡议:不进营业性网吧,在学校或家中上网,不浏览不良信息,不光顾不健康网站,不迷恋网络游戏,利用网络汲取知识营养,提高自身素质,依法自律,做一个遵守网络道德的小学生。

活动四:学学规则,郑重签订承诺书

师:网络是一个无比巨大的知识宝库,我们要学会"绿色上网",严格遵守教育部门颁发的《全国青少年网络文明公约》:

要善于网上学习　　不浏览不良信息

要诚实友好交流　　不侮辱欺诈他人

要增强自护意识　　不随意约会网友

要维护网络安全　　不破坏网络秩序

要有益身心健康　　不沉溺虚拟时空

(每组一份,在末尾签上自己的名字,作为承诺,张贴在教室显眼的位置)

师:总结并提出期望。

【教育反思】

这节主题教育课取材于学生生活实际。我设计了四个活动,让学生通过层层感悟,体验绿色上网的重要意义。第一环节"晒晒作品,聊聊网络的利与弊",让学生充分发挥自主能力,将合作完成的网络作品展示给全班同学,内容可以宽泛些,不必作太多的限制,目的在于让学生充分利用网络资源,诠释上网的利与弊,既体现了团结协作的精神,又实际操作了一番。第二环节"评评案例,体验绿色文明上网之重",让学生从社会上一些真实的案例中汲取更多的经验和正确的观点,从而更深刻地体验文明绿色上网的重要意义。第三环节"演演小品,让网络文明滋养你我他",学生用行动自创自编自演,把跟网络有关的一切通过嘴巴,通过肢体语言说出来,知道正确使用网络能方便地与人交流,从而增进彼此间的了解,养成健康上网的习惯,树立时间观念,不沉迷于网络,并深刻体会网络安全与日常生活的密切联系。第四环节"学学规则,郑重签订承诺书",让学生知道上网的一系列规则已正式列入法律,作为小学生要有严格遵纪守法的意识,知法尊法,知法护法。

借助网络这种新的技术工具,利用网络开展班级的各项德育工作,具有传统德育不可替代的优势。在网络环境下开展德育活动是一种新的途径,提出的网上德育活动新方法,帮助广大学生和家长找到了行之有效的驾驭网络之道,让网络真正成为学生学习、生活的良师益友,让孩子真正成为具有良好网络道德和网络行为的网络世界主人。利用"数字图书馆",为学生创建一个多角度、个性化的阅读空间;网上对话,让教师真正走进学生的心灵;网上论坛,让学校能及时掌握学生的家庭教育情况以及学校在工作和管理上的不足;雏鹰 E 活动,使少先队活动更贴近队员,真正达到了让所有学生都能在活动中得到体验,在体验中得到启发、受到教育的目的;适时适量开展的与现代信息技术相关的主题教育课,让学生认识到信息技术的意义和作用,树立了信息意识,提高了德育实效;利用现代网络信息技术进行的日常行为规范管理,成为学生日常行为规范管理的重要手段。

参考文献

［1］安德森,等.学习、教学和评估的分类学［M］. 皮连生,译.上海：华东师范
    大学出版社,2008.

［2］陈飞.给"三夹板"擦上"润滑剂"［J］.思想理论教育,2013(7)：87－88.

［3］陈飞.为孩子美的生命奠基：小学生命美育体验式课程开发与实施［J］.现
    代教学,2019(20)：23－26.

［4］成尚荣.立德树人审美范式的实践建构——江苏南通市通州区实验小学
    的创造探索［J］.中国教师,2018(8)：10－14.

［5］范莉峰.学校生命美育资源的开发研究［D］.太原：山西大学,2009.

［6］龚程玉.小学生命教育微型课程的开发与实施——基于J校的研究［D］.
    上海：华东师范大学,2010.

［7］洪慧芳.中小学生命教育课程化的研究实践［J］.中小学心理健康教育,
    2016(20)：15－21.

［8］扈中平.教育何以能关涉人的幸福［J］.教育研究,2008(11)：30－35.

［9］黄燕.宗白华的生命美育课程思想研究［D］.上海：华东师范大学,2010.

［10］黄燕.宗白华生命美育教学特点研究［J］.美育学刊,2016(2)：93－97.

［11］拉尔夫·泰勒.课程与教学的基本原理［M］.罗康,张阅,译.北京：中国轻
    工业出版社,2014.

［12］李晓莉.我国生存教育的理论分析与实践研究［J］.黑龙江高教研究,
    2011(10)：76－78.

［13］联合国教科文组织国际教育发展委员会.学会生存——教育世界的今天和明天［M］.北京：教育科学出版社,1996.

［14］梅仲孙.教育中的情和爱——儿童、青少年情感发展与教育研究 40 年［M］.上海：上海教育出版社,2018.

［15］冉乃彦,吕艳芝.和家长谈美育［M］.太原：山西教育出版社,2019.

［16］冉乃彦.和中小幼教师谈美育［M］.太原：山西教育出版社,2019.

［17］申林静.陶行知生活教育理论研究［D］.武汉：华中师范大学,2008.

［18］孙华,孙建乐.青少年生命美育的理论渊源［J］.当代青年研究,2006(11)：58－60.

［19］檀传宝.德育美学观［M］.北京：教育科学出版社,2006.

［20］檀传宝.美学是未来的教育学：德育世界的探寻［M］.上海：华东师范大学出版社,2015.

［21］唐瑛瑛.生态学视野下小学生命教育之研究［D］.苏州：苏州大学,2008.

［22］王慧春.中小学生命教育内容研究［D］.武汉：华中师范大学,2007.

［23］魏平,刘晓萍.试论大众媒介语境下的生命教育——从生命美育的视角出发［J］.教育理论与实践,2018(35)：17－19.

［24］吴蓉瑾,王君瑶,邓卫红,等.培养健康情感　构建完整教育——上海市卢湾区第一中心小学情感教育实践研究［M］.上海：上海人民出版社,2007.

［25］肖川,曹专,陈黎明.生命教育：通向幸福的生活［J］.天津师范大学学报（基础教育版）,2013(4)：1－4.

［26］徐恒醇.生态美学［M］.太原：陕西人民教育出版社,2000.

［27］薛永宽.人格教育之序撷谈［J］.天津市教科院学报,2018(1)：37－40.

［28］姚全兴.从青少年漠视生命的恶性事件看生命美育的紧迫性［J］.美与时代(下),2013(6)：39－42.

［29］叶澜,郑金洲,卜玉华.教育理论与学校实践［M］.北京：高等教育出版社,2000.

［30］袁振国.当代教育学［M］.北京：教育科学出版社,1999.

［31］约翰·杜威.我的教育信条——杜威论教育［M］.彭正梅,译.上海：上海人民出版社,2013.

［32］约翰·杜威.学校与社会——明日之学校［M］.赵祥麟,任钟印,吴志宏,译.北京：人民教育出版社,2005.

［33］朱小蔓.教育的问题与挑战——思想的回应［M］.南京：南京师范大学出版社,2000.

［34］朱小蔓.情感德育论［M］.北京：人民教育出版社,2005.

［35］朱小蔓.小学素质教育实践：模式建构与理论反思［M］.南京：南京师范大学出版社,1999.